天津市重点出版扶持项目

津沽名家文库（第一辑）

马可·波罗在中国

杨志玖 著

南开大学出版社

天　津

图书在版编目(CIP)数据

马可·波罗在中国 / 杨志玖著. —天津:南开大学
出版社,2019.4
(津沽名家文库. 第一辑)
ISBN 978-7-310-05774-0

Ⅰ.①马… Ⅱ.①杨… Ⅲ.①马可·波罗(Marco
Polo 1254—1324)—生平事迹 Ⅳ.①K835.465.89

中国版本图书馆 CIP 数据核字(2019)第 059608 号

版权所有　侵权必究

南开大学出版社出版发行
出版人:刘运峰
地址:天津市南开区卫津路 94 号　　邮政编码:300071
营销部电话:(022)23508339　23500755
营销部传真:(022)23508542　　邮购部电话:(022)23502200
*
北京隆晖伟业彩色印刷有限公司印刷
全国各地新华书店经销
*
2019 年 4 月第 1 版　2019 年 4 月第 1 次印刷
210×148 毫米　32 开本　9.125 印张　6 插页　188 千字
定价:68.00 元

如遇图书印装质量问题,请与本社营销部联系调换,电话:(022)23507125

杨志玖先生(1915—2002)

洁"，令他与安童"治省事"，二十三年三月，令其"仍中书右丞，与郭佑并领钱谷"，说明他手脚干净，不贪污，而且有理财之能。至元二十四年桑哥当政时，他建议恢复尚书省，但并不附合桑哥。桑哥检核中书省财务，查出有亏欠钱钞事，麦术丁即自伏（《元史·卢世荣传》），承认过失，但非贪污。桑哥败后，他与汉官崔彧上书弹劾桑哥"当国四年，诸臣多以贿进，亲旧皆据要官，唯以欺蔽九重、朘削百姓为事"，建议"宜令两省严加考核，并除名为民"（至元二十八年五月）。至元二十九年三月，他以"久居其任，乞令免署，惟食其禄，与议中书省事"，得到批准。是年十月，仍令其与何荣祖等"汰内外官府之冗滥者"。到成宗元贞元年五月，还命他同何荣祖等"厘正选法"（清理制定选官法令）。麦术丁是元世祖在位三十五年间始终任职的臣僚。

　　别都鲁丁的履历不详。他在至元二年二月任工部尚书（称别鲁丁），十四年十一月以吏部尚书升中书参知政事，二十八年十二月，以其在桑哥执政时"以桑哥专恣不肯仕"，命仍为中书左

杨志玖先生手迹

出版说明

　　津沽大地，物华天宝，人才辈出，人文称盛。

　　津沽有独特之历史，优良之学风。自近代以来，中西交流，古今融合，天津开风气之先，学术亦渐成规模。中华人民共和国成立后，高校院系调整，学科重组，南北学人汇聚天津，成一时之盛。诸多学人以学术为生命，孜孜矻矻，埋首著述，成果丰硕，蔚为大观。

　　为全面反映中华人民共和国成立以来天津学术发展的面貌及成果，我们决定编辑出版"津沽名家文库"。文库的作者均为某个领域具有代表性的人物，在学术界具有广泛的影响，所收录的著作或集大成，或开先河，或启新篇，至今仍葆有强大的生命力。尤其是随着时间的推移，这些论著的价值已经从单纯的学术层面生发出新的内涵，其中蕴含的创新思想、治学精神，比学术本身意义更为丰富，也更具普遍性，因而更值得研究与纪念。就学术本身而论，这些人文社科领域常研常新的题目，这些可以回答当今社会大众所关注话题的观点，又何尝不具有永恒的价值，为人类认识世界的道路点亮了一盏盏明灯。

　　这些著作首版主要集中在 20 世纪 50 年代至 90 年代，出版后在学界引起了强烈反响，然而由于多种原因，近几十年来多未曾再版，既为学林憾事，亦有薪火难传之虞。在当前坚定文化自信、倡导学术创新、建设学习强国的背景下，对经典学术著作的回顾与整理就显得尤为迫切。

　　本次出版的"津沽名家文库（第一辑）"包含哲学、语言学、文学、历史学、经济学五个学科的名家著作，既有鲜明的学科特征，又体现出学科之间的交叉互通，同时具有向社会大众传播的可读性。具体书目包括温公颐《中国古代逻辑史》、马汉麟《古代汉语读本》、刘叔新《词汇学与词典学问题研究》、顾随《顾随文集》、朱维之《中国文艺思潮史稿》、雷石榆《日本文学简史》、朱一玄《红楼梦人物谱》、王达津《唐诗丛考》、刘叶秋《古典小说笔记论丛》、雷海宗《西洋文化史纲要》、王玉哲《中国上古史纲》、杨志玖《马可·波罗在中国》、杨翼骧《秦汉史纲要》、漆侠《宋代经济史》、来新夏《古籍整理讲义》、刘泽华《先秦政治思想史》、季陶达《英国古典政治经济学》、石毓符《中国货币金融史略》、杨敬年《西方发展经济学概论》、王亘坚《经济杠杆论》等共二十种。

　　需要说明的是，随着时代的发展、知识的更新和学科的进步，某些领域已经有了新的发现和认识，对于著作中的部分观点还需在阅读中辩证看待。同时，由于出版年代的局限，原书在用词用语、标点使用、行文体例等方面有不符合当前规范要求的地方。本次影印出版本着尊重原著原貌、保存原版本完整性的原则，除对个别问题做了技术性处理外，一律遵从原文，未予更动；为优化版本价值，订正和弥补了原书中因排版印刷问题造成的错漏。

　　本次出版，我们特别约请了各相关领域的知名学者为每部著作撰写导读文章，介绍作者的生平、学术建树及著作的内容、特点和价值，以使读者了解背景、源流、思路、结构，从而更好地理解原作、获得启发。在此，我们对拨冗惠赐导读文章的各位学者致以最诚挚的感谢。

　　同时，我们铭感于作者家属对本丛书的大力支持，他们积极创造条件，帮助我们搜集资料、推荐导读作者，使本丛书得以顺利问世。

最后，感谢天津市重点出版扶持项目领导小组的关心支持。希望本丛书能不负所望，为彰显天津的学术文化地位、推动天津学术研究的深入发展做出贡献，为繁荣中国特色哲学社会科学做出贡献。

南开大学出版社
2019 年 4 月

《马可·波罗在中国》[①]导读

李治安

业师杨志玖先生（1915—2002），字佩之，山东淄博人，回族、著名历史学家。1934 年 9 月，入北京大学历史学系。1939 年，考取北京大学文科研究所研究生，师从姚从吾、向达二位教授，专攻蒙元史。历任西南联合大学教员，中央研究院（1949 年前）历史语言研究所助理研究员，南开大学讲师、副教授、教授。又兼任《中国历史大辞典》主编、《历史教学》编委会主任、中国元史研究会名誉会长、中国海外交通史学会顾问、中国民族史学会顾问、中国唐史学会顾问等职。

纵观先生六十余年的学术生涯，其研究广泛涉及蒙元史、隋唐史、回族史、土地制度史、中外关系史等诸多领域，且以精于考证和富有创见著称。代表作有《隋唐五代史纲要》《元史三论》《马可波罗在中国》《元代回族史稿》。诚然，先生倾注心血最多和成就最卓越的，无疑是马可·波罗来华研究。

马可·波罗是中古伟大旅行家和中西交通的友好使者。他口

述成书的《马可·波罗游记》（以下简称《游记》）问世以来，流传甚广，版本和译本达数百种。《游记》架起了西方人了解、认识中国和东方的桥梁。西方人知中国必先知马可·波罗，据说哥伦布发现美洲新大陆，始终是受其诱导、驱动。马可·波罗来华，是七百多年前陆上丝绸之路和海上丝绸之路畅通繁荣的历史见证，它既是中西交通史上划时代的事件，又被称为世界十六大疑问之一。围绕着马可·波罗来华及其所著《游记》的真实性，中外学者曾经进行长达七八十年的"世纪论战"。

先生对马可·波罗的研究，是从这场"世纪论战"的初期，即 20 世纪 40 年代初开始的。

早在 20 世纪二三十年代，相继出现过"马可"即枢密副使孛罗等说法，旋遭学界否定。[①]上述对马可·波罗在华身份的误判，明显属漏洞较多的粗疏比附，但背后也隐含着学者们的某种困惑。素来有"汗牛充栋"之誉的中国史籍内，居然没有找到马可·波罗的名字和事迹，这不能不令中外学人焦急疑惑，同时也容易成为怀疑或否定马可·波罗来华说的重要口实或"把柄"。

1941 年夏，先生在西南联合大学北大文科研究所攻读研究生，在搜集元代穆斯林官员沙不丁等人的相关史料之际，无意中发现了《永乐大典》的卷一九四一八《经世大典·站赤》中与《游记》相关联的一段记载。受导师向达教授的鼓励，先生撰写并发表了《关于马可波罗离华的一段汉文记载》的论文[②]，比勘考订《经世大典·站赤》中"取道马八儿，往阿鲁浑大王位下"的三位使

---

① 张星烺：《中国史书上之马哥孛罗》，《地学杂志》，1922 年，第 1—4 期。束世澂：《中国史书上之马哥孛罗考》，《史地学报》，1923 年，第 2 卷，第 7 期。岑仲勉：《枢密副使孛罗》，《历史语言研究所集刊》，1935 年，第 5 本。

② 杨志玖：《关于马可波罗离华的一段汉文记载》，《文史杂志》，1941 年，第 1 卷，第 12 期。

者兀鲁䚟、阿必失呵、火者，与《游记》中的 Olatai、Apousca、Coja 完全相同①，进而考证出《游记》中所述的马可·波罗伴随蒙古公主自泉州离华和经波斯返威尼斯等事是真实的，马可·波罗确实到过中国。文中还订正马可·波罗离华时间是在 1291 年初，而不是西方人所说的 1292 年初。这一揭示是迄今汉文记载中唯一可见的马可·波罗在华行踪的考证与研究，得到了向达、顾颉刚、汤用彤、傅斯年等专家的很高评价。②该文还被译为英文，刊载于 1944 年英国《亚洲皇家学会学报》（孟加拉版）第四卷上，又在美国哈佛大学《亚洲学报》1945 年 9 月九卷一期发表了英文摘要。③

1956 年，向达教授撰文评述说："（杨志玖）这一发现证明两点：一、马可所记他们陪同波斯阿鲁浑汗使者去波斯是事实，元代官书可以证明。虽然《站赤》中没有提到马可诸人，但是波斯使者的名字和马可所记完全一致，这就够了。二、阿难答的奏章是一九二〇年的阴历八月，提到本年阴历三月的事……为《马可·波罗游记》中的年月问题提出了极其可靠的证据④。"

由于第二次世界大战后东西方处于相对隔绝的状态，许多西方学者没能及时看到先生的这篇论文。令人欣喜的是，法国著名东方学家伯希和（Paul Pelliot）虽然晚年疾病缠身，没能参阅先生的考证发现，但他在《马可·波罗游记注》"阔阔真"条目中巧妙地利用哈模《伊儿汗史》和多桑《蒙古史》中对合赞

---

① 此三人名称，冯承钧译作"兀剌台""阿卜思哈""火者"，张星烺译作"乌拉太""阿勃施加""科耶"。参见冯承钧译《马可波罗行纪》及张星烺译《马哥孛罗游记》。

② 杨志玖：《我怎样学元史》，《文史哲》，1983 年，第 5 期。

③ A New Discovery referring to Marco Polo's Departure from the Chinese Source, Journal of the Roya Asiatic Society of Bengal Letters.Vol.4, 1944.

　　Marco Polo quits Cina, Harvard Journal of Asiatic Studies.Vol.9, 1945(1).

④ 向达：《马可波罗与马可波罗游记》，《旅行家》，1956 年，第 4 期。

汗的记事等西方资料，同样考订出马可·波罗离华年代为 1291 年。[1]此与先生的年代考订不谋而合。1970 年，英国学者鲍埃勒（John Andrew Boyle）在其论文《拉施特与法兰克人》中，又揭示波斯文《史集》有关合赞汗在阿八哈耳城接见阿鲁浑汗所遣自中国迎娶卜鲁罕元妃同族女阔阔真的火者等使团且与阔阔真成婚的原始记载，进一步印证和支持了先生的考证结论。[2]

1976 年，美国哈佛大学柯立夫（Francis Woodman Cleaves）教授发表《关于马可波罗离华的汉文资料及其到达波斯的波斯文资料》，综合评价了杨志玖、伯希和、鲍埃勒三位学者各自独立的研究，首先详细介绍并肯定了先生论文的考证发现。[3]这就意味着法、英、美的著名学者相继认证和肯定了先生的研究。由此，先生最先考证马可·波罗来华真实性的杰出贡献，逐渐被国内外学界所承认。经先生和伯希和、鲍埃勒等"携手"努力，某种意义上竖起了马可·波罗来华肯定说的"大旗"。正如一位世界史专业的教授所云，先生 1941 年的论证具有某种奠基和决定性意义，倘若没有先生这篇考证文章，讨论马可·波罗来华真实性诸多文章的价值就几乎等于零。

然而，时至 1966 年，德国蒙古史学者福赫伯（Herbert Franke）发表《蒙古帝国时期的中西交往》一文，列举出《游记》存在的若干疑点，如扬州做官、献抛石机攻陷襄阳、未提茶叶和汉字书法等，认为马可·波罗一家是否到过中国，还是个没能解决的问

---

① Paul Pelliot. *Notes on Marco Polo*, Paris, 1959: 392-394.

② John Andrew Boyle. Rashi al-Din and the Franks, Central Asiatic Journal, 1970(14).

③ Francis Woodman Cleaves. A Chinese Source Bearing on Marco Polo's Departure from China and a Persian on His Arriual in Persia, Haruard Journal of Asiatic Studies, 1976(36): 181-203.

题。①事实上，类似质疑早已出现在 19 世纪 90 年代英国学者亨利·玉尔(Hery Yule)的《马可波罗游记导言》中。该《导言》曾敏锐指出《游记》记载有多处遗漏，如长城、茶叶、妇女缠足、鸬鹚捕鱼、人工孵卵、印刷书籍、中国文字，还有《游记》中地名多用鞑靼语或波斯语，记成吉思汗死亡及其子孙世系讹误，等等②。但它并未影响亨利·玉尔对《游记》的整体信任与翻译工作的开展。

针对这些问题与怀疑，20 世纪 80 年代和 90 年代初，先生有关马可·波罗来华问题的研究继续深入，而与怀疑说、否定说论战的第一回合也随之拉开序幕。

1982 年可谓先生在 1976 年恢复研究马可·波罗后的"丰收年"。如先生所云："柯立夫教授的论文和十年'文革'的结束，激发了我对马可·波罗研究的兴趣。客观条件的改善使我在学术海洋上得以破浪扬帆。"③这一年，先生连续撰写和发表了《关于马可波罗在中国的几个问题》《马可波罗足迹遍中国》《马可波罗与中国》三篇论文。

《关于马可波罗在中国的几个问题》一文，围绕"马可波罗懂不懂汉语""马可波罗是否做过扬州总管""《中堂事记》的发郎国人是否马可·波罗的父亲和叔父"三个议题展开，就过去引起质疑的马可·波罗的语言文字能力、在华身份和相关汉籍史料

---

① Herbert Franke. Sino-Western Contacts under the Mongol Empire, Journal of the Royal Asiatic Society, Hong Kong Branch, 1966(6): 49-72.

② Henry Yule，*The Book of Ser Marco Polo*（*Travels of Marco Polo*），本文参阅经法国学者亨利·考狄埃（Henri Cordier）修订的 1929 年重印的第三版上册 Introduction 部分，第110—112 页。

③ 杨志玖：《马可波罗在中国》，南开大学出版社，1999 年，第 242 页。

等热点，做了中肯而有说服力的论述。^①

1979 年，美国学者海格尔（John W. Haeger）翻检马可·波罗《游记》全文，发现其中一些矛盾和可疑之处，撰成《马可波罗到过中国吗？从内证中看到问题》。他认为，马可·波罗只到过北京，他关于中国其他各地的记载，都是道听途说。^②先生撰《马可波罗足迹遍中国》一文，与海格尔商榷。他考订《游记》所述马可·波罗到波斯、印度以及中国镇江、福州、苏州等城的描述，找出了一些马可·波罗确实到过中国南方的佐证，雄辩证明马可·波罗不仅到过中国北方，也到过南方。^③

如果说海格尔的论断失之偏颇但仍有可取之处的话，1982年 4 月 14 日英国《泰晤士报》刊登维多利亚和艾尔伯特博物馆远东部克雷格·克鲁纳斯（Craig Clunas）《探险家的足迹》一文，走得更远、更极端。该文全面否定马可·波罗来过中国的事实，还指责《马可·波罗游记》是主要采自波斯旅游手册的"克里空"虚假报道。^④同年 10 月，先生又发表《马可波罗与中国》一文，反驳克鲁纳斯的说法。先生指出，《游记》中没有提到茶和汉字，用波斯语称呼中国地名等缺憾，只能说明马可·波罗来华后仍然保持着本国的习俗文化，对汉文化所知甚少，不能因为在中国史书中没有见到马可·波罗的名字及《游记》记述中的缺点、错误而否定其来华之无可置疑的事实。^⑤

1988 年上海师范大学王育民教授撰写《关于〈马可·波罗游

---

① 杨志玖：《关于马可波罗在中国的几个问题》，《中国史研究》，1982 年，第 2 期。

② John W. Haeger. Marco Polo in China? Problems with Internal Evidence, Bulletin of Sung and Yuan Studies, 1979(14): 22-30.

③ 杨志玖：《马可波罗足迹遍中国：与海格尔先生商榷》，《南开学报》（哲学社会科学版），1982 年，第 6 期。

④ 参阅《编译参考》（1982 年 7 月号）中杨德的译文《马可波罗到过中国没有？》。

⑤ 杨志玖：《马可波罗与中国》，《环球》，1982 年，第 10 期。

记〉的真伪问题》①一文，为克鲁纳斯鸣不平，对马可·波罗来华及《游记》提出质疑。为此，先生发表《再论马可波罗书的真伪问题——剖析怀疑论者的论据和心态》，予以回应。尽管王文所列证据与克鲁纳斯大致相同，杨先生依然认真逐一答复，并对怀疑论者的论点予以综合性辩驳。②

20 世纪 90 年代末，先生与否定说集大成者伍德的第二回合论战，更为激烈和精彩，先生的马可·波罗研究随之达到高峰。

弗朗西丝·伍德（Frances Wood）博士长期担任英国不列颠图书馆中国部主任，曾在北京大学学习中文，是擅长研究中国式建筑的"中国通"。 1995 年她所著《马可·波罗到过中国吗？》一书出版。该书很有特点。此前，怀疑或否定马可·波罗《游记》真实性的学者只是写些短文或在文章中附带提及。伍德的书却是以一百八十二页的专著来论证此事，所引参考书九十七种，除导言、结语之外，正文竟有十五章，洋洋大观，集怀疑和否定说之大成。③其观点基本是承袭怀疑说的，即集中于"记载失误""记载遗漏""汉文文献无正面记述"三个基本方面。之所以称其为集大成，又在于该书不仅使以往一些较为笼统、模糊的提法更为明确、更为系统，而且广泛搜集相关资料，又取多种前人说法为其所用，使其观点的论证更为充分、更趋成熟，还将怀疑说更深入一步，由怀疑走向否定。该书被译为法、日、德、中等文字，在世界范围内广泛发行，引起了国内外学者的关注和议论。尤其

① 王育民：《关于〈马可·波罗游记〉的真伪问题》，《史林》，1988 年，第 2 期。

② 杨志玖：《再论马可波罗书的真伪问题——剖析怀疑论者的论据和心态》，《历史研究》1994 年，第 2 期。

③ Frances Wood. *Did Marco Polo go to China?*, London, 1995.

是 1997 年初洪允息翻译的中译本在新华出版社出版后①，国内许多非专业人士和普通读者被伍德书中生动的语言、巧妙的结构所吸引，对马可·波罗是否来华一事产生好奇和兴趣，在社会上掀起了一波马可·波罗研究热潮。

为了澄清是非和端正视听，先生不得不暂时中断自己正在从事的《元代回族史稿》写作，积极着手于对伍德论著的反驳。他先是发表题为《马可波罗到过中国——对〈马可波罗到过中国吗？〉的回答》的论文②，1999 年又撰写《马可波罗在中国》一书，正文也是十五个专题③，与伍德博士等持怀疑和否定论者展开新一轮的辩论。

《马可波罗在中国》驳论分为五部分：

1. "旧话重提"，回顾怀疑论者的论题及其失误与缺陷。

2. 以"否认确据"为题，指出伍德一书对《站赤》所载马可·波罗离华史料不能全面认识；兼述"王著杀阿合马事件"在《游记》《史集》《元史》中记载的异同及价值，并指出伍德对此问题的理解偏差。

3. 重点谈《游记》的"版本问题"，认为用版本不同来否定《游记》的真实性并没有什么说服力。

4. "漏载释疑"，对伍德指摘《游记》漏载的瓷器、印刷、汉字、茶叶、缠足、长城等物，逐条予以阐明论证，并指出"因一部书没有记载它可以记载而因某种原因失记的东西，便怀疑、否定其真实性，这不合情理，也很难服人"。

---

① 弗朗西丝·伍德（吴芳思）著，洪允息译：《马可·波罗到过中国吗？》，新华出版社，1997 年。

② 杨志玖：《马可波罗到过中国——对〈马可波罗到过中国吗？〉的回答》，《历史研究》，1997 年，第 3 期。

③ 杨志玖：《马可波罗在中国》，南开大学出版社，1999 年。

5. "结语评析"，澄清伍德对马可·波罗的旅行路线、资料来源等误解，并重申两条《游记》所独有而未见于西方同期作品的关键史料：元朝法律笞刑数目和马薛里吉思在镇江的活动。"若说是抄自波斯文指南，试问，哪有如此内容丰富的指南书可抄？"用反证法进一步证实伍德观点的不可靠性，明确回答"马可波罗到过中国"。

最后，针对争论双方所聚焦的汉籍未发现马可·波罗踪影、《永乐大典·站赤》未提及马可·波罗之名和他的真实面目的问题，进一步予以解答申辩：元代来华并留有纪行的外国人不少，但中国史籍中却不见其名；《永乐大典·站赤》中的重要公文是请示随员口粮问题，无须提及随行成员；马可·波罗书中虽有夸大事实或自我吹嘘等缺点，但全书所记史实基本正确并可与中国史籍印证，有些还能补汉籍记载之不足。伍德博士把他作为一个抄袭者、作伪者，并未能还原马可·波罗的真实面目。

与前几次论辩有所不同，先生撰《马可波罗在中国》不仅旁征博引，驳论结合，有理有节，而且更注重从逻辑上找出对方论证的漏洞，从而使立论反驳在资料与思辨上都显示出其治学严谨、科学客观的素养。该书算得上肯定论的集大成之作。先生还特意邀请南开大学外文系苗菊教授，协助其将十五个专题内容摘要翻译为英文，列于该书目录之后，以便在域外传播。为体现学术研究的各抒己见和百家争鸣，该书又将反驳对象之一克雷格·克鲁纳斯的《探险家的足迹》汉译文附录在第七专题末。可以说，先生以他数十年的学术积累与精湛考证能力，又一次击退了伍德等怀疑论、否定论者的新质疑，在国际范围内把马可·波罗来华问题的研究提升到一个崭新高度。

在此前后，中国社会科学院近代史所蔡美彪教授曾撰写《试

9

论马可波罗在中国》①，澳大利亚国立大学罗依果（Igor de Rachewiltz）曾发表《马可波罗到过中国》②，还有陈得芝、黄时鉴等的论文③。这些著名学者的重要文章不约而同地批评、反驳伍德等人的怀疑论和否定论，赞同、应和先生的观点与主张。

2000 年夏，先生不顾年迈体弱，亲自发起和主持了"马可·波罗与十三世纪中国国际学术讨论会"，专门把伍德博士等请来天津进行面对面的对话、交锋。世界范围内马可·波罗研究论辩的主要代表莅临会议，各抒己见，互相交流，使马可·波罗来华问题在论辩中逐渐明了清晰，促进了马可·波罗来华研究的发展。譬如克罗地亚学者安东尼奥·西蒙内蒂（Antonio Simonetti）的《百万：马可·波罗绰号的交互影响——数量单位及其著作》以"百万"为中心，详尽考证了马可·波罗的家系、家族居住地变迁及绰号"百万"的由来，又从语言学、历史学、社会学多重角度饶有趣味地分析了"百万"一词与马可·波罗的关系。瑞士学者汉斯·米歇尔（Henss Michael）的《从威尼斯到中国的大门——据手稿、地图和今地之探再现马可波罗游记之原貌》以大量实地与实物考证为基础，力图确定《游记》中的某些地名以重建其旅程，认为马可·波罗的旅行对欧洲中世纪制图法产生了极为重要的影响。意大利学者保罗·利贝拉里（Paelo Liberali）的《马可·波罗游记中的元上都》集中关注马可·波罗在上都的旅

---

① 蔡美彪：《试论马可波罗在中国》，《中国社会科学》，1992 年，第 2 期。

② 参阅罗依果撰，张沛之，译：《马可波罗到过中国——评吴芳思〈马可波罗到过中国吗？〉》，《中国社会历史评论（第二卷）》，2000 年，第 460—492 页。

③ 陈得芝：《马可波罗在中国的旅程及其年代》，《元史及北方民族史集刊》，1986 年，第 10 期；陈得芝：《从亦黑迷失身份看马可波罗——〈一百大寺看经记〉碑背景解读》，《燕京学报》，2009 年，新 26 期。黄时鉴：《关于茶在北亚和西域的早期传播——兼说马可波罗未有记茶》，《历史研究》，1993 年，第 1 期。黄时鉴、龚缨晏：《马可·波罗与万里长城——兼评〈马可·波罗到过中国吗？〉》，《中国社会科学》，1998 年，第 4 期。

行、逗留及其对上都的细节描述，认为《游记》所记上都地理位置与上都遗址比较一致，建议利用考古学、物理分析等新方法以确定该城的布局与作用。伍德博士则不再公开宣扬以往否定论证据，如瓷器、印刷术、长城、茶叶、缠足等，只是着重谈《游记》的版本问题，也强调后世不同版本在内容方面的累积增添。这次会议还使马可·波罗研究与 13 世纪元朝研究两个领域间呈现了互相融合和促进的态势。马可·波罗研究者揭示和发扬了《马可·波罗游记》有关元朝的许多重要记述，使关于 13 世纪中国史的研究进一步深化。元史学者从实证角度，在广度与深度上进一步为马可·波罗研究提供了不少雄辩且具有说服力的证据。这些都为推动马可·波罗来华研究做出了可贵的贡献。①先生为会议的圆满成功倾尽全力，除登坛发表《马可波罗在中国》的学术报告外，还特意去探望伍德博士，以表达他以文会友与平等争鸣的学术态度。

　　如今，先生驾鹤仙逝已有十六个年头，而他关于马可·波罗的研究，像一座不朽的丰碑，永远矗立在历史学殿堂之中。二十年前，两位青年学者曾评论说："杨志玖先生在 1941 年发现的史料在五十余年之后仍是肯定论者的最有力武器，新一代学者基本上没有在此方向有新的突破……杨志玖先生以其精湛的知识击退了伍德博士的新质疑。但我们不知道，当若干年后，又一轮质疑与否定的号角吹响时，我们是否还能像杨先生那样从容，这也算一份担心吧！"②

---

　　①王晓欣、邓晶龙：《马可波罗与十三世纪中国国际学术讨论会综述》，《历史研究》，2001 年，第 4 期。张沛之：《"马可波罗与 13 世纪中国"国际学术讨论会综述》，《历史教学》，2000 年，第 11 期。

　　②谭晓琳、弓建中：《新一轮的质疑与回答——〈马可·波罗到过中国吗？〉所引发的论战及思考》，《蒙古学信息》，1999 年，第 3 期。

2015 年，著名音乐人高晓松重拾"怀疑—否定说"的旧话题和旧论据，竭力演绎宣传，热度颇高。这意味着"世纪论战"并没有落幕。值得注意的是，在这场"世纪论战"中，蒙元史、中外交通史专家与一般文化学者分居赞同、否定两营垒，泾渭分明。论战已增加了双方的沟通、理解，对这一问题的研究进展比较明显，但仍存在部分疑问。呼吁蒙元史、中外交通史专家更多地向文化传媒宣传介绍关于马可·波罗来华的真相与最新学术研究成果，也呼吁年轻人热情关注并参与对马可·波罗中国之旅的探讨。

令人欣慰的是，先生的马可·波罗研究之学后继有人矣。作为先生再传弟子的南开大学马晓林副教授，如今已经在国际马可·波罗研究领域崭露头角。近年，他接连在国内外刊物上发表多篇关于马可·波罗问题的研究论文。2018 年 9 月还正式出版了四十余万字的专著《马可·波罗与元代中国：文本与礼俗》[1]。他不仅能够运用多种语言史料，能够与英、美、法、德、意、俄、日等国学者直接对话交流，还能够打通有关马可·波罗的汉学研究与文献学研究两个学术圈，展现新时代前沿学人的鲜明学术特色。相信他一定能够取得更大成就与突破，能够在日后与"怀疑—否定说"的新论战中，再显身手，能够让前述两位评论者的担心"落空"。这应是对业师杨志玖先生最好的告慰与纪念！

2019 年 2 月

---

[1] 马晓林：《马可·波罗与元代中国：文本与礼俗》，上海：中西书局，2018 年。

马可波罗在中国

杨志玖 著

南开大学出版社

Marco Polo in China

《永乐大典》书影说明　公文中提及的兀鲁䚟、阿必失呵、火者亦不鲁䚟译者及阿鲁浑四人，皆见于《马可波罗游记》中，与马可波罗离华时间、地点、人物合，为马可波罗到过中国提供了确证。

永乐大典卷之一万九千四百十八

目 录

3

的一段公文,即收在此书中。

　　美、法、英的三位学者,从不同的角度肯定了本书作者考证的马可波罗离华年代,他们并不怀疑马可波罗在中国的事实。

　　马可波罗在中国住了17年,他书中对中国的一些地名和事物名却大都用蒙古、突厥（畏兀儿）、波斯（阿拉伯）语,对中国内地的地名或人名则多半含混失真。对此,学者们认定他不懂汉语而未探求其原因。本文从蒙古统治的元朝政治、社会环境予以解释。此外,马可自称曾治理扬州城3年,汉译本称其为总管或总督,本文认为这是汉译的误会。他是否做过扬州的官,不仅史无明证,有一版本还说他在扬州住过3年,法国学者伯希和认为他可能做过盐务官,虽无确证,但可备一说。

　　　　——与海格尔先生商榷

　　美国学者海格尔先生读过马可波罗的书,发现其关于中国的记述有许多矛盾和可疑之点后认为,马可波罗只到过北京一带,其他记载都是在北京听来的。本文也根据马可书的记述,认为他对中国各

地的记述都是亲历其境的见闻。

　　比海格尔先生更进一步，英国的克雷格·克鲁纳斯先生著《马可波罗到过中国没有?》（原名《探险家的足迹》，此系汉译者改名），认为马可波罗可能没到过中国，可能只到过中亚的伊斯兰国家，和那里曾到中国的波斯或土耳其商人谈过话；或看过某种波斯的《导游手册》，经故事专家鲁思蒂谦诺的想象力编纂成书。本文根据历史事实及马可书中的记载予以辩驳。

　　继克鲁纳斯之后，1988年，我国学者王育民教授撰文《关于〈马可波罗游记〉的真伪问题》，认为克鲁纳斯等人提出的问题"有合理之处"。本文除对克鲁纳斯等人的议论予以综合性的评析外，并答复了王教授的质疑。

　　——对《马可波罗到过中国吗？》一书的回答

　　此书为英国伍德博士所著。除全面吸收此前怀疑论者的观点外，还提出自己的看法，并对笔者肯定马可波罗到过中国的论据有所批评。本文以"旧话重提"、"否认确据"、"版本问题"、"漏载释疑"、

"结语评析"五题作为答复。

伍德博士原著由洪允息先生译为中文。在《译者的话》中，洪先生提出马可波罗问题争论的三个焦点：中外学者未能在中国史籍中发现马可波罗的踪影；《永乐大典·站赤》未提马可之名；马可波罗的本来面目问题。本文的回答是：元代来华并留有纪行的外国人不少，但中国史籍中却不见其名。《站赤》中的重要公文是请示随员口粮问题，无需提及随员名单。马可书中虽有夸大失实或自我吹嘘等缺点，但全书所记基本正确并可与中国史籍印证，有些还能补汉籍记载之不足，而伍德博士却把他作为一个抄袭者、作伪者，并未能还马可波罗的本来面目。

伍德博士在全面否定马可波罗到过中国的书中，对马可波罗有关长老约翰这一传说中人物的叙述也横加挑剔。马可说，在天德省（今内蒙呼和浩特市辖区）的乔治王是长老约翰的第六代继承人，这有汉文史籍可证。伍德博士却说，这是事实与传说的奇异混合物，说乔治是一个传说人物的后代。其实，乔治在《元史》上称阔里吉思，他的曾祖阿剌兀思即是马可波罗误指为长老约翰的人，虽是误指，但确有其人。本文主旨在于证明马可波罗确实到过天德,他的叙述基本正确。

马可波罗除述说天德的长老约翰故事外,还提及天德的阿儿浑人及汪古部和蒙古人,这都和当时的情况相符。天德元代称丰州,马可用的是辽、金旧名,可见是从当地人听说的。他说宣德人织造名为金锦的纳失失和制造军事装备,其辖区有银矿,这都有《元史》可证,绝非抄袭或杜撰之作。

马可波罗对元代的节日和刑制相当熟悉。如说,元世祖的生日在九月二十八日。九月他用的是西历,英译为"the month of September",二十八日则用的是中国农历,英译为"the 28 day of the moon",法文译亦然。据《元史·世祖纪》,忽必烈生于乙亥年(1215 年)八月乙卯,即八月二十八日(西历 9 月 23 日),与马可所述一致。再如说,中国新年开始于西历 2 月,这虽不全准,基本上却不错。关于元旦朝贺仪式,马可所说也与《元史》所记相差无几。元代刑罚,用蒙古旧制,对犯人施刑数目从七开始,至一百零七止。偷盗牲畜,则偷一赔九。马可所述,也与《元史·刑法志》相同。可见,马可波罗确实到过中国,并住过相当长时期,否则不会观察、体会如此细致,以上三章只是举例。其实,马可波罗所记

我国地域、事件、风土人情等,除把蒙古攻陷南宋襄
阳冒为其家之功绩一事外,其他记载都可在中国史
籍中得到印证或大致不差。怀疑、否定马可波罗到
过中国的论调可以休矣。

自 1874 年起,至 1998 年止,我国已有《马可波
罗游记》汉译本七种,蒙文译本二种,介绍及研究性
论文百余篇,专册十几种,从中国史籍中印证、注释
《游记》中关于中国的记述,作出一定成绩。如从中
国史籍中发现马可波罗离华踪迹,考订其离华年代
及其他年代问题,马可波罗在华的身份问题,旅程
路线问题,地名勘同问题,《游记》的真实性问题等。
1991 年秋天在北京召开的"马可波罗国际学术讨论
会",集中了我国及意大利等国家的学者,对马可波
罗其人及其书的研究更为深入。

1938 年,为探查元代信仰伊斯兰教的回回人在
我国各地的分布情况,我开始看《马可波罗游记(行
纪)》。1941 年,在《永乐大典·站赤》中,发现一段与
《游记》记载马可一家离开中国的情节相同的公文,
写出《关于马可波罗离华的一段汉文记载》一文,奠
定了研究《游记》的基石。此后若干年又断断续续写

出几篇。1995年，英国学者弗兰西丝·伍德博士《马可波罗到过中国吗？》一书，否定了马可波罗到过中国的事实。我写出《马可波罗到过中国》及此后的三篇作为回答。本书即在过去论文的基础上增删编排而成。

Contents

This part gives a brief introduction about Marco Polo's life experience and his travels in China, as well as the influence of his book, and proved that he really went to China.

With the opportunity of companying the three envoys for marriage sent by the Persian Ilkhan King, Marco Polo and his family left China. This part tells that the names of the three messengers were fully the same as those mentioned in *Yonle Dadian*, a famous Chinese encyclopaedia, and from that makes the inference that Marco Polo and the three messengers departed from China at rather the beginning of 1291, than that of 1292 as generally stated. This Document forcibly proved that Marco Polo had arrived in China.

Yongle Dadian was written in early Ming Dynasty, with a quotation from *Jingshi Dadian · ZhanChi* edited in Yuan Dynasty. The latter contained the passage of an official document that can be proved Marco Polo's arrival in China. This part tells how I discovered that document and identified it with Marco Polo's departure from China.

From different angles, American, French and British scholars confirmed the date of Marco Polo's leaving China that I have reaffirmed. They aren't dubious of the truth that Marco Polo really stayed in China.

Marco Polo lived in China for 17 years, while a number of places and things names recorded in his book

were mostly expressed in Mongolian, Turkish (Uighur)
and Persian(Arabic). About the names of places and per-
sons in Chinese inland towns, his records were ambiguous
or not true to the original. Without exploring the reason,
scholars believed that he didn't know Chinese. This part
tries to give an explanation on the basis of Mongol ruled
Yuan Dynasty's political and social circumstances. More-
over, about Marco Polo's claim of his governing Yang-
Zhou for 3 years, and the Chinese version called him the
Governor – General, I think this is a misunderstanding by
the Chinese translater. Whether or not he acted as an of-
ficial in YangZhou hasn't been proved by history books,
and One version recorded that he had lived in YangZhou
for 3 years. The French scholar P. Pelliot thought that
Marco Polo probably acted as an official in charge of salt
business. Though there is no accurate evidence, this idea
may be kept for reference.

The American scholar J. W. Haeger found out that
Marco Polo's *Description* about China left many contro-
versies and suspicious points. He argued that Marco Polo
had only visited around Beijing, that his records about
other places were heard in Beijing. This part, based also

on Marco's record, argued that his records about other places of China were also seen or heard by himself.

Further than Mr. Haeger, the British scholar Mr. Craig Clunas wrote an article entitled "The explorer's tracks"(the Chinese translation is "Did Marco Polo arrive in China?"). Mr. Clunas claimed that Marco Polo may never have visited China at all; that he may only have travelled as far as Islamic Central Asia where he talked to Persian or Turkish merchants returning from China, or that he may have had access to "some sort of Persian 'Baedeker' (guide-book)", and, by the vivid imagination of the story – teller Rustichello, he compiled his book. According to historical truth and Marco Polo's book, this part refutes Mr. Clunas' argument.

Following Mr. Clunas, Prof. Wang Yumin, a Chinese scholar, wrote a paper entitled *On the Reliability or Falsehood of Marco Polo's Travels* in 1988. He considered that the problem put out by Clunas, etc. was "reasonable". This part gives a comprehensive comment on Clunas' opinion and a response to Prof Wang's article.

This book was written by Dr. F. Wood, British scholar. Besides completely accepting the opinions of those doubting scholars, she put out her own remark, with the critics on my thesis that Marco Polo had arrived in China. I dispute with her in 5 aspects: 1. Raking up matters discussed before, 2. Denial of verified evidence, 3. The problem of versions, 4. Clearing away doubts over the omissions, 5. Comments and analysis on her "Conclusions". All these lead to my conclusion: *Marco Polo did come to China*."

Mr. Hong Yun-Xi, the translater of Dr. Wood's book, put forward 3 debate focuses about the Marco Polo problem: Neither Chinese nor foreign scholars could find out Marco Polo's tracks in Chinese historical books; The Chinese encyclopaedia *Yongle Dadian · Janchi* didn't mention Marco Polo's name; What is the true colours of Marco Polo? This part argued that: Amongst many foreigners coming to China in Yuan Dynasty and leaving itineraries, few of their names were found in Chinese histori-

cal books; The important document in *Janchi* applied
solely for the grain rations of the envoyers' followers,
there was no need mentioning the names of them; In spite
of Marco Polo's defects of exaggerating the facts and self-
boasting, his book recorded basically the truth of Chinese
things and can be confirmed by Chinese historical books,
some parts can even replenish the shortage of Chinese
records. Therefore Dr. Wood didn't reveal Marco Polo's
true colours by describing him a plagiarist or forger.

11 Marco Polo and Prester John ···························· (161)

Besides fully denying Marco Polo's arrival in China,
Dr. Wood *wilfully criticized* Marco Polo's record about the
lengendary figure Prester John. Marco Polo said that King
George of Tiande Province—today's adjacent region of
Huhehot Municipality in Inner Mongolia—was the sixth
successor of Prestor John. This remark can be verified by
Chinese books: George was called Kuò-Lǐ-Jí-Sī (Georges)
in *Yuan History*, and his great – grandfather Alaqus
(Ala'us) was just the person that Marco Polo mistook as
Prester John. But Dr. Wood argued that this was a strange
mixture of truth and legend. Her argument shows that she
knows nothing of George's history. This part proves that
Marco Polo really arrived in Tenduc (Tiande), and his

narration was basically accurate.

Besides narrating the story about Prester John of Tenduc, Marco Polo also mentioned the people of Argon、Ung and Mongol, all these conformed to the fact of that time. Tenduc was called FengZhou in Yuan Dynasty, while Marco Polo used the former place names of Liau and Jin Dynasties. This shows that he must heared the name from the native. Marco Polo said that people of Sindaciu (XuandeZhou) could weave golden brocade and make military eqipments, and there were silver mines in the adjacent region. All the descriptions can be proved by *Yuan History*, and were not plagiarized or made up.

Marco Polo was quite familiar with the festivals and the Penal Code of Yuan Dynasty. For example, he said that Emperor Cublai's birthday was on September 28; Here, he referred to "September" in the Gregorian Calendar, in English it is "the *month* of September; whileas "the 28th" he referred to it in the traditional Chinese Calendar, in Englishit is "the 28 day of the *moon*", so it is in French. According to "Biography of Cublai" in *Yuan History*, Cublai was born in the year of Chinese Calendar Yi – hai(1215) and the day of Yi – mao (the 28th day of *moon* 8th), and that shows completely identical with Marco Polo's record. Give another example: Marco Polo said that Chinese New Year begins with February, this is basically accurate, though not always correct. In respect to the New Year celebration ceremony by the imperial government, Marco Polo's record shows only little difference from that recorded in *Yuan History*. Yuan Dynasty adopted the old system of Mongol as his Penal Code: the number of punishment toward criminals of theft started with 7 and goes up to 107 blows with a rod. If a man stole domestic animals, he would be punished to compensate in nine times as much as the value. Marco Polo's record about this is so similar as the record in the "Criminal Code" of *Yuan History*. This gives evidence for the conclusion that Marco Polo did come to China and live here for quite a long time, otherwise his observation and knowledge would not have been in such details. In fact, except pretending his family being the hero to capture Sai'anfu(Xiang Yang) from the Southern Song Dynasty, Marco Polo's records about the districts, events, local conditions and customs, etc. can all be identified by or

almost the same as the records in Chinese historical litera-
ture. The argument should cease which suspects and de-
nies that Marco Polo had visited to China.

From 1874 to 1998, there have been seven kinds of
translation of Marco Polo's *Description of the World* in
Chinese, two kinds in Mongolian; more than one hundred
kinds of introduction and research essays, and more than
a dozen kinds of volumes monographs. By identifying and
explaining the records about China in *Description* through
Chinese historical literature, they have reaped a lot of
fruits as following: to discover the tracks of Marco Polo's
leaving China, to ascertain the time when he left China
and other time issues, his status in China, his itineraries
and the verification of place names, and finally, to check
the truthfulness of his book. "The International Sympos-
ium on Marco Polo" held in Beiging in the Autumn of
1991, which attracted a number of scholars from China,
Italy, etc. have led the research about Marco Polo and
his book in a deep – going way.

In order to explore the distributions of Chinese Mos-
lems(the Hui nationality) in Yuan Dynasty, I began to
read Marco Polo's *Description* in 1938. In 1941, I found
a passage of official document in the encyclopaedia *Yon-
gle Dadian*. *Zhan Chi*, which is identical to the record
in Marco Polo's book about his leaving China. So I wrote
an article "A passage in Chinese Relating to Marco Polo'
s Departure from China", which became the basis for my
study about Marco Polo. In the following years, I wrote
intermittently several other articles about this topic. In
1995, Dr. FrancesWood, the English scholar, published
the book *Did Marco Polo go to China*? which denied the
fact that Marco Polo had visited to China. Then I wrote
Marco Polo did go to China and three other articals as
answers to her. This book is compiled on the basis of
those articles after a responsible revision.

［一］ 导言:马可波罗其人及在中国的游历

　　马可波罗(1254～1324年)是中世纪大旅行家,是使西方人了解中国的重要人物之一。他的《游记》(应称《寰宇记》)不仅在西方世界产生了重大影响,也是中国和西方,特别是中国和意大利人民友好关系的历史见证。

　　马可波罗出生在意大利威尼斯城一个商人家庭。公元1275年,他随同他父亲和叔父到达中国,居留了十七年。1291年,他们伴随波斯出使元朝的使臣离开中国,1295年返回故乡。不久,马可波罗参加了对热那亚城的海战,兵败被俘入狱。在狱中口述其在东方的见闻,由同狱难友为之笔录,这就是举世闻名的《马可波罗游记》。这部书在意大利和世界其他各国广为传播,为学者潜心研究和世人阅读欣赏。然而,直到本世纪90年代中期,仍有人怀疑其真实性,认为他没有到过中国。为了验证其真实性,有必要把此书所记和元代汉文有关资料两相对比,才能得出恰当的结论。本书的几篇论著主要即围绕此题而展开研讨。本文是开宗明义第一篇,除简述马可波罗的时代和生平外,主要就马可波罗书中有关中国的记事与中国载籍相互印证,以下诸篇则重点阐述有关问题及对怀疑论者的答辩。西方马可波罗研究专家学者在注释、出版马可波罗的书时,都有极具学术价值的长篇《导言》,如亨利·玉尔(Henry Yule)编译、亨利·考狄埃(Henri Cordier)修订的《马可波罗游记》,穆尔(A. C. Moule 或译牟里、摩勒、穆阿德)与伯希和(P. Pelliot)整理出版的《马可波罗寰宇记》的《导言》。本文不敢效颦前贤,只着力于马可波罗中国记事的简要疏证,可说是有中国特色的《导言》吧。一笑!

一　时代与生平

马可波罗一家到达和旅居中国时,正是元朝的皇帝忽必烈(元世祖)统治时期(1260～1294 年)。元朝是我国以蒙古族为主建立的国家。公元 1206 年,成吉思汗统一了漠北的蒙古诸部,建立了大蒙古国,五传至忽必烈至元八年(1271 年),改国号为元。成吉思汗及其继承者不断地向外扩张:向南,消灭了金朝和南宋;向西,曾发动了三次西征,灭亡了西夏、西辽和在中亚及西亚建立的花剌子模王朝、阿拉伯人建立的阿拔斯哈里发帝国,征服了阿速、钦察、斡罗思诸部,建立了钦察汗国(1243～1502 年):疆域东起也儿的石河,西至斡罗思,南起巴尔喀什湖、里海、黑海,北至北极圈附近,国都萨莱(今俄国阿斯特拉罕北)。伊利汗国(1258～1355 年,又译伊儿汗):疆域东起中亚的阿姆河,西至小亚细亚,南起波斯湾,北至高加索山,国都桃里寺(今伊朗大不里士)。察合台汗国:疆域东起吐鲁番,西至阿姆河,南越兴都库什山,北至塔尔巴哈台山,国都阿力麻里(今新疆霍城附近)。三次西征使被征服的地区和人民遭到很大的破坏和死伤,但其结果是使亚洲大陆北部和中、西部都在蒙古成吉思汗家族统治之下,在客观上打通了中西交通的路线,便利了中西经济、文化的交流。虽然各汗国之间有时也发生矛盾和斗争,一度影响了道路的畅通,但总起来看,元代的中西交往较之前代是更为便利和频繁了。

应该特别指出的是,由于蒙古势力的向西扩张,引起西欧基督教世界的教皇、国王等各界人士的震惊和好奇心。他们一方面害怕蒙古铁骑的再深入,一方面又为蒙古人消灭了他们的对头穆斯林诸王朝而幸灾乐祸,于是不断派遣些教士作为使臣到东方来探听情报,要与蒙古修好并劝蒙古人皈依基督教。他们的一厢情愿虽然落空,但使臣们写出的报告,如意大利人方济各会教士普兰诺·加宾尼(一译柏朗嘉宾,约 1182～1252 年)写的《蒙古史》,法国人方济各会教士卢布鲁克(约 1215～1270 年)写的《东游记》,都对蒙古人的军事、政治、人民生活、宗教信仰、风俗习惯等有翔实的报告。但他们只到蒙古地区,对我国中原一带情况则无所记载。另外,一些西方商人也有来的,但他们却没想到写书。在这些方面,马可波罗的《游记》可谓独树一帜,异常珍贵。

马可波罗的诞生地威尼斯,是意大利东北部的一个商业城市,地滨亚得里亚海,原属东罗马帝国,公元 10 世纪末建为一个独立的共和国。由于交通便利,成为西欧与东方贸易的中心之一。13 世纪初,在威尼斯人的怂恿下,西欧的十字军发动了第四次东侵(1202～1204 年),威尼斯乘机在地中海沿岸的一些城市取得商业特权,并占有爱琴海上许多岛屿,夺取了东罗马帝国的国际贸易地位。但此时在其西南部、地滨利古里亚海的城市热那亚共和国也早已崛起。她嫉视威尼斯的霸权,两城常有冲突。1261 年,她支持被第四次十字军颠覆的东罗马帝国,取得黑海进出口控制权,从此两城积怨更深,战争规模也日益扩大。马可波罗就是在一次与热那亚的海战中战败被俘的。

马可波罗出自威尼斯波罗氏商人家族。他祖父名安得利亚·波罗,生三子:长名马可,次名尼柯罗,季名马菲奥。马可波罗是尼柯罗·波罗之子,他的名字与他伯父的一样,是有意纪念其伯父的。三人俱以经商为业,老马可先在君士坦丁堡(今伊斯坦布尔)开业,其后又向东在黑海北岸克里米亚半岛东南岸的索尔得亚设立货栈。他的两个兄弟也步其后尘,向东方发展其事业。

公元 1260 年,尼柯罗和马菲奥携带货物自威尼斯出发到达君士坦丁堡,在那里买了许多珍宝,又渡海至索尔得亚,再由陆路前行至钦察汗的国都萨莱,受到汗国国王别儿哥(1257～1266 年在位)的欢迎。他们留居一年之后想回故乡,恰逢别儿哥为争夺伊利汗的阿塞拜疆地区与该国君主旭烈兀发生战争,回乡原路不通,听人建议折向东行,到达察合台汗国的不花剌城(今乌兹别克斯坦的布哈拉),停留约三年,直到旭烈兀汗派往元朝的使臣路经不花剌时,他们又随同东行,约于 1265 年,到达元朝的都城上都(又名开平府,今内蒙古正蓝旗东五一牧场,为元帝夏季驻地),受到元世祖忽必烈的接见,并受命出使罗马教廷,请教皇选派精通教义的教士百人来华,并从耶稣圣墓的长明灯上带点圣油来。经过许多曲折(由于教皇去世和新教皇未选出)和时日,他们才于 1271 年夏季,会同两名教士和尼柯罗的小儿子马可波罗起程东来。途中,二教士畏难退回,波罗一家则继续前进,终于在 1275 年(元世祖至元十二年)夏季抵达元朝皇帝避暑、议政的上都开平府(Chemeinfu)。

据马可波罗自述,由于他聪明谨慎,并学会几种文字(可能是蒙古、突厥、波斯文等),甚受大汗宠爱,命令他出使各地,都使大汗满意,因此他们在中国住了十七年。

波罗一家久居异国,思回故乡而不得允许。直到最后,由于伊利汗国王阿鲁浑(Argon)的皇后卜鲁罕去世,遗嘱必须其同族女子继其后位。阿鲁浑派三位使臣到元廷求婚,忽必烈选一位十七岁少女阔阔真(Cocacin)出嫁,波罗一家以护送三使及该女为由得到准许,于 1291 年初从泉州出发,航行二年多时间,完成使命。1295 年他们回到威尼斯。

阿鲁浑所派三使臣名字是 Ulatai, Apusca, Coja, 这三个名字在《永乐大典》卷一九四一八引元修《经世大典·站赤》中一道公文内都能找到,他们是兀鲁䚟(音歹)、阿必失呵、火者,是在至元二十七年(1290 年)奉旨"取道马八儿,往阿鲁浑大王位下的"。经笔者考释,这道公文中讲的即是马可书中所述他们得以离开中国的原委。由于是泉州行省向中央请示出使随员的口粮供给问题,不仅未提马可之名,连被护送的主角阔阔真也未提及,因无必要。但联系《游记》所述,则恰是一回事。足证马可波罗到过中国。

据传,他们回家时,其房舍已被其亲戚占住,因认为他们早已死于外域了。同时,他们衣衫褴褛,口音和举止颇有蒙古人风味,也引起故乡人的怀疑。他们设计请亲友赴宴,在宴会中,换了三次所穿的华贵衣服,并将衣服撕开分送给侍者,使来宾不胜惊讶。最

马可波罗及其父、叔返里被拒门外

后，马可将初到家时三人所穿破衣取出，割开边缝，露出各种珍珠宝石，亲友们才相信他们真的属于波罗家族，对他们礼敬有加。威尼斯少年争来与马可订交，询问其东方见闻，马可辄以百万为单位夸述中国皇帝（忽必烈大汗）的财富收入或其他地方之富有，听者于惊叹之余遂以百万君称之，其居室则称为百万之宅。这些传说似不可信，但并非毫无根据。如几次换衣是蒙古皇帝赐宴群臣的礼俗，普兰诺·加宾尼《蒙古史》第九章中即有记载；意大利文版的马可波罗《游记》即称为《百万》,其宅第至今仍称百万宅第,都可以说明,虽然也有不同说法①。

他们回家的第二年(1296 年),热那亚城的舰队来犯。马可乘一舰参战被俘,在狱中口述其在东方的见闻,引起热那亚人的兴趣,因而受到优待。同狱中有一比萨(Pisa)市人鲁思蒂谦诺(Rustichello 或 Rusticiano),是一善于撰写骑士传奇小说的文人,将他口述内容记录下来,马可也托人把他在东

威尼斯市马可波罗故居"百万宅"

① 《马可波罗寰宇记》英译者穆尔在其《导言》中对马可的诨名"百万"提出怀疑。他统计马可死后遗产,算出其财产按 1924 年币值不过 3000 英镑,与百万相差甚远(《导言》p. 31)。澳洲国立大学教授罗依果博士(Dr. Igor de Rachewiltz)据研究波罗家族谱系学者的考查,指出"百万"诨号乃指另一波罗家系,这一家的祖孙三代:马菲奥——老尼柯罗——马可(或称马可里诺)都有"百万"的诨号。由于世系和名字相同,后人遂误认这是马可波罗的称号(见其《马可波罗到过中国》(Marco Polo Went to China),刊于波恩大学《中亚研究》1997 年第 27 期 pp.68~69)。

方时作的有关札记弄来作为补充,1298 年书稿完成,同年夏,威尼斯与热那亚议和,马可获释回家。狱中的生活使他的名声传播于后世并在世界历史上产生一定影响,这是他意想不到的。

二　内容梗概

马可波罗《游记》的内容非常丰富。除以元世祖统治时期的中国蒙古、中原、江南、西南、西北等地区的记载为中心外,还有一些篇章叙述了日本、印度、波斯(伊朗)、非洲等国家和地区的情况。因此,一些专家把此书称为《寰宇记》(Description of the World)。

最早的稿本没有分卷,其后的整理和注释者把它分为引言和四卷,有的版本把《引言》分为十八章或六章,并加标题。本文为叙述方便,按玉尔—考狄埃(H. Yule—Cordier)本《游记》分为引言及正文四卷,译文则多参考国内诸译本如冯承钧译《马可波罗行纪》、张星烺译《马哥孛罗游记》等而以穆尔、伯希和英译《寰宇记》为主。《引言》叙述波罗一家东来过程和离去的缘由,其离华缘由在中国史书中得到印证。第一卷叙述自小亚美尼亚到中国上都沿途的见闻。其中记报达城(今巴格达)哈里发王朝之被蒙古旭烈兀攻陷,伊斯兰异端亦思马因派木剌夷(Mulehet,Mulecte,一译木乃奚,阿拉伯语异端)的山中老人训练刺客及其为旭烈兀剿杀等事,虽系传闻,但皆可在中国史籍中(刘郁《西使记》)得到印证。他们越过帕米尔高原时,说此地渺无人烟,地势极高,不见飞鸟,气候寒冽,燃火不热,煮物难熟。皆系实情。从此他们经由今新疆维吾尔自治区的喀什噶尔(Cascar,今喀什市)、鸭儿看(Yarcan,原

叶尔羌,今叶城)、忽炭(Cotan,今和田)、培因(Pem,唐之媲摩,今
策勒县东北部)、车尔成(Ciarcian,Charchan,今且莫)、罗卜
(Lop,今若羌)等地。所记各地多信伊斯兰教,鸭儿看人因所饮水
质而致腿肿喉瘿(大脖子病);在罗卜城外广袤沙漠中夜间旅行常
闻鬼叫而迷路致死等事,俱可从中国史籍及外国探险家记载中得
到证实。但在喀什噶尔和鸭儿看之间插入了位于中亚的撒麻耳干
(Samarcan)城一章则位置颠倒。这可能是马可波罗讲述时的疏
忽(类似情况还有),但他对该城的叙述,如有美丽花园及各种水
果、基督教堂中承柱悬空故事等,则有汉文载籍(《至顺镇江志》)
可证而非臆说。

经过在沙漠一个月的跋涉后,波罗一家抵达属于唐兀惕
(Tangut,西夏)的沙州(Saciou,今甘肃敦煌)。马可说,这里人们
崇拜偶像(即佛教徒),有许多寺庙和各种偶像,居民对之极为虔
诚崇敬。这倒是敦煌的特色,可惜他不是艺术家,未能鉴赏灿烂辉
煌的敦煌艺术。至此,马可又颠倒其行程次序,叙述了哈密(Ca-
mul,今属新疆)和畏兀儿(Juguristan,今维吾尔)两地。他说,哈
密居民皆偶像教徒,自有其语言,土产果实甚丰,恃以为生且出
卖。爱音乐,能歌善舞,有文字,好读书。畏兀儿首府名哈剌火者
(Carachoco,今新疆吐鲁番市东南六十里哈拉和卓堡,元时简称
火州),其先王为树液结瘿而生。人民拜偶像,精研文学,遵守并熟
悉其法律与风俗。这都可在元代典籍(《元史》、《元文类·高昌王
世勋碑》)中得到印证。从沙州前行到达肃州(Succiu,今甘肃酒泉
市)。他说,这里盛产大黄,行销世界各地。又有一种毒草,马吃后
要脱蹄。现代医学家已证实,这是硒中毒现象,马可波罗可能是第

29

马可波罗（Marco Polo）

一个发现或提出此种病理现象的人。再前行至甘州(Campciu,今甘肃张掖市)。他说,甘州是一大而繁华之城,人民拜偶像,间有伊斯兰教与基督教徒,后者在此城中有壮丽教堂三所。此事在《元史·顺帝纪》后至元元年(1335年)三月记事中说:"甘肃甘州路十字寺,奉安世祖皇帝母别吉太后于内",足以为证。又说,这里庙宇及偶像甚多,这也属实,明成祖时波斯帖木儿王朝的沙哈鲁所遣使者到甘州时也见到这里的大佛寺和大佛像。离甘州北行十二天到达亦集乃(Ezina,今内蒙古自治区额济纳旗,西夏王国的黑水城)。他说,此处临沙漠边界,骑行四十日北行,即到达了成吉思汗的发祥地哈剌和林(Caracorom,今蒙古人民共和国杭爱省鄂尔浑河上游的厄尔德尼召之北,元时简称和林)。马可波罗并未到过和林,是听人转述的,所记不免虚实混杂。他对和林的自然环境并未多说,而是用相当多的篇幅叙述了成吉思汗的兴起,他与长老约翰(指克烈部长汪罕或王罕)的斗争,鞑靼(蒙古)人的生活习俗(婚姻、丧葬、饮食、宗教等)、军事组织、作战方法、法律制度等。前二者不尽真实,是把约翰与汪罕混为一人,此前来蒙古的教士也是如此;后几项则基本不差。如对犯罪人的体罚,按其情节轻重,施以从七、十七……到一百零七下的板、杖刑;对盗窃马匹牲畜者则偷一偿九。这和《元史·刑法志》所记相同,后者所记不过更为详备而已。他还讲到继承成吉思汗以后的大汗,但除了蒙哥(Mongu)和忽必烈(Cublai)以外,他指出的上边的几位的次序和名字都不对。这也难怪,他是忽必烈时期到达中国的,又不是历史学者,出错是难免的。怀疑论者也把这一点作为把柄,未免求全责备。

　　离开哈剌和林继续北行,马可说即到达八儿忽(Bargu)平原,居民为蔑克里惕(Mercrit,即蔑儿乞惕或蔑里乞),平原北有海洋,海岛中有很多大鹰(大隼)供大汗猎取。按,八儿忽元代又有八剌忽、八里灰、八儿忽真等称,部族名,居地在今俄国贝加尔湖东北巴尔古津流域,以产海东青(鹰隼)著名,为进贡元皇室特产。《元史·世祖纪》:"至元十六年十二月丁酉(1280 年 1 月 27 日),八里灰贡海青(即海东青——引者)回回等所过供食,羊非自杀者不食,百姓苦之。"此事又见《元典章》卷五十七《禁回回抹杀羊做速纳》条(亦称八里灰)。可见马可所记为实,虽然其中有传闻成份。还应指出,此时马可波罗一家已在中国。

　　讲完八儿忽后,马可又把路程返回到甘州来。他说,离开甘州东行五日到达凉州(Erginul,伯希和据几种版本作 Ergiuul,应是。《元朝秘史》265 节汉文译音作额里折兀 Arji'u,旁译西凉,即凉州,今甘肃武威市)。他说,额里折既是唐兀惕(Tangut,即西夏国)大省的一国,又是省城的名字,人民有突厥人和信奉聂思脱里派的基督教徒,偶像教徒和摩诃末(伊斯兰教)教徒。凉州东南为西宁州(Silingiu,今青海西宁市),这里的人多半是偶像教徒,也有少数摩诃末信徒和聂思脱里派信徒。有野牛,其大如象,甚美,毛有黑、白色,比丝还细。马可说,他曾带些毛回威尼斯,见者无不称奇。又说,本地人使之驯化,用以负载重物和犁地。这就是产于青藏高原的牦牛,马可是第一位提到此牛的西方人。他还提到一种像羊一样的能生出麝香的小兽(香獐)和当地人采取麝香的方法,还带此兽的头和脚及少许麝香回威尼斯。足证马可波罗曾亲莅其地。

从凉州向东行八天,到宁夏省(Egrigaia,《元朝秘史》265 节作额里合牙,旁译宁夏,即今宁夏),其都城名贺兰山(Calacian,《元朝秘史》265 节作阿剌筛,旁译贺兰山)。按,西夏国都在兴庆府,即今宁夏银川市,后改名为中兴府,元世祖至元二十五年(1288 年)改为宁夏府路。俄国修道院长帕拉第乌斯(Palladius)认为贺兰山即距宁夏(银川)60 里之贺兰山麓之西夏王元昊所建之夏宫,西夏晚期诸王长驻其地,马可因称其为国都。伯希和同意其说。马可说,居民大部是偶像教徒,但也有不少摩诃末信徒,还有三座美观的基督教堂。伯希和据唐代《大秦景教流行中国碑》记有唐肃宗曾令"于灵武等五郡重立景寺",灵武治所在今宁夏灵武县一带,辖境甚广,唐代即有聂思脱里派教徒(见其《马可波罗注》第 132～137 页 Calacian 条),元代教徒当更多。至于信奉伊斯兰教的回回人更不在少数。马可还说,这里出产用驼毛织成的布,还有白驼毛的布,都非常精美,行销契丹及世界各地。这些记载都符合事实。

从沙州开始至此,马可波罗指出,这些城市或国都是唐兀惕(或唐忽惕)省的一部分。唐兀惕简称唐兀,是元代蒙古语党项一词的音译,兼指党项人及其所建的西夏国。西夏自称大夏,北宋时建国,1227 年为蒙古所灭,元朝于其地设甘肃行省。西夏盛时版图甚广,除马可所指各地外,今陕北、内蒙古西南部及新疆部分地区皆在其内。马可不知道西夏的历史,但他提到唐兀惕,可见他是经过上述地区时听人说到唐兀的名称的。他讲到的几个非汉语地名,如 Ergiuul(凉州)、Egrigaia(宁夏),也是唐兀语词经蒙古人沿用的。

　　离开唐兀惕所辖地区后,马可波罗到达了传说中的长老约翰(Prester Johan,一般作 Prester John)子孙治理的天德(Tenduk,治今内蒙古呼和浩特市东白塔镇)大省。

　　长老约翰是西欧基督教徒传为在东方的一个极有权威的聂思脱里派大师,马可波罗以及东来的传教士把他当作蒙古克烈部的部长汪(王)罕,大概因为克烈部信奉聂思脱里教派,汪罕的名字和约翰有点相近吧。马可说,治理天德的首长名乔治(Giorge 或 George),是长老约翰后的第六代君主。乔治确有其人,《元史》及其他汉籍作阔里吉思,是聂思脱里派信徒。从他曾祖投降成吉思汗立功守土到他,确实传到六代。马可又说,他们家族世代与蒙古皇室通婚,这也有史可证,但阔里吉思是汪古部而非克烈部人,马可大概因其亦信聂派教而误。天德是辽金时代地名,元代改称丰州。马可称为天德,应是从当地人听到的。

　　离开天德东行七天,波罗一家沿途见到许多城镇。马可说,居民多摩诃末信徒、偶像教徒及些许突厥族聂思脱里派教徒。以工商为业,制造纳失失(nascici)及纳克(nac,二者皆波斯文金丝织品名)等金锦。有宣德州(Sindaciu,治今河北宣化县)制造各种精良军器;此州山中有地名蔚州(Ydifu,直译易德府,但《元史·地理志》无此名,注释家认为即宣德府所属之蔚州,应是)有银矿,产银甚多。

　　按,元代的宣德州或宣德府是一个很大的区域,当今张家口市的绝大部分及山西省的二县,这就是马可波罗离开天德后东行所见到的地方,他提到的当地人物及产品都可在《元史》及拉施特《史集》中得到印证。

自宣德前行三天,到达察罕脑儿(Ciagannor,蒙古语白海或白湖,在今河北沽源县北囫囵淖)。马可说,此名即拉丁语白泽之意,建有皇帝的壮丽宫殿(即行宫,在囫囵淖北岸之小红城,元时称亨嘉殿),大汗最爱在此驻跸,因此地不仅有湖溪、平原、山地之优美环境,且各种鸟类如天鹅雉鹤等极多,鹤类竟有五种供大汗欣赏围猎。

离开察罕脑儿向北和东北行走三天,波罗一家终于到达了他们的目的地、元朝的夏都上都(Ciandu)。这是在 1275 年(至元十二年)夏季,马可波罗时年 21 岁,他们一家离开故乡威尼斯已四年了。

马可用充满赞誉的词句,描述了上都建筑的优美壮观:用大理石和各种美石修成的宫殿,殿室涂以黄金,绘以禽兽花木,美不胜收。殿外有御园,有流水、花木、草地、各种鸟兽及纯白一色的马和供皇族饮用的马奶。这里聚集着占星家、巫师、僧人、八合失(bacsi,喇嘛)、先生(sensin,道士)等人,他们各以其法术、道业为大汗御用。马可说,忽必烈大汗每年六、七、八三个月驻此避暑,而在太阴历八月二十八日离去,临行遵占星家言以马奶洒于空中、地上以祭神。按,波罗一家留居中国期间,忽必烈一般每年农历二月或三月到上都,八月或九月返大都,行前按"国俗旧礼"(《元史·祭祀志六》)"洒马奶子"以祭天和先祖。马可讲的驻跸日期不够准确。据《元史》,六月二十四日有一次洒马奶祭,元末诗人周伯琦《近光集》说,行前祭在七月七日或九日(《立秋日书事五首》)。除日期不尽相符外,马可所举的这两件事都有根据。

第一卷至此为止。应注意的是,马可不懂汉语,他对汉语的人

元代两都交通示意图

名地名拼写不准,加之马可书的版本很多,各版本的拼写也不尽
一致。为简便计,本文只据穆尔与伯希和英译《马可波罗寰宇记》
的拼写法。以下仿此。

　　《游记》的第二卷从忽必烈大汗讲起,到波罗一家游历中国各

城市、地区情况为止,是关于元代中国的叙述的最重要的部分。马可波罗对忽必烈大汗赞颂备至,认为,就统治臣民之多,土地之广,收入之丰,大汗都超过历代及当今的君主。对他的仪表、宫妃、善政、武功、宴飨、狩猎;对国都汗八里(Cambaluc,突厥、蒙古语帝城,指大都)的宫殿园囿、城市建构、商业繁盛、人烟稠密、使用纸币、黑石燃料(石炭)、星象学家及其天文仪器、普利桑干(Pulisanghan,pul 波斯文:桥;桑干河即今永定河)河上美丽的石桥(卢沟桥,西方人称为马可波罗桥),娓娓道来,如数家珍。他对于元朝的政府机构、通往各行省的驿站(Iamb 或 yamb,驿的突厥文译音,蒙文译站)也有记述,对驿站的组织、职能、作用叙述甚详,这当然是马可波罗出使各地的亲身经历。

此外,他还举出了两个重要节日的日期。他说,忽必烈大汗的生日是阳历 9 月即中国阴历的八月二十八日。据《元史·世祖纪一》,忽必烈生于乙亥年八月乙卯日。乙卯是二十八日,八月乙卯是阳历的 9 月 23 日(乙亥年当公历 1215 年)。马可说的与《元史》完全一致。这是偶然的巧合,还是他亲自所闻知?可能是后者。因为皇帝的生日历来是重要的举国甚至邻国皆知的盛大节日,要举行隆重的庆祝,马可也提到其庆祝仪式。他在中国,当然知悉此事甚至参与其中。《元史》称此日为“圣诞节”,元仁宗皇庆元年(1312年)改称天寿节。另一节日是中国的新年。马可说,中国的新年在阳历二月,这也基本上准确,当然,有时是在阳历一月中下旬或二月上中旬。马可说,这一天,从皇帝到全国臣民都要穿白衣服,他们认为白衣为吉祥的象征。这确实是蒙古人的风俗。

马可还记述了忽必烈时期的两件重大政治斗争:一件是忽必

烈亲征其叔(应作侄,马可误)乃颜(Naian),一件是汗八里城中刺杀阿合马(Acmat)案件。两者都在《元史》中有记载,但马可对前者的战争情况的描述特别生动,注释家认为这可能与笔录者、小说家鲁思蒂谦诺的加工有关。后件事的主谋者据《元史》为王著与高和尚,本书称其名为 Cenchu 与 Vanchu。我国的《游记》译本或把二人译为陈国与王国(魏易译),或译为张易与王著(李季译),或译为陈著与王著(冯承钧译),或译为张库与王著(张星烺译),或译为张易与王著(陈开俊等译)。张易与王著确有其人(其他译名皆据音直译),但张易并未直接参与其事①,王著确是刺杀大臣阿合马的主谋,但他的军职是千户而非万户。据英文译本说,有一契丹人(Cataian,这是马可及其他西方人对北方汉人的称呼)名叫 Cenchu,是管领一千人的军官……他满怀愤恨与另一同胞、名叫 Vanchu 的管领一万人的军官,同谋杀死阿合马。有些注释学者已经指出(穆尔、伯希和,我国的邵循正),这里的 Cenchu 是千户的译音,其人即王著,而 Vanchu 则是万户的译音,其人是高和尚(穆、伯)或另一同谋者崔总管(邵)。马可把他排在第二位,足见他不是主谋者。马可波罗并不知道这两个汉人的名字,他当时在大都,可能是听蒙古人或西域人说作案者一个是千户(主谋),一个是万户(同谋)而认为是人名,这是他的误解,但所述情节却与中国记载基本一致。

---

① 近年,蔡美彪教授发表《马可波罗所记阿合马事件中的 Cenchu Vanchu》一文,肯定 Vanchu 为张易,考辨甚详,与前此诸人释 Vanchu 为张易者不同。见《中国社会科学院研究生院学报》1998 年第 5 期。

讲完忽必烈的功业和大都的情况后,马可继而叙述他在中国的漫长的游历。据他说,他第一次奉使是到离京城六个月旅途的哈刺章(Caragian,泛指今云南省)。他第一站到达了涿州(Giogiu,今河北涿州市),说离此城 1 里处有两条道路分岔:一条向西通契丹省,一条向东南通蛮子(Mangi,指南宋辖境)省。这是当时大都向西、南方向的交通路线,有元代的文献《站赤》可证。这两条路线,他都走过。因此,关于西道的太原府(Taianfu)、京兆府(Quengianfu,今西安市)、成都府(Sindufu)、吐蕃(Tebet,即西藏,实际指今四川省之雅安、天全一带)、建都(Gaindu,今四川省西昌市)、押赤或鸦赤(Iaci,蒙古人对昆明的称呼)、哈刺章(Caragian,即专指今城市大理)、匝儿丹丹(Zardandan,波斯语 zar 为金,dandan 为齿。当地人以金片包齿,故名金齿。唐代即有此族名,元仍之。今云南德宏州傣族)及其省会永昌(Uncian,元称永昌府,今云南保山地区)。对这些城市和地区的地貌、特产、野兽、风俗习惯、宗教信仰及一些人物都作了详细的叙述。如京兆府(安西王)忙哥刺(Mangalu)的美丽王宫,云南省统军主帅纳速刺丁(Nescradin,《元史》有传)对缅(Mien)国的用兵及象战的描述,皆有史可证,虽然有些出入。又,他虽说从涿州西去是通向契丹省,但讲完京兆府后却说西行二十多天后即到蛮子省的阿克·巴里(Acbalec,突厥语白城)即蛮子边界的白城。此城即宋、元的利州(今四川广元市)。可见,在蒙古和西域人中,当时已称四川为蛮子省,虽然《元史》中无明确佐证。

再说东南道。他还是从涿州出发,经河间府(Cacanfu)、长芦(Cianglu)。长芦即长芦镇(今河北沧州市),为产盐区。马可也说,

此城产盐甚多，大汗从中得大量税收。足见他曾亲临其地。以下是
陵州（Ciangli，伯希和认为应作 Cianglin，即"将陵"，元代称陵州，
今山东德州市）、东平府（Tundinfu，金东平府，元改称路，治所在
须城县，今山东东平县）。他说，此城（府）领有十一城市，1272 年，
有一李璮将军（Liitan Sangon）发动叛乱，大汗派阿术（Agiul）与
茫家台（Mongatai）率兵平之。按，李璮之乱发生在 1262 年（元世
祖中统三年），其时波罗一家都未到中国，但平乱者确是阿术与囊
家台，马可之 Mong 应作 Nong，可能是他听错或版本传写之误
（伯希和拟为《元史》卷一三一之忙兀台）。李璮当时领有山东中、
南部大片土地，他最后在济南失败。马可当是在山东听人谈到此
事的。下一站是新州码头（Singiumatu，他书汉译或作任城码头，
今山东济宁市）、徐州大城（Lingiu，今属江苏）、邳州（Pingiu，今江
苏黄河旧道北之古邳镇）、宿迁（Ciugiu，今属江苏），自此至黄河
（Caramoran，蒙古语黑河，此指旧黄河）及其对岸的淮安州
（Coigangiu，治今江苏淮安市）。渡黄河后，即进入蛮子大省。

　　马可随即讲到蛮子省的故事。他说，蛮子省是东方世界最宏
伟富庶的地区，其王名法克富尔（Facfur，波斯语天子，穆斯林国
家以此称中国天子，此指南宋皇帝），其人仁慈柔和，不似忽必烈
皇帝之好战掠地。恃坚固之城防而无骑兵，以无外敌而耽于享乐，
终为忽必烈所派之丞相伯颜（Cingsan Baian）所征服。马可说，伯
颜即百眼，此前，国王已南遁，由皇后守御，皇后听人说，只有长百
只眼的人才能攻破国都，现知伯颜即百眼，遂不战而降。这是马可
听来的传说。当时，确有"江南若破，百雁来过"的谣言，是把伯颜
听成或讹传为百只雁的，马可则说成百只眼。虽以讹传讹，但绝非

有意编造,可能当地也有此传说。他说的南逼的国王是赵卜(音是),在国都杭州的国王是赵㬎(音显),时年六岁,由谢氏太皇太后摄政,是她投降了伯颜。她和小皇帝被送往大都后,确实受到优待。此事发生在 1276 年而非 1268 年(1268 年是蒙古包围襄阳之年)。马可书的特点就是这样,在基本属实的情况下,有一些模糊的、似是而非或似非而是的记载。这在一个不懂汉语、靠事后追忆的外国人是难免的,同时,也不排除各种版本传抄致误的可能性。

过淮安州后,沿运河东南下,依次是宝应(Paughin,今属江苏,下同)、高邮(Cauyu)、泰州(Tigiu)及泰州东部之城市通州(原文作 Cingiu,玉尔注谓应作 Tingiu 即通州,今南通市),马可说,"此城甚大而富庶宏伟,产盐之多可供全省之用,大汗由此获得巨额课税,非亲见者几乎不能相信"。这都有史可据。离泰州东南(应作西南)行即至扬州(Yangiu)。

马可说,扬州城极大而重要,辖二十七城市,是十二行省治所之一。马可波罗曾奉大汗命治理此城三年。按,此说颇引人怀疑。不仅无汉文史料及地方志可据,有一版本且作"居住此城三年"。这若非是版本之误,则可能是马可在狱中的自炫自夸自我安慰之词。汉译《行纪》或译为扬州总管,这是由于译法文 Gouverneur-général 的字面而导致的误会。扬州作为路治确有总管一职,但原书所指则是扬州全省的统治者。伯希和指出,马可波罗几次提到中国的产盐区情况,他可能做过管理盐务的官员。可备一说。

讲完扬州,马可忽然离开他应该顺路前行的路线,插叙了南京(Namghin,今河南开封)和襄阳府(Saianfu,今湖北襄樊市襄阳县)的情况。南京讲得无特点,对襄阳却说得有声有色。他说,该城三面环水，仅北面是陆地，难以进攻，元军围城三年不下，大汗极为不悦。马可的父亲和叔父及马可此时在京城，遂献计制造重三百磅的抛石机，令聂思脱里派教徒之巧匠制成，用以攻城，城中守将惧而投降。大汗及朝臣对此二兄弟倍增信任，使其声誉日隆。按，用石炮攻陷襄阳，《元史》及波斯人拉施特《史集》俱载其事。但此役发生在 1273 年（至元十年），其时波罗一家尚在赴华途中，未达上都；且中、西史俱言献炮法者为从伊利汗国聘来的回回人，与波罗一家毫无关系，马可所说不足信。但除时间和人物不符外，此事既有所据，马可可能是在中国甚至在襄阳听到的，只是不应冒为己功而已。马可当时在狱中，百无聊赖，可能藉此吹嘘自己，聊以自慰，且以矜夸于人，表示其家当年之光荣业绩。岂料中、西史书已记录在案，不容篡改。当然，对于一个身处逆境的人，作此阿 Q 式的大话，也情有可原，有人据此否定马可之书，认为他未来过中国，也大可不必。

再回到扬州。马可说，离扬州东南行 15 里到一城名真州（Singui，今江苏仪征。汉译或作九江、荆湖，皆欠妥），然后是瓜洲（Caigiu）及其江中岛上的佛寺。这就是著名的金山寺，虽然马可不知其名。渡江以后即到其对岸的镇江府（Cinghianfu）。马可说，这里的城主名马薛里吉思（Marsarchis）是一聂思脱里派教徒，任职三年，于 1278 年建教堂二所。按，马薛里吉思《元史》无传，但元文宗时所修《至顺镇江志》中，却多次提到他的事迹。他于元世祖至元十五年（1278 年）到镇江任副达鲁花赤（蒙语监临长官），是也里可温人（即聂派教人），曾先后建十字寺（基督教堂）六所（另一所在杭州）。马可所记其任职年代与此完全一致，至于建寺数目不同则或他只见到二所，或他到镇江时有些寺还未建立。

从镇江东南行到达常州(Ciangiu)。马可说伯颜(百眼)丞相派遣信奉基督教的阿兰人(Alain,也称阿速人，原居北高加索，为蒙古征服，迁往中国者多从军)攻陷外城后，发现有酒甚多，争饮而醉，为内城人所杀。伯颜大怒，另遣一军平之，屠此城人，无幸免者。按，此事确有，但地点不在常州而在镇巢(一称镇巢军，原安徽巢县，今巢湖市)。据《元史·杭忽思传》："杭忽思，阿速氏，戍镇巢，民不堪命，宋降将洪福以计乘醉而杀之。世祖悯其死，赐其家白金与钞，并镇巢降民一千五百三十九户。"可见并未杀尽平民。但马可讲得更生动，可与《元史》互相印证。有的学者认为马可书的有一版本作 Chingingui，即汉文的镇巢军(伯希和;冯承钧汉译本中册，第 564～565 页)，但镇巢与镇江相距甚远，马可以下即讲苏州，不应离题太远，仍以常州较妥。又，据《宋史》、《元史》有关史料，至元十二年(1275 年)十一月，伯颜亲帅大军攻常州，守军陈炤、姚訔、王安节、刘师勇等奋勇抵抗，城破后，除刘师勇得逃外，前三人皆死节(《宋史·忠义传五》);元军"四门杀入，一城尽死"(《郑思肖集·中兴集·哀刘将军》)。此战甚激烈，死伤惨重，且系伯颜为统帅，马可可能把它与镇巢之役混为一谈。

下一站是苏州(Sugiu)。马可说，苏州是一巨大而宏伟的城市，城周 20 里。盛产丝绸，多富商，人口之多令人惊异，如皆尚武好战，不仅可征服蛮子全境，且可臣服远方。但人多怯懦，只务工商。多医术高超的医生，博学的教授或哲学家及魔术家或巫士。山中产大黄，行销各地。亦盛产生姜，售价甚廉。苏州其意为"地城"，犹行在(杭州)之意为"天城"也。按，苏州盛产丝绸，早已驰名，至今如故;对其地的多财善贾之人、妙手名医、哲人学士等的介绍,虽寥寥几笔,但已反映了其时苏州是文明昌盛、人才荟萃之区的特色,这在《游记》中叙述中国各地情况中还是不多见的。关于人口,据《元史·地理志五》,元世祖时期平江路(治所在苏州)的户数为466158,口数为2433700,比杭州路的户和口还多,是全国人口最多的路。至于把苏州称"地城",杭州称"天城",则是听了当时"天上天堂,地下苏杭"(见范成大《吴郡志》,以后成为"上有天堂,下有苏杭")的误解。马可不懂汉语,大概听了翻译人员的话后变成了自己的理解和解释。只是苏州并不产大黄,注释家认为,马可可能是把肃州和苏州因译音相近而混为一谈了。

马可又说,苏州有石桥六千,其高大可两船并行。此数目未免夸大,但苏州水乡桥多却是事实。宋人朱长文《吴郡图经续记》卷中《桥梁》条说:"吴郡昔多桥梁。自白乐天诗尝云'红栏三百九十桥'矣……逮今增建者益多,皆叠石礨礧,工奇致密,不复用红栏矣。"可见苏州桥多而奇,令人瞩目。虽不满千,但当有数百之多。马可记事,往往有夸张之笔,但其内核则有根据而非虚构。

离开苏州,经过吴州(Vugiu,今江苏吴江市)、嘉兴(Vughin,今属浙江),再前行即到今浙江省的杭州。

马可称杭州为Quinsai,这是"行在"的译音。行在是当时对南宋都城临安(杭州)的另一称号,意为天子一时驻跸之所,表示不忘旧都汴梁(或译此为"京师",不妥)。马可说,由于此城宏伟秀丽,为世界之冠,居民享尽快乐,认为置身于天堂之上,遂称其为天城(按,南宋人袁褧《枫窗小牍》即称杭州为"地上天宫")。他用极大篇幅,详细描述了天城的优美环境、人民生活、社会风习、城市建筑、市场贸易、市政管理、南宋宫殿及国王生活、大汗收入等等。他说,他曾数次游历此城,详细观察并作记录,还从一个曾为南宋皇帝侍从现已年老的富商口中得悉皇宫情况,又从大汗所遣到行在检查该城税收和户口数目的使臣处,得知该城户口数目。马可说,他曾看到南宋皇后给伯颜的文书上,叙述行在情况,使大汗了解此城之繁华,不致毁坏或劫掠它;马可又根据其目睹,证实了文书所写的。从马可对杭州的叙述与宋、元时期汉文关于杭州的野史与正史的记载基本相近看来,马可确实是到过杭州、亲自观察并访问过当地人民的。

例如,他说行在城中有 160 万户,人数虽多,却仅有聂思脱里派教堂一所。此一教堂在《至顺镇江志》中有记载,为镇江长官马薛里吉思所建。至于户数,《元史·地理志五》所记杭州户数为360850 户,与马可所记相差颇大。但南宋末耐得翁《都城纪胜·坊院》说杭州"户口蕃息,近百万余家",吴自牧《梦粱录》(卷十九《塌房》)也说,"自高庙(南宋高宗)车驾由建康幸杭驻跸,几近二百余年(指距北宋仁宗前),户口蕃息,近百万余家。杭城之外城,南西东北,各数十里,人烟生聚,民物阜蕃,市井坊陌,铺席骈盛,数日经行不尽。"这段话不仅印证马可所记杭州户数,也与马可所叙杭州街市商铺繁盛情况吻合。可见官方登记数目不尽与实际相符,马可当是据当地流传说法,纵有夸大,也不会相差太多。

再如,关于大汗的税收。马可说,大汗从行在及其辖区所得的盐税每年为八十土蛮(toman,蒙古语万)即八十万金。据《元史·食货志二·盐法》,杭州地区为两浙都转运盐使司(简称运司)所在地。至元十八年(1281 年)为 218562 引(盐引,为取盐和销盐的

45

证件,每引为 400 斤),至元二十三年增为 45 万引,二十六年减
10 万引。如按 45 万引计,每引盐课银中统钞 30 贯,共得 1350 万
贯;当时官定钞与金的比价为中统钞 15 贯折金一两,则两浙盐课
总额折合金 90 万两,与马可所说基本符合(以上户口、盐税皆据
陈得芝教授《马可波罗在中国的旅程及其年代》,载南京大学历史
系元史研究室编《元史及北方民族史研究集刊》1986 年第 10 期。
此前地名勘定方面也多参考此文,谨此声明致谢)。

至于马可所记行在的湖(西湖),距此城东北 25 里的海滨澉
浦(Gampu,或作 Ganpu,Ganfu)城及港口,是无需证实的自然环
境;其他如街道布局、娱乐场所、浴室(《都城纪胜》:"浴堂谓之香
水行")、娼妓(同书:"庵酒店,谓有娼妓在内")等等,都可在南宋
末人所著有关杭州笔记丛书中找到印证。关于行在的桥,马可说
有 12000 座,这和他讲苏州的桥有 6000 座一样,无疑是夸大其
辞。有趣的是,《梦粱录》卷七举出杭州六个街区有名字的桥,其数
为 340 座,其中倚郭城北街道有一桥在"西湖孤山路,曰宝佑桥,
俗呼断桥",这是戏剧传说中白娘子和许仙相见的纪念地。晚于马
可五十多岁米华的意大利方济各教士鄂多立克(Odoric)也讲到
行在(Cansay)城有 12000 多座桥。可见,这个说法相当流行。

从行在南下,经 Tanpigiu(东睦州,今浙江建德市)、Vugiu
(婺州,今浙江金华市)、Dhiugiu(衢州,今浙江衢州市)、Gianscian
(常山,今衢州市常山县)、Cugiu(信州,今江西上饶市)诸城而至
Choncha 王国,其首都是福州(Fugiu)。

Choncha,他书作 Koncha,汉文译音作崇迦或楚伽,马可说
它是蛮子省九部中的一部,汉文或勘定为"建州"、"诸家",或"福

建",皆可疑。伯希和认为可能为 Fugiu(福州)之误写,也只是一家之言。暂可作为悬案。

在讲福州前,马可说从信州东南行六天后,到一城名 Quenlinfu(建宁府,今福建建瓯市)。他说,这里盛产生丝,用以织成各种绸缎。又听人说,有一种无羽的家禽(鸡),只长黑毛,与猫皮同,产卵与其他鸡同,甚为可口(鄂多立克也谈到在福州见到无羽有毛的鸡,说那毛像羊的白毛,也不错)。这些记述都符合当地实情。注释家认为这是乌骨鸡。穆尔有专文《其皮如猫之鸡》论之。

离建宁府三天后,到达 Vuguen(他书作 Unguen 或 Unken,一般认为即福建的尤溪县,伯希和认为是宋元时的南剑州或路,治今南平市,尤溪县当时亦其辖地。Vuguen 可能由 Namgkem—Naguem 转化而来)城。马可说,此城以能大量制糖著名。但在归附大汗以前,居民仅知煮糖为浆,冷却后成为棕黑色浆糊。归服后,大汗派精于制糖的巴比伦(Babylonie,指埃及)人来此,教以用一种树木的灰使糖精洁的方法。按,福建省盛产甘蔗,取蔗汁成糖当早为居民所熟知,但成品粗糙,应如上述。是否有埃及人(实指波斯、阿拉伯人)传授精制方法,虽无直接史证,但有旁证。元人杨瑀《山居新话》有一段说:"李朵儿只左丞至元间为处州路(治所在今浙江丽水市)总管。本处所产荻蔗,每岁供给杭州砂糖局煎熬之用。糖官皆主鹘(犹太人)回回富商也。"可见来自西域的回回人(包括波斯、阿拉伯人,元代也称犹太人为主鹘回回)是精通制糖术的。

马可接着说,沿 Vuguen 前行 15 里即到 Fugiu(福州)。他说,此城驻有大军以防叛乱,有宽 1 里的河(按,即闽江),停泊大量船只,满载货物,尤以糖为多,因此城亦盛产糖,印度船只亦满载珍宝来此贸易。河西岸建筑宏美,并有赏心悦目的花园,出产美味的果品。按,福州有闽江流经城外,其地产糖,风景优美,皆可验证。据《元史·兵制二·镇戍》,元朝于江南北皆有镇戍军,如"至元十九年(1282年)二月,命唐兀觩于沿江州郡,视便宜置军镇戍,及谕鄂州、扬州、隆兴、泉州等四省,议用兵戍列城"。这里的泉州即当时的福建行省所在地。

马可还说,他们在福州时,曾从他们同伴中一聪明的撒拉逊人(回回人)的口中得悉,城中某处有一种人,既不拜偶像,也不拜火,既不崇拜摩诃末(指伊斯兰教),也不像基督教徒,不知其信奉何教。他领波罗一家访问了这种人。起初这些人很害怕,经再三开导劝说后,他们拿出书来,经鉴定后,认为是《旧约》圣经里的《诗篇》。马可等承认他们是基督教徒,劝他们派代表奏报皇帝,得到皇帝的认可。伯希和考证后认为,他们不是基督教徒而是摩尼教徒。理由是,若是基督教徒,早就会被承认了;摩尼教也有一些颂文,可能会被误认为《旧约》的《诗篇》,而且有些圣经中的人名在摩尼教的经卷中也有遗留。摩尼教徒在北宋、南宋时盛行于浙江和福建等地,福州的摩尼教徒为数也不少,是受到政府禁断的秘密宗教,元代依然。这是他们不愿暴露的原因。

下一地点即到 Zaiton,这是"刺桐"的音译,是泉州的另一称谓。起因是,五代后晋开远元年(944年)至北宋建隆三年(962年)间,军人留(或作娄、刘)从效据泉州时,环城种刺桐树,其干高大,枝叶蔚茂,花极鲜红,遂有刺桐城美称。马可与其他欧洲及波斯、阿拉伯人皆以此名称泉州。马可说,刺桐城沿海岸有港口,船舶往来极多,为世界最大港口之一,其运来的胡椒较运往埃及亚历山大港者多达百倍。大汗从中抽取大量税收,商人仍能获取丰厚利润,故欲前来交易。按,泉州在北宋太宗初期(976～979 年)已有外商来此贸易,北宋哲宗初(约 1087 年)在此设立市舶司,管理对外通商和征税等事。南宋迁都江南,特意奖励对外贸易,泉州的地位尤为重要,已凌驾于广州之上。元代泉州更成为对海外交通和贸易的港口,无怪马可称之为世界最大港口之一;而元末到达泉州的摩洛哥阿拉伯人伊本・白图泰则不仅称其为最大港口之一,竟说它可称为世界极大的海港。

马可说,在流经刺桐港河道支流与主流分岔处,有一出产瓷器的城市名为 Tingiu。此名他书或作 Tiungay 等。一般汉译为汀州或德化。伯希和认为,中世纪稿本 t 与 c、n 与 u 常有误写,故此处 Tingiu 为 Ciugiu 之误写,Ciugiu 即 Ch'uchou(-fu),此处指浙江的处州(府),其地之龙泉县(今浙江龙泉市)以产青瓷著名,但多从泉州出口,马可遂以为泉州所产。马可对瓷器的制作程序作了详细说明。

最后,马可说,蛮子省中有一种通用的语言和统一的文字,但在不同地区仍有不同的方言。他提到的文字无疑是汉文的书法,这一点很值得重视。过去,怀疑和否认马可波罗到过中国的人都以马可未提中国书法为根据之一,大概忽略了马可这一句重要的话吧。

第二卷到此为止。由于是对元代中国的记事,本文对之费了许多笔墨。但马可不懂汉语,书中对许多地名的拼写与原名不尽相符,更由于各种抄本、印本与译本的差别,除了一些重要的地名与其所述事迹相符可以肯定外,有些地名就不好断定,中外注释家也各执一说,这是要向读者说明的。

　　第三卷主要叙述日本、南洋群岛、印度、斯里兰卡、波斯湾、阿拉伯海、东非洲诸地情况。第四卷主要叙述在中亚和伊朗地区建立的蒙古汗国间斗争的历史。限于篇幅和本文主旨,仅择与中国有关的情节介绍一下。

　　马可说,日本国(Zipingu)是东方海洋的一岛,国土黄金极多,取之不尽。国王宫殿屋顶及天花板皆覆以金,室内小桌以金制成,窗户也饰以黄金。忽必烈大汗羡其财富,欲征服之,遂派 Aba-can(或作 Abbacatan,即阿剌罕)与 Vonsamcin(或作 Vonsancin,即范参政、范文虎)二要员率军舰及十余万人出征。但因二将不和及遇风浪失利,二将败回,其余三万士兵苦斗后作了俘虏。按,马可未到日本,他说是到过日本的人告诉他的,所记自然不完全符合实情。但所提二统帅却实有其人,即行省右丞相阿剌罕及右丞范文虎(称范右丞,范在至元十三年时曾任参政),后阿剌罕因病未去,另派阿塔海代领。遇风舟破后,范文虎与诸将择好船逃回,弃十余万士卒,使十万人战败被杀,余二三万被虏,其中大部被杀,只有新附蒙古的南宋军队被称为"唐人"免死为奴。《元史·日本传》说:"盖行省官议事不相下,故皆弃军归。"与马可所说基本相同。但马可说对逃回的两位统帅一立杀、一充军荒岛被杀的说法也无根据。他们不但未被杀害,还照旧做官和升迁。此次战争年代,马可说在 1269 年。有的版本作 1268 年、1264 年、1279 年,实则是 1281 年,元世祖至元十八年。

　　至于从泉州出发到波斯伊利汗国航行所经诸地,因马可曾出

使印度,几度往返,其所记多属实录。如先到的 Ciamba(他书作
Ziamba、Ciampa、Chanba,唐代名瞻波,元名占城,今越南中南
部),马可说,1278 年(或作 1268 年)大汗派将军 Sogatu(唆都)往
征服之。此事《元史·占城传》记之颇详:至元十五年(1278 年),
唆都遣人至其国,次年,唆都等到占城谕其王入朝,十七年,国王
遣使归附。其后其子专国,元使臣经其国者皆被执,遂对其用兵
(至元十九年十一月至二十一年三月,1282 年 12 月至 1284 年 3
月)。马可说,1285 年(至元二十二年,或作 1275、1280、1288 年)
时,他在占城。据《元史·世祖纪》,此年三月,元廷"遣太史监候张
公礼、彭质等往占城测候日晷"。马可有可能随往或有其他任务经
过占城。

马可波罗两次提到锡兰(Seilan,今斯里兰卡国)岛。他说,此
国盛产宝石,尤以红宝石为贵。大可汗忽必烈曾遣使臣请买一国
王最珍贵的红宝石,愿以一城之价偿之,为国王所拒。马可说他本
人也是使臣之一。按,此事虽无直接证据,但元世祖遣人到海外采
购珍宝则有事例。如《元史·世祖纪》:至元二十二年六月"遣马速
忽、阿里赍钞千锭往马八国(即马八儿国)求奇宝",如前所述,马
可此年曾在占城,则从占城前往锡兰也有可能。在另一处,马可说
锡兰国王的太子释迦牟尼卜儿罕(Sagamoni Burcan,卜儿罕蒙语
佛)不愿作国王,在路间见一死人与老人,遂离家出走修行。他说
的释迦太子出生地虽不正确,但对其出家事则与传说相同,称佛
为蒙语卜儿罕,证明其确在中国与蒙古人相处。他说,释迦牟尼是
拜偶像教徒的第一尊神像,由他传下来其他偶像,他的坟墓在山
上,其中有他的头发、牙齿和饭碗。马可又说,1284 年(至元二十

一年,或作 1281 年),大汗派遣一庞大使团经陆路、水路的遥远路程到达锡兰,请其国王赠予以上圣物。他们得到两颗白齿、头发和饭碗。回汗八里城时,大汗极为喜悦,举行宴会以迎之,城中一些人也出动迎接。此事《元史·亦黑迷失传》说:"(至元)二十一年(自占城)召还,复命使海外僧迦剌国,观佛钵舍利,赐以玉带、衣服、鞍辔。二十一年,自海上还"。僧迦剌即锡兰早期名称,佛钵即佛的饭碗,舍利即焚化后的遗骨、牙齿等。这里只提观瞻,未提索要,似与马可所记不同,但年代则一致。是否瞻仰后索要,不可知。同传又说:"(至元)二十四年,使马八儿国,取佛钵舍利,浮海阻风,行一年乃至。得其良医善药,遂与其国人来贡方物"。除年代和国家不同外,其"取佛钵舍利"则与马可所记完全一致。而且马八儿(马可书作 Maabar)在印度东南沿海的科罗曼德尔海岸,隔海与锡兰岛相望,马可可能是把两地混同了,至于年代,马可也可能有误记。总之,马可此处所说,大体上与《元史》所记相差无几。

《元史·外夷·马八儿等国传》说:"海外诸蕃国,惟马八儿与俱蓝足以纲领诸国,而俱蓝又为马八儿后障,自泉州至其国约十万里。"马可波罗对这两国的情况特别是马八儿的记载非常详细,其中有可与《元史》印证之处。如《元史》说马八儿国有"算弹(Sultan,阿拉伯语国王)兄弟五人",马可也说此省有五个国王,都是亲兄弟;《元史》说"凡回回国金珠宝贝尽出本国,其余回回尽来商贾",马可说马八儿是世界上最宏伟富有的大省,有大珍珠和宝石,并对采取珍珠的方法作了描述,宝石则有红、蓝宝石及翡翠等。至于俱蓝,马可作 Coilum,其地即今印度西南海岸的奎隆

(Coilun)。马可说,这里有许多基督教徒、回回人(撒拉逊 Sara-
cens)和犹太人,但居民则是偶像教徒;来此经商的则有由蛮子
(中国南方)、阿拉伯和地中海东岸(Levant)的人。《元史》说:"至
元十九年(1282 年)二月,(杨庭璧)抵俱蓝国,国主及其相马合麻
等迎拜玺书。三月,遣其臣祝阿里沙忙里八的人贡。"马合麻显然
是回回人名,后一入贡人名祝阿里沙之阿里沙(Ali Shah)也是回
回人名。这和马可所说这里有许多回回人应有关系。

　　第四卷从《大突厥》(Great Turguie,《元史·地理志》称途鲁
吉,即旧史之突厥,今译土耳其,但非今之土耳其国而是当时的察
合台汗国)起,讲的是中亚和西亚蒙古人所建的几个汗国相互斗
争的历史。首先提到海都(Caidu)大王。马可说,海都是察合台
(Ciagatai)的孙子,由于察合台和大汗(忽必烈)是兄弟,海都也是
大汗的孙子。按,海都是察合台的弟弟窝阔台(元太宗)的孙子,忽
必烈是窝阔台弟弟的儿子,因此,海都是忽必烈大汗的侄子。马可
波罗记蒙古王室谱系多误,这也不足怪,他不是历史学者,只要名
字不错就够了。有的版本已将孙子改为侄子,可能是后来发现其
误而改,但察合台之名未改。冯承钧译《行纪》注此条谓"殆因海都
当时兼并察合台汗国地而误以其系出察合台也"(下册第 777
页)。可备一说。马可说,海都向大汗要求分得契丹(中原地区)和
蛮子(江南)土地的一部分,大汗要他亲自朝见,他不敢来,因而双
方多次发生战争,互有胜负。有一次,海都向驻扎在 Caracorom
(哈剌和林)的大汗儿子 Nomogan(那木罕)和长老约翰的孙子
Giorge(乔治)发动战争。战斗激烈残酷,死伤惨重,当海都得悉大
汗派强兵增援时才撤退。

按，此事有历史根据。海都是窝阔台汗（元太宗）第五子合失之子。成吉思汗死后，窝阔台经蒙古诸王大臣推戴继汗位，他死后其长子贵由继位，是为定宗。贵由死后，由成吉思汗长子术赤之子拔都推戴成吉思汗幼子拖雷之子蒙哥即汗位，是为宪宗。从此蒙古正统汗位由窝阔台系转入拖雷系之手。海都以窝阔台后裔应继汗位为由，对此极为不满。蒙哥弟忽必烈（元世祖）即位后，海都以忽必烈留汉地、行汉法、破坏蒙古旧俗为借口，纠集西北诸王责问忽必烈并兴兵犯边，双方经常发生战争。

那木罕是忽必烈的第四子，又名南木合。为对付海都的侵扰，他被派往西北一带驻军。曾被海都同党劫持送海都处，后被放回，仍在漠北驻防。乔治即本书第一卷所指的天德军首领、汉文称为阔里吉思的信奉聂思脱里派教徒，被马可称为长老约翰六代孙的那个人。他曾经镇守北边，可能和那木罕在忽必烈统治晚年时同在北边驻防。但汉文载籍未提他与海都交战之事，只记有忽必烈死后的 1297 年、1298 年（元成宗大德元、二年）他与海都的同党、察合台后人笃哇的战争，被俘不屈而死。可见，马可所记虽不完全准确，但又有些近似。

此外，马可还叙述了钦察汗国（金帐汗，马可称东鞑靼）与伊利汗国（马可称西鞑靼）的战争以及伊利汗国诸王的内部斗争，这可能是波罗一家往返西亚和中亚地区的所见所闻，虽不完全准确，但大体不悖西域史籍所载。可见马可波罗是个有心人和细心人，他说他在忽必烈汗跟前受到宠遇可能与此有关；他的记忆力也相当好。当然，要求他所记的完全准确，不容许有一点差错，未免太苛刻了。

三 何以信而见疑?

话虽如此,对《游记》提出苛刻要求,怀疑乃至否定其书者,从马可波罗时代迄今,却数见不鲜。由于书中充满了关于东方世界的奇闻异事,使少见寡闻的他的当代人难以接受,在马可病危前,他的朋友劝他把书中背离事实的叙述删掉。他的回答是,他还没有把他所见的事说出一半呢! 随着地理大发现及欧洲人的东来,马可书中的许多事物渐被证实,不再被视为荒诞不经了,但还是有人对其真实性表示怀疑。怀疑的口实是,有许多中国的事物如长城、茶叶、汉字、妇女缠足等不见于书中;扬州做官和献炮法攻陷襄阳等事可疑;还有,在中国史籍中,没有一件可供对证的有关马可波罗的资料等等。

1995 年,英国不列颠图书馆中国部主任弗兰西丝·伍德博士发表了《马可波罗到过中国吗?》一书,集此前怀疑和否定马可波罗到过中国论者之大成。对此,笔者有《马可波罗到过中国》一文予以回答(《历史研究》1997 年第 3 期,收入本书第九章),此不赘述。

如我们前面所提及的,马可波罗关于中国的记事,绝大部分都能在元代载籍中得到印证,有的还可以补中国记载之阙疑,如《站赤》那段公文,如无马可书的委细述说,我们将无从得悉其所指何事及其重要性;他对中国各地风土人情的描绘,谈得津津有味,有如读一部地方志书。他的书广布世界各国,译成多种文字,在我国就有汉文译本七种,蒙文译本二种;各国一些学者也倾心竭力研究他,写出很有价值的专著,这绝不是偶然的。

　　然而,为什么还有人,包括有些学者怀疑他呢?除上述几种原因外,是否还有其他因素呢?

　　一个人的身世和社会地位,是他取得社会信任的因素之一,这几乎成为一个评价人物的重要准绳。曼德维尔(Sir John Mandeville)由于被称为英国作家,又是(或自称)爵士,写的一部《航海及旅行记》,自称是于 1322 年至 1356 年间在世界各地旅游的经历,曾被誉为中世纪最伟大的旅行家,稿本、印刷本及译本为数极多,但最终被揭露为抄袭、剽窃他人之作。马可波罗的家世虽经学者(如亨利·玉尔)考订,但如穆尔和伯希和在其《寰宇记·导言》所说:"马可波罗的家庭所知甚少。"伍德博士书中的第 13 章《波罗一家何许人也》所说"马可波罗的身世鲜为人知",虽然旨在否定马可书的真实性,但倒可以看出:一个家世无名的人的话或著作总免不了受人怀疑;反之,前、后于马可波罗来华的西方人,如小亚美尼亚国王海屯一世、意大利方济各会的普兰诺·卡尔平尼(或译柏朗嘉宾)、法国方济各会的鲁布鲁克、意大利方济各会的鄂多立克和蒙特·科维诺等,这些人或为国王之尊,或受教皇或国王的委派,或是著名的苦行托钵僧,他们留下的东游记载,无论其有漏载或误记,无论其姓名不见于汉文史籍,都被后人重视而不怀疑其真实性。

　　马可波罗本人也有缺点,他记事多有夸张,对自己在中国的地位和作用也爱炫耀。他任扬州行省长官一事,若非版本之误,就是自我吹嘘。伯希和说他可能做盐务官,也只是一种推测。至于把攻陷襄阳之功归为己有,更是欺世盗名。这当然贻人以怀疑的口实。

马可波罗在中国究竟扮演的是什么角色,这还是一个谜。蔡美彪研究员在《中国社会科学》1992 年第 2 期发表的《试论马可波罗在中国》一文,对这一谜底的解开颇有启发,值得重视。他依据元代中国的历史环境与马可书的记事,对马可波罗的地位与身份作了细致的分析。他说,从其书中关于中国情况的记述看,主要是各地区的物产、贸易、集市、交通、货币、税收等与商业有关的事物,既不像旅行家那样去描述名山大川和文物古迹,也不像官员那样去记述行政事务和官场纠纷。马可自称奉使云南和印度,但书中只称阁下(Messer)而无任何职衔,再加上其他类似情节,结论是,马可波罗是色目(西域)商人,而且是斡脱商人。斡脱是突厥语 Ortog 译音,原义为"伙伴",转义为"商贾",是替皇室或蒙古贵族放高利贷或经商而取利的官商,是"见(现)奉圣旨、诸王令旨,随路做买卖之人"(《元典章》卷十七,至元八年《户口条画·斡脱户》),他们也可以受朝廷或诸王的委付到各地包括域外去采办商货包括珍宝等物。因此,对前面提到的忽必烈遣使去锡兰购求红宝石时,马可说他也是使者之一一事,蔡文认为,倘此事所记属实,马可波罗本人只是随员之一,而非使臣。

此外,蔡文对马可波罗任职扬州盐务官员一说,认为最多是以商人身份参予过扬州的商务管理;对其在中国各地经行路线方位每有不合,对其书中只讲见闻而很少讲其本人事迹(按,这二者也是伍德博士否定其书的口实)与中国文献中不见有关他的记事,对其记述的某些事件往往确有其事而不尽相合等问题,也从其斡脱商人的身份予以合理的解释。

　　如蔡文所说,波罗一家本来是威尼斯的富商,马可波罗到中国时,不过是个二十岁刚刚出头的青年,以元朝西域商人(特别是回回商人)之多,尽管他聪明干练,忽必烈汗也不会委以重任。由于元朝的对外开放及政治需要,允许外国人在中国居住、传教和经商,才使他们一家在中国停留十七年之久,还可能利用他们的经商才能和海外知识替政府效力,如此而已。再如,马可有夸大其辞、吹嘘自己的毛病,把攻陷襄阳之功据为己有更是一个大错误,如把他作为一个商人的习性来看待,再考虑到他在狱中生活的潦倒,那就不足为奇可以理解了。而过去,人们对他的期望值总是过高,要求太严,似乎作为一个大旅行家不应出一点错。笔者认为,蔡文对马可波罗的认识提出了一个新思路,是对马可波罗学研究上的一个突破。虽然这还是一个"假说",却是一个合理的假说,是从元代的历史特点和马可波罗书的内证中得出的合理的推论,可以说是持之有故、言之成理的。

四　影响和贡献

　　不管马可本人和其书中有多少缺点和错误,但总起来看,还是可靠的。他的书的真实性是不容抹煞的。他对世界历史和地理的影响和贡献也是应该被承认的。他是第一个横穿亚洲大陆并作出详细记录的人,对中国的内地和边疆,对亚洲其他国家和民族的政治社会情况、风俗习惯、宗教信仰、土特产品、轶闻奇事,一一笔之于书,虽朴实无华,但生动有趣。在他以前和以后来华的西方人留有行纪的也不少,在文采和对某一事件的记叙方面也许远胜

于他,但像他这样记事之广、全面概括的著作却绝无仅有。特别
是,他对元代中国的记载不仅充满热情,而且比较客观。例如,他
对忽必烈大汗的权威、善政等丰功伟绩赞不绝口;另一方面,在提
及阿合马被杀事件时却指出,由于大汗任用鞑靼人(蒙古人)、撒
拉逊人(回回人)和基督教徒(后二种人元代称色目人),引起了契
丹人(汉人)对大汗统治的厌恶。这道出了元代种族待遇不平等的
实情。他对所到之处的富庶和文明,总是热情称道,说明他对中国
和中国人民怀有友好的感情。他是友好的使者,为中国和意大利
人民架起了友谊的桥梁。无怪在 1971 年联合国第二十六届大会
上,意大利代表芬奇特别提出马可波罗的中国之行,认为"对于
中、意两国历史具有十分特殊的重要性",指出那次旅行"向西方
展现了迷人的中国文明",并为意大利历史上有这样一位伟大的
旅行家而自豪。

　　的确,他的书向西方展现了迷人的中国文明,开阔了欧洲人
的眼界,由最初把它视为《天方夜谭》逐渐认识了它的真正价值。
1375 年(明洪武八年)由法国国王查理五世(1338～1380 年)监
制的喀泰兰(Catalan)地图(存于巴黎大图书馆),其东亚部分完
全取材于马可之书。此图作者摒弃伪科学和宗教成见,以多种资
料为根据力图反映当时世界的实况,不愧为一代杰作。其图的中
亚与东亚部分皆据《游记》而成。

　　《游记》对十五世纪以来的欧洲航海事业的发展也起了推动
作用。著名的意大利航海家哥伦布(1451～1506 年)曾熟读此书,
并在其所读拉丁文《游记》中加了 45 处的标记。他对中国和印度
的文明富庶极为艳羡,特别是对日本国的无数黄金更为垂涎。他

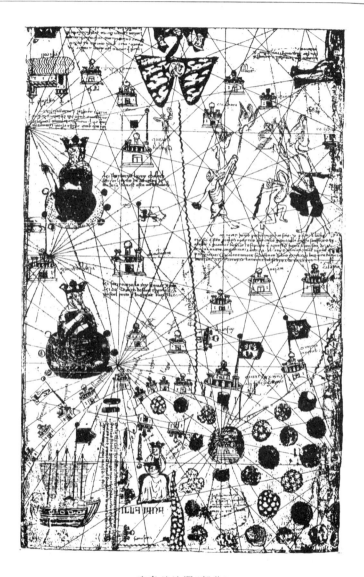

喀泰兰地图（部分）

在1492年奉西班牙女王和国王之命,携带致中国皇帝的国书,横渡大西洋,到达巴哈马群岛和古巴、海地等岛。以后又三次出航,到达中、南美洲诸岛及大陆沿岸地带。这是发现新大陆的开始,但他并不自觉,还以为到了马可波罗书中的东方世界。他把古巴岛当作日本国,并登岸寻找黄金,又把墨西哥当作"行在"(杭州)。他称当地人为印度人(Indians,汉译为避免与亚洲印度人混同,称印第安人)。至今墨西哥湾、加勒比海与大西洋之间的岛群,仍称为西印度群岛,可见马可波罗书影响之大。

《游记》不仅使西方人了解中国,向往中国,成为中西文化交流史上的重要文献之一,也对中国人了解元代的历史有所帮助。马可波罗这个外国人对中国的观察不免限于表面现象,但从一个商人的角度注视中国各地工商业发达情况的叙述中,折射出元代的经济仍有发展,不像一般人认为的停滞和倒退,特别是对外贸易(如泉州)的繁荣,在当时世界上还是领先的。这反映了元代的开放性特色。从历史文献学的角度看,如我们前面所说,《游记》中所叙述的许多情节,大都可以和中国史籍印证。还可以举《永乐大典·站赤》那段公文来说明:如果不看《游记》,就无从得知它究何所指;反之,如不知那段公文,也无从证明马可波罗到过中国并确定其离华时间。两相参证,豁然开朗,不亦乐乎!

五 版本与名称

最后,说一下《游记》的版本和名称。

《游记》的原始写本已无从找到,但从原写本抄写或印出、译

出的版本却多不胜数。据 1938 年穆尔与伯希和的统计,其时共有
143 种,这还不包括根据这百多种的某几种译出的世界各种新译
本在内。当然,这 143 种并不全是自始至终首尾完整,有些仅是部
分或片断的记载。《游记》研究者将这百多种版本中有代表性的归
纳为下列四种:

1. 法国地学会本或老法文本。此本原藏巴黎图书馆,编
号 B. N. fr. 1116,简称 F 本。1824 年法国地学会由抄本刊印。语
言是老法语,其中夹杂不少意大利语,现称法—意混合语。14 世
纪初,此抄本已流传。有一种译成意大利托斯卡纳(Toscana)方
言,简称 T 本。有一种译成威尼斯(Venezia)方言,简称 V 本。约
1320 年,意大利波罗纳(Bologna,今译博洛尼亚,意北部大城)人
皮皮诺(F. Pipino,一译劈劈奴或庇庇诺,天主教多明我修道会修
士)据 V 本译为拉丁文,但有删节,据说此译本曾经马可波罗认
可。此本流传甚广,1485 年此本在比利时的安特卫普印行,哥伦
布所读的即是此本。

2. 颇节改定五种法文本。法国东方学家颇节(Gregoire
Pauthier 旧译鲍梯)于 1865 年根据五种老法文版改译为现代法
语,并加注释出版。据说,这是马可波罗于 1307 年送予法国骑士
蒂博·德·瑟波瓦(Thibaud de Cepoy)的手抄本。蒂博死后,其
长子约翰将原本献其主伐洛瓦(Valois)伯爵,并抄写数本赠予友
人。现存五部分别藏于巴黎图书馆三部,瑞士、英国图书馆各一
部。用颇节之名简称 G 本。此本虽称马可改订,但与第一种老法
文本不尽相同。冯承钧译《马可波罗行纪》即根据华籍法人沙海昂
(A. J. H. Charignon)增订的颇节本。

3. 拉木学本。拉木学(G. B. Ramusio,旧译赖麦锡,1485~1557 年)是意大利地理学家。他父曾为威尼斯名律师,擅长文学。他酷爱地理学,曾搜集威尼斯留存的有关马可波罗的事实与轶话,并用意大利文译出《游记》,载于他死后二年刊出的《航海纪程丛书》第二卷中。关于波罗一家回故乡的轶事即在其序言中。据研究,他可能是以皮皮诺本为基础并编入其他各种抄写本的歧出内容。特别是关于忽必烈时期宰相阿合马被杀事件,只载于本书,而这一记载是确实可证的。简称 R 本。

4. 才拉达(Zelada)本,简称 Z 写本。本世纪 20 年代初,意大利贝内戴托(L. F. Benedetto)教授在米兰市阿姆勃洛夏纳(Ambrosiana)图书馆发现一种拉丁文新抄本,此抄本的原本是1795 年大主教才拉达赠予西班牙托莱多(Teledo)教会图书馆的。经研究,知此本比第一种 F 本所抄时间还早。其中有 200 段为 F 本系统所无,但有百余处与拉木学本(R 本)相同,也有几处为 R 本所独有。贝教授将此本与 R 本及其他版本所独有者辑为一书,用意大利文译出,其后奥尔多・里奇(Aldo Ricci)教授又将之译为英文,由英人丹尼森罗斯(E. Denison Ross)爵士编辑刊行。张星烺又据此译出《马哥孛罗游记》,于 1937 年商务印书馆出版。此书不分卷。

以上四种是接近原始稿本的早期抄本,由此而派生出许多抄本、译本或印本。最早的印本在 1477 年德国纽伦堡以德文印行;最早的英译本于 1579 年伦敦印行,是从西班牙文译出的。早期著名的英译本是英国东方历史学家、语言学家马尔斯登(William Marsden,1754~1836 年)于 1818 年从拉木学的意大利文本译出的。全书除译文外,并有 80 多页的序言,介绍马可波罗的生平、内容概要、译文版本、原抄本语言等,并附注释和索引。在 1871 年英国学者亨利·玉尔译出并经 1903 年和 1921 年法国学者亨利·考狄埃增订的《游记》出版前,这是最有权威的英译本。二亨利译本以颇节本为底本并据 F 本和 R 本增补,附详细注释和大量插图、地图,至今仍有很高的学术价值。张星烺曾译其《导言》(1923年)及正文一卷(1929 年),二者长期未经重印。从学术价值看,仍有重译出版的必要。

英译本最完备并经科学整理的版本当推穆尔与伯希和于 1938 年出版的《马可波罗寰宇记》(*Marco Polo The Description of the World*)。此本以 F 本为底本,并将与 F 本不同或增多的文字或段落以斜体字方式填入正文,在左右两侧注出其版本简称。文前有详尽的导言,书后有各种版本的目录,称得起一部百衲本式的英译本。伯希和的名著《马可波罗注》(*Notes on Marco Polo*)对此书的重要词汇作了详尽的注释。此书也不分卷。

至于书名,马可波罗并没有为他的稿本题写书名,书名都是后人取的,因此五花八门,名目繁多。意大利人多称其书为《百万》(*Il Millione*),这是用他的浑名的简称,下面多半附以其他说明。颇节的法文本简称为《马可波罗书》(*Le livre de Marco Polo*),下面也附有说明,还用汉文称其书为《忽必烈枢密副使博罗本书》(按,此称号误)。亨利·玉尔译本简称《马可波罗阁下书》全名则是《威尼斯人马可波罗阁下关于东方诸国奇异之书》(*The Book of Ser Marco Polo the Venetian concerning the Kingdoms and Marvels of the East*),但在印出的书脊上仍称"*Travels of Marco*

Polo",因为在英语译本中,*Travels* 一词应用太广泛了。我国的译本除冯承钧称《行纪》外,一般都称《游记》,这已成为约定俗成的称呼。当然,前面提到的穆尔与伯希和合译本称 *The Description of the World*,汉文雅译称《寰宇记》,应该更恰当,此名已为研究者所承认,但对一般读者来说,似以称《游记》更习惯些。

65

［二］ 一段重要公文的启迪

马可波罗《游记》中有两章说,波斯君主阿鲁浑(Argon)因他妻子死了,便派遣三位使臣来中国忽必烈大汗(元世祖)处,请赐给他一个和他亡妻卜鲁罕(Bolgana)皇后同族的女子为配。当使臣目的已达,预备归国时,特请波罗一家三人作伴,从海道护送所求的阔阔真(Cocachin)公主归返波斯。二年多的航程把他们带到了目的地。从那里,他们转返故乡,结束了长期旅居异域的生涯[①]。

马可等返抵故乡威尼斯不久,即遭到与意大利西部城市热那亚的海战。威尼斯舰队战败,马可被擒,身陷囹圄。举世闻名的《马

[①] 见穆尔(A. C. Moule)与伯希和(P. Pelliot)1938 年刊本《马可波罗寰宇志》(*Marco Polo: The Description of the World*)第 18、19 章(以下简称穆尔本),张星烺译亨利玉尔及考狄埃刊本《马哥孛罗游记》第一册第十七、十八章(以下简称张译),冯承钧译沙海昂刊本《马可波罗行纪》第十七、十八章(以下简称冯译),张星烺译拜内戴拖刊本《马哥孛罗游记》第 17～22 页(以下简称张新译)。

可波罗游记》便是马可在狱中口述,由其同狱难友记录而成的。

所以,马可波罗此次经历实在是《游记》得以传世和马可得以显名的关键,而《游记》中记叙此事经过的两章,也应当是全书中最关紧要的文字。但向来注释家对这两章的考证却不尽令人满意。最大的原因在于未能像注解其他关于中国的记载一样,取中国的材料以为印证。于是,此全书中最有关系的文章遂留一大罅漏。

我最近在一本讲元代驿站制度的官书里发现了一段材料,足为此二章游记作很有价值的注释。因将其揭出,并附个人的见解,作为此文,以求正于国内外研究马可波罗的先生们。

《永乐大典》卷一九四一八"勘"字韵引元朝的《经世大典·站赤门》纪事,载有至元二十七年(1290年)的一篇公文说:

> (至元二十七年八月)十七日,尚书阿难答、都事别不花等奏:平章沙不丁上言:"今年三月奉旨,遣兀鲁觯、阿必失呵、火者,取道马八儿,往阿鲁浑大王位下。同行一百六十人,内九十人已支分例,余七十人,闻是诸官所赠遗及买得者,乞不给分例口粮。"奉旨:勿与之![1]

这段文字里所提到的三位使者名字,和马可波罗书中所讲的阿鲁浑的三位使臣名字完全一样,一看便知。兀鲁觯即是马可书中的 Oulatai,阿必失呵即是 Apousca,火者即是 Coja[2]。因此这段

---

[1] 此《永乐大典》,自卷一九四一六至卷一九四二六,凡十一卷,称《站赤》,皆录元代驿站制度公文。有东洋文库影印本、中华书局1960年影印本(在十八函第一七三至一七五册中)。

[2] 张译此三人名作"乌拉太"、"阿勃施加"、"科耶"(张新译同);冯译作"兀剌台"、"阿卜思哈"、"火者"。

文字实与马可书中所记其离华事有极密切的关系。但在说其关系前,我们应先就这段文字加以研究。

首先,我们须知这段文字的性质。这是一纸批过的呈文,可分三段。"尚书阿难答、都事别不花等奏"是第一段;"平章沙不丁上言"至"乞不给分例口粮"是第二段;"奉旨勿与之"是第三段。第一段是上呈文的人名,第二段是呈文内容,第三段是呈文的回批。阿难答是转奏沙不丁的呈文的人,《元史》中无事迹可寻。他应是兵部尚书。因据《元史》卷一○一《兵志》所言,站赤之政总之于通政院及中书省兵部;卷八五《百官志》说,兵部尚书掌天下郡邑邮驿屯牧之政令,"凡兵站屯田之籍,驿乘、邮运、祗应、公廨、皂隶之制,悉以任之"。沙不丁所呈者正是驿政中使臣祗应问题,自应经兵部处置。都事是中书省右司郎中下的属员,秩正七品,亦掌站赤事务。别不花品位既卑,在《元史》中自无事可述。但关于沙不丁,则记载较详。

沙不丁由管海运出身,后升为江淮行省左丞,至元二十六年升为江淮行省平章政事:

> 《元史》卷一四《世祖纪》:"至元二十四年五月,用桑哥言,置上海、福州两万户府,以维制沙不丁、乌马儿等海运船。"卷一五《世祖纪》:"至元二十五年夏四月辛酉,从行泉府司沙不丁、乌马儿请,置镇抚司,海船千户所、市舶提举司。"卷二○五《桑哥传》:"桑哥尝以沙不丁遥授江淮行省左丞,乌马儿为参政,依前领泉府、市舶两司。"

> 卷一五:"至元二十六年九月,江淮省平章沙不丁言:'提调钱谷,积怨于众,乞如要束木例,拨戍兵三百人为卫。'

从之。"

卷一六:"至元二十七年六月,用江淮省平章沙不丁言,以参政王巨济钩考钱谷有能,赏钞五百锭。"

所以这篇公文里的平章沙不丁即是《元史》里的江淮省平章沙不丁,此时他当仍管市舶之政。据《元史》卷六二《地理志》,泉州路在江浙省(即江淮省,至元二十八年改江淮为江浙)辖内,泉州的市舶当然也由沙不丁管辖。

马八儿,《元史》卷二一〇有传,谓:"海外诸番国,惟马八儿与俱蓝足以纲领诸国,而俱蓝又为马八儿后障。自泉州至其国约十万里。"马可书中的 Maabar 即是其地,当今印度东南岸一带地方。由《元史》所言,知赴马八儿当时多在泉州开舶。从泉州到波斯,当然要经过马八儿。

由此我们可以确切地断定,我们所发现的这篇公文里所讲的三位使臣,其时已在泉州,预备由海道赴波斯。这就是马可所说的那三位请马可伴他们航海的波斯使者。中西记载在这一点上完全符合,可以证明马可波罗的话是真实的,他确实到过中国。所可惜者,中文这段记载没有提及马可波罗之名而已。

我们由这篇公文可以推测波斯三使臣自泉州出发的时期。至元二十七年三月,他们当已在泉州,同年八月,因等待命令尚未能走。一两月后,他们当能接到分派口粮的命令。由泉州放洋,因季候风关系,须在十一月、十二月或次年正月几个月内。所以他们应在至元二十七年之末或二十八年之初起程。姑定其在二十七年十二月,以公历计,恰为 1291 年初。这即马可波罗离华之年。

69

但据一般说法,马可自泉州出发,其时在 1292 年初①,与此处所定者相差一年,我们究将何所适从呢?

我以为 1291 年初是比较合理的推测。第一个直接的证据即是上面所引公文的年月。波斯三使既于至元二十七年三月至八月间停留泉州,则于该年末或次年初起程自是最自然的事。在我们未发现旁的证据,说他们曾在泉州逗留二年之久的文件之前,这自然是比较接近事实的说法。

第二个重要的证据是从波斯史上得到的。张星烺译《马哥孛罗游记》第一册第十八章亨利·玉尔注 6 有一段说:

> 哈模氏(Hammer)所著《伊儿汗史》谓阿鲁浑之子合赞为呼罗珊省边防使,来塔伯利次(Tabriz)见其叔凯嘉图,其叔不见。[归途中]"遇大使于阿八哈耳(Abhar)地方,大使为其父所遣往大汗庭,求婚于卜鲁罕皇后之宗族者也。此使带回科克清(即阔阔真)公主及大汗礼物。行婚时,礼节甚盛。"阿八哈耳在可疾云(Kazvin)之西。②

哈模此段所记公主即马可书中所说波斯三使在中国所求之公主。哈模未说明此事发生的年代,实为憾事。亨利·玉尔在此注中继云:

---

① 张译《马哥孛罗游记导言》第二十一节,张新译戴尼森罗斯《导言》,穆尔本导言对此亦无异议。

② 亨利·玉尔本《引言》p. 38。按,"大使为其父所遣"玉尔本原文作"大使为彼所遣",似为合赞所遣者,显误。张译改为"其父"即阿鲁浑所遣是对的。玉尔系根据哈模《伊儿汗史》第二册 p. 20 原文,原文即误作"彼所遣"。[归途中]三字是我根据玉尔本原文所加的。

鄙人详查哈模此处，非录自瓦萨甫（Wassaf），或取材
于拉施特（即拉施都丁）之书，然鄙人亦不能详究也。由《伊
儿汗史》所指日期观之，合赞必遇其新妻于一千二百九十三
年之杪，或一千二百九十四年之初。

玉尔先生所定年代，不知何所根据，大约是为了要适合马可
于 1292 年初离华的说法。据马可说，他们的旅程共费时二十六
月。自 1292 年下推二年二月为 1294 年初，与 1292 年说适相符
合。但玉尔的推定却不很可靠。

玉尔未能详究哈模那段文字的出处，但说或取材于拉施特之
书，这是对的。因拉施特《史集》里确有与此相似的记载。《多桑蒙
古史》第六卷第三章"乞合都"（即张译本的凯嘉图）一章有一段
说：

> 1293 年春，合赞命统将忽都鲁沙（Coutloucschah）留守
> 呼罗珊，自往朝乞合都。然其自阿八哈耳遣赴汗所之使者奉
> 汗命还，命其急还呼罗珊，合赞不从，进至帖卜利司，乞合都
> 遣二使至此强之还镇，及合赞还，忽都鲁沙已败涅孚鲁思。
> 自是以后，涅孚鲁思势遂不振，退入你沙不儿附近山中（见
> 《史集》）。[①]

[①] 冯承钧译《多桑蒙古史》1939 年版下册第六卷第 33～34 页，1962
年版下册第 245 页将帖卜利司译为帖必力思。原文见多桑书第四
册第 94～95 页。
　　附注：上引玉尔注及多桑书见余大钧译《史集》第三卷，第 261
页下段至 262 页上段所记（商务印书馆 1986 年版）。

　　这段记事未提及合赞遇公主事,但合赞到帖卜利司(即张译塔伯利次)欲见其叔父而被拒一节,二者相同。遇其使者于阿八哈耳事又相同。多桑书里又没有合赞第二次朝见其叔父的记事。所以哈模那段与多桑此段所记实是一事,且皆取材于拉施特的《史集》。多桑引拉施特之书,类多割裂,非尽依原本。此段记事,重心另有所在,可能在作者看来,插入遇公主事,反足碍其记事的一贯性。不过,哈模与多桑所记之同出一源,实无可疑。

　　多桑谓其事在1293年春,则波斯使臣所护送的公主即应在这年到达波斯。由此年春上推二年二月(即马可等航行所费时日),为1291年初,此即马可离华之年。这与我们所推定的恰相符合。即此一点,已可证明1291年初马可离华一说之可靠了。

　　第三,穆尔(A. C. Moule)与伯希和(P. Pelliot)校刊本马可波罗书第18章注2引赖麦锡(Ramusio)刊本一段说:

　　　　斯时马可先生甫从印度归来,告大汗以该邦新奇事物及航行经过,并称航行之安全。阿鲁浑王之使臣离家已三年,颇思返里,闻此事后即往见尼古拉(Nicola)、马菲奥(Maffio)及马可三人,知彼等亦亟欲归故乡者,乃与定谋,以三使者及公主往见大汗,以马可之言入奏,谓自海上赴阿鲁浑王所,其费甚少,路程较短,实为安全。故乞主上开恩,允彼等由海而行,且以此三拉丁人为伴,以其曾行是海也。大汗不欲舍此三拉丁人,闻奏后颇不悦,又无他法,乃允其请。倘无此正大理由以动大汗,此三拉丁人实不能成行也。

　　这段文字中,"阿鲁浑王之使臣离家已三年。颇思返里"一句很可注意。据玉尔本马可游记第17章注2所言,阿鲁浑后卜鲁罕氏之死在 1286 年(元世祖至元二十三年)4 月 7 日。她死后,后位绝不能虚悬太久。阿鲁浑之遣使来华求婚,应在此事后数月内。使臣之离波斯,至迟应在该年之秒。自至元二十三年末下推三年,为至元二十六年之终,该年遇马可,其预备起程当在次年。这和《站赤》公文中所说至元二十七年三月遣使往阿鲁浑大王一事又相符合。波斯使者离家三年,归心似箭,自不致再多停留。这也足为1291 年初他们离华的一个佐证。

第四,马可书中有一章讲到榜葛剌(Bangala)大省时说:

> 榜葛剌大省位在南方,耶稣降生后一千二百九十年(元世祖至元二十七年),当我马哥孛罗本人仍在大可汗朝廷时候,这地尚未被征服。①

马可特别说明 1290 年他在大汗朝廷之事,对于该年以后的事则不提及,这就很自然地令我们想到,1290 年以后他已离开大汗朝廷。按我们所发现的公文上说,至迟在至元二十七年三月(1290 年 4、5 月),波斯使者已奉命出行,马可当在那时离朝随行,而于该年末,即 1291 年初由泉州出发。若在 1292 年才走,则1291 年事彼不应不知,尤不应专提 1290 年。这也是马可于 1291

---

① 此据张新译第 259 页。冯译第 125 章作"班加剌";穆尔本第 126章;玉尔本第 2 卷第 55 章。

年初离华的一个旁证①。

因此我断定马可波罗离华之年为 1291 年初。

由这段记载，可以帮助我们解决马可书中的年代问题的地方应当很多，愿留待海内外贤达之发挥。兹举一例：我们前面所引赖麦锡一文之下，有穆尔所加数言说：

> 设此为真实不伪，则马可自印度归来之期应为 1289年。参看伯希和《专名词与东方语之解诂》(*Notes On the Proper Names and Oriental Words*)。

伯希和此文，著者未见，他怎么推定的，不得而知，可能是根据赖麦锡刊本中"阿鲁浑王之使臣离家已三年"一语算出来的吧。按我们所得的公文上讲，阿鲁浑三使臣既于 1290 年 3 月奉命出使，则其遇马可时当在该年初或上年末，即马可自印度归来之期，自应在 1289 年。

这篇公文中尚有需要说明的地方。文中说，与三使同行者有

① 沙海昂(A. I. H. Charignon)即据马可此言以推定其于 1290 年秋离泉州。他说："观此足证 1291 年时波罗不复在朝，则波罗等于1290 年秋东北信风起时离泉州(Zayton)矣。顾至泉州以前，须在雨季中(阳历 7、8、9 月)作陆行，则其离汗八里时，殆在阳历 5 月大汗赴上都之时矣。于是波罗居留中国之时间，不能计算 1290 年为全年。"(冯译中册第 125 章第 497 页注 1)。按，《站赤》公文明言至元二十七年(1290 年)三月波斯使臣已到泉州，则波斯等应在其中；该年八月十七日(1290 年 9 月 21 日)尚待命未发，则不可能于秋季离泉州。若云冬季出发，即 1290 年末或 1291 年初离泉州则近于事实。虽然如此，沙海昂的推断较之 1292 年初说更符合当时情况。又，穆尔所引伯希和书名，可能即后出之《马可波罗注》。

160 人，马可则谓有 600 人，两说相差甚多，但也不难解释。公文所说 160 人，是同行的人，其中还有 70 人是"诸官所赠遗及买得者"的人，马可所说的人数，上举 160 人外，其余的恐怕还有一些人是官员们私带的商旅；有些可能还是在公文批后船舶开行前上船的，公文中自无从载其数目了。

其次，这篇公文内未提及马可波罗的名字，自然是很可惜的一件事。但此文既系公文，自当仅列负责人的名字，其余从略。由此可想到，马可波罗在中国的官职，大概不太高贵，因亦不为其同时人所重视。假设他真是像过去有些人所推测的《元史》上的枢密副使孛罗，以二品高官奉使海外，自应居领导地位，沙不丁上呈文时不应不一提其名。因此，想从中文记载里找到马可波罗之名，实在不是一件容易的事①。

（本文原名"关于马可波罗离华的一段汉文记载"，刊于重庆《文史杂志》(1941 年)1 卷 12 期；后收入《元史三论》，第 89～96 页）

---

① 藤田丰八所著《中西交涉史之研究——南海篇》有《宋元时代海港之杭州》一文，引《元史》卷一六《世祖纪》："至元二十八年九月庚申，以铁里为礼部尚书，佩虎符，阿老瓦丁、不剌并为侍郎，遣使俱蓝。"谓此不剌即马可波罗（见何健民译《中国南海古代交通丛考》商务印书馆 1936 年版第 196 页）。按，波罗奉使，据《永乐大典》公文，至迟已在至元二十七年三月；其自泉州出发，据吾人推测，至迟应在至元二十八年初；其出使处，乃波斯而非俱蓝；与之同行者，据中西记载，亦非铁里、阿老瓦丁也。

［三］ 《永乐大典》与《马可波罗游记》

　　《永乐大典》完稿于明成祖永乐五年(1407年),《马可波罗游记》完稿于公元1298年,是意大利人马可波罗口述经人笔录而成。二书相距时间百余年,地域相距更不可以道里计,但二者却有一定关联,可以互相印证。为什么这样说呢?

　　马可波罗于1275年(元世祖至元十二年)随同他父亲和叔父到达中国,在中国居留十七年,自称受到元世祖的信任,出使各地。客居异国,思乡心切,直到1290年(至元二十七年),才得到允许回国。

　　《游记》中有两章说,当时统治波斯(今伊朗)的君主Argon(阿鲁浑),因丧妻,派遣三位使臣到中国来,请求元世祖赐给他一位与他亡妻同族的女子为配(其时波斯称伊利汗国,为元世祖弟所建)。三位使臣的名字是Oulatai(冯承钧译本作兀剌台),Apousca(阿卜思哈),Coja(火者)。元世祖赐以名Cocachin(阔阔真)芳龄十七的姑娘为阿鲁浑妃。三使臣从海道回国时,因波罗一家熟悉此路,特请他们伴随。任务完成后,波罗一家返回故乡威尼斯。此后,马可波罗因参加了与西部城市热那亚的海战而被俘,在狱中口述其东方见闻,由同狱难友记录,完成了举世闻名的《游记》(正确的名称应为《寰宇记》)。

　　说了这些,它同《永乐大典》到底有何关系?

　　《永乐大典》是一部大型类书。它网罗此前的所有古籍,按韵目编排,编成一部 22877 卷,11095 册,约 37000 万字的百科全书。虽屡经变迁,现存仅 700 多卷,但其中仍有些珍贵资料。在该书卷 19418"勘"字韵中,它收录了元朝至顺二年(1331 年)修成的《经世大典》中的《站赤》,其中载有元世祖至元二十七年(1290年)的一道公文,全文是:

　　　　(至元二十七年八月)十七日,尚书阿难答、都事别不花等奏:平章沙不丁上言:"今年三月奉旨,遣兀鲁觡、阿必失呵、火者,取道马八儿,往阿鲁浑大王位下。同行一百六十人,内九十人已支分例,余七十人,闻是诸官所赠遗及买得者,乞不给分例口粮。"奉旨:勿与之!

　　就是这 101 个字(标点不计)的短短公文,却和马可波罗一家离开中国一事息息相关。

　　请看,公文中的兀鲁觡(音歹),阿必失呵,火者,阿鲁浑大王,不是和《游记》中提到的 4 个人的对音接近或相同吗?这不是偶然的巧合,而有其内在的联系。让我们分析一下这道公文。

　　公文可分三段:"尚书阿难答、都事别不花等奏"是第一段,是传达呈文给皇帝的人;"平章沙不丁上言"至"乞不给分例口粮"是第二段,是呈文的内容;"奉旨勿与之"是第三段,是皇帝对呈文的批示。第二段是呈文的核心。沙不丁《元史》无专传,据《元史·世

祖本纪》,他于至元二十六年(1289 年)至二十八年间任江淮行省
(二十八年改称江浙)平章政事兼管市舶司(对海外贸易机构)事。
泉州是当时最大的对外贸易港口,在江浙省辖内,泉州的市舶事
务自然归其所管。"马八儿"即《游记》中的 Maabar,当今印度东南
岸一带。《元史·外夷传三》说:"海外诸番国,惟马八儿与俱蓝足
以纲领诸国,而俱蓝又为马八儿后障。自泉州至其国约十万里。"
俱蓝,《游记》作 Coilum,今印度南端西海岸之奎隆。

　　由此可见,公文中的第二段,正与《游记》所称波罗一家陪同
三位使臣由海道航往波斯情况一致。但若孤立地读这道公文,人
们将无从知悉三使臣出使的任务和缘由,而从字面"遣"字看,一
定认为他们是元廷的官吏,不会想到他们是伊利汗君主阿鲁浑派
来向元廷求婚的人,也就不会认识这道公文的历史价值。反之,没
有这道公文,人们会对《游记》的上述记载将信将疑,甚至认为是
马可波罗所编造以致说马可没有到过中国。赖有公文,才证实马
可波罗确实到过中国;赖有《游记》,才读通《永乐大典·站赤》这
一公文。二者互相印证,互相补充,相得益彰,缺一不可。

　　不仅此也。从公文所记的时间,还可以考订出马可波罗一家
离开中国的年代。过去研究者认定他们离华的年代为1292年(至
元二十九年),因为从1275年来华下推17年为1292年。但据公
文,至元二十七年八月十七日(1290 年 9 月 21 日)沙不丁的呈文
才得到回批,等寄到泉州,至少得两个月。由泉州放洋,须待东北
季候风,一般在十一月、十二月甚至次年正月。姑定其十二月启
航,已是1291年年初了。而且,根据波斯文当时史籍(如拉施特的
《史集》)推算,也能得出同样结论。

　　我根据上述的资料,作了解释和考证,写成一篇题为《关于马可波罗离华的一段汉文记载》,即本书的第二章。

　　那是在 1941 年的夏天,我在云南昆明北京大学文科研究所(当时称西南联合大学,而北大、清华、南开三校内部组织不变)读元史研究生,就要毕业。我的研究方向是元代回回人问题。为此,我就当时能看到的中外史书(处于战时,为数不多)有关回回人的资料写成卡片。沙不丁是回回人名,除《元史》上有记载外,我在《永乐大典》的单行本《站赤》上发现了上述公文,除了有沙不丁的名字外,还发现了公文上的阿鲁浑及其三使臣的名字。我已经看过《游记》并把有关材料记下,这时两书一对,果然若合符节,不禁大喜过望。我把这一发现告诉我的一位导师、中西交通史专家向达先生,他鼓励我写出来。我写出后寄给重庆顾颉刚先生主编的《文史杂志》。汤用彤先生(北大哲学系主任)知道后也很高兴,指示我把题目改为《新发现的记载和马可波罗的离华年代》,还写信给顾先生,说明此文价值,并说,不应以年轻人的作品而降低稿酬,应根据论文质量给酬等。只是信到时该文已经发排,题目未能更改。事隔 50 多年,当年情景记忆犹新,想起这些先生对我的鼓励、教导和关怀,不禁涌起思念和感激之情!

　　此文发表后得到学术界的认可。顾先生在杂志的《编辑后记》中给以较高评价,前中央研究院历史语言研究所所长傅斯年先生推荐给该院的学术评议会,得到名誉奖。向达先生在 1956 年《旅行家》第 4 期上发表《马可波罗与马可波罗游记》一文,认为拙稿"替《马可波罗游记》的真实性提供了可靠的证据"。美国哈佛大学教授柯立夫(F. W. Cleaves)1976 年在《哈佛亚洲研究杂志》第 36

卷上发表《关于马可波罗离华的汉文资料及其到达波斯的波斯文资料》一文，大量引用我这篇文章的资料及年代考订，并指出，伯希和(法国著名汉学家)虽然由于战争的隔绝和晚年多病未能看到杨的发现，却用了西方资料聪明地在年代问题上得出与杨的考订不谋而合的结论。

这些肯定的评语，我并没有意料到，真所谓"不虞之誉"。当初只是为了搜寻回回人物的资料，从《站赤》中找出一个沙不丁，又从沙不丁这段资料中发现了与《游记》中同名的四个名字，把它们联串起来，写成一篇几千字的文稿。好比花子拾金，偶然得宝。但偶然之中有必然。那几年我看了两遍《元史》，又看了一些元代中西载籍有关资料，才能在看到《永乐大典·站赤》那段材料后想到《游记》中的记载。《站赤》这本书，最早似在日本照原样影印，抗战前北京文殿阁书庄有排印本，我当初看的就是这一本。可以想见，中外学者早已看过此书，那段珍贵的公文也应寓目。我有幸看到它并写出文章，绝非有过人之处，只是我的研究方向、范围恰巧与此有关而已。这只是我在准备毕业论文时的副产品，没想到这一副产品竟在此后我的学习和研究生涯中留下了一道深深的印痕。

从 1979 年到 1994 年，我发表了有关马可波罗研究的论文五篇。有的是解释《游记》中的问题，有的是对怀疑马可波罗到过中国的文章的答辩。最后一篇《再论马可波罗书的真伪问题》(《历史研究》1994 年第 2 期)，除了对西方怀疑论者给以评说外，还对国内一篇《关于马可波罗游记的真伪问题》(《史林》1988 年第 4 期，王育民教授撰)中因《站赤》中未提马可一家名字而怀疑的论点予以答复。这是提出《永乐大典》与《游记》无关的第一位中国学者。

此篇收入本书第八章。

1995年，一位外国学者又发出了同样的论调。其人是英国不列颠图书馆中国部主任弗兰西丝·伍德博士，文革中曾到北京学习，汉名吴芳思。她著书《马可波罗到过中国吗?》集怀疑论者之大成，全面彻底否定了马可波罗到过中国的事实。全书182页(1996年版增为208页)，除"导言"和"结语"外，共用15章抒发其宏论，可谓洋洋大观，而此前的同类文字则只是些短篇。此书一出，立即引起国际传媒的极大轰动。赞扬、怀疑、反对者皆有，真是众说纷纭。我那篇文章她也看过，但她很不以为然。一则说，马可波罗伴随三使臣往波斯一事，可能是从其他资料借来的，因为在汉文或波斯文拉施特的《史集》里都没有提到有欧洲人或意大利人伴随那位蒙古姑娘航海的记载；再则说，即令承认有此一事，也只能说明这又是马可波罗重述的一个尽人皆知的故事。此外，她还重述了前人早已指出的《游记》中漏载的事物等等，此处不必多说。

这些看来振振有辞的指责并不难辩解，只要把《站赤》这道公文的性质弄清楚就行了。公文是地方官(沙不丁)向中央请示出使随行人员的口粮分配问题，三使臣是领队，是负责人，非提不可，阔阔真姑娘虽然显贵，但与配给口粮无关，无需提及。至于波罗一家，更不在话下，他们可能包括在已给分例口粮的九十人之内。此其一。阔阔真出嫁是否尽人皆知，不见得。《元史·世祖纪》至元二十七年纪事中无此记载，元人文集及其他元代文献亦无，马可波罗从何书得知?只有陪使臣同行，才能记得如此亲切和细致。如前所说，如无《游记》，我们对于这道公文也将不知所云，漠然处之。

针对伍德博士这部著作，请看本书中《马可波罗到过中国》一文。当然,本书的每一章,都能证实马可波罗确实到过中国,都是对怀疑论者及伍德博士的有力答辩。

(原刊天津《津图学刊》1997 年第 2 期,第 63～68 页)

附:在《永乐大典》里发现马可波罗足迹

吴裕成

杨志玖,元史专家,南开大学教授,兼任《中国历史大辞典》主编。他还是中外马可波罗研究领域的哥伦布,曾在《永乐大典》里发现"新大陆"。

那卷帙浩繁的古代类书,明朝永乐皇帝下令编辑。朝代更迭,兵燹之灾,所剩仅数百卷。巧得很,第一万九千四百一十八卷保留下来。巧得很,治学纤细入微的杨志玖读到这一卷。元代至元二十七年的一段奏章,波斯使臣兀鲁䚟、阿必失呵、火者,三个难记的音译名字,被好多中外学者等闲视之,杨志玖却敏感地看到其巨大的史学价值。《马可波罗游记》里写到,波斯君主派遣使臣向元世祖忽必烈求亲,马可波罗陪同三位使臣和蒙古公主,由泉州返波斯,从而结束了旅居中国的生活。游记所载波斯三使臣的名字,在《永乐大典》载录的元朝公文中得到了印证。1941年,杨志玖发表了《关于马可波罗离华的一段汉文记载》。

我问,对这条史料为何只有您能独具慧眼?杨教授平静地说:

那部书,人们只是当资料,翻翻而已;我因研究元代回族史,凡有关人物均作资料卡片,书读得比较细,不然,也可能交臂失之。

这一发现,非同小可。原来,尽管《马可波罗游记》为东西方文化交流史开创了一门学问——马可波罗学,然而,如同曹雪芹身世的谜团给"红学"添奇趣,马可是否到过中国,竟也有几分扑朔迷离。在杨志玖的发现以前,怀疑论者的疑点之一是,既然《游记》讲马可受到元代皇帝忽必烈的器重,为什么在中国浩如烟海的史籍中找不到踪迹?

马可波罗是13世纪意大利旅行家。马可溯"丝绸之路"东来,寓华17年。马可的游记,向西方展现东方的文明和物产,被誉为"世界第一奇书"。只缘这种介绍,卢沟桥又称"马可波罗桥",中国面条演变为威尼斯一道名菜,叫"马可波罗面条"。也只缘这种介绍,在《游记》上写满批注的哥伦布,带着西班牙国王致中国皇帝的信,扬帆远航,阴错阳差地发现了美洲大陆。

可是,马可波罗所记,是亲历目睹还是道听途说,一直是个话题。在威尼斯,有人叫他"百万马可",意思是吹牛大王;英国学生则用"这简直是马可波罗"来比喻骗局。研究者的疑点,一是马可波罗书中没提及茶叶、汉字、印刷术等,二是书中有些记载夸大或失实。近年北京举行马可波罗国际学术讨论会,杨志玖先生提交的论文,对此一一考辨,令人信服地论证《马可波罗游记》不是假冒伪劣。

杨教授称他在马可波罗研究方面的发现是"一件副产品"。因为,当时他正专注于元代回族史。杨志玖生在回族家庭,而立志研究中国回族史。选择元史,是因元朝材料丰富。水滴石穿,硕果累累，包括他在隋唐史、土地制度史领域的建树。

　　现在，年近八旬的杨志玖要将自己的研究作个总结。一部《元代回族史》计划 30 万字，已完成十余万字。他写得很慢。视力不好，要举着放大镜看书。多年的资料卡片在"文革"中散失了，好在看过的东西能记起在哪本书里。他递过稿子，通篇一笔一画，绝对的正楷。写成的稿子，复印件寄《回族研究》杂志逐期刊发。他说，手稿留下，征求意见再修改。

　　从摘录《永乐大典》作卡片的当年，到撰写长篇论著的今天，一丝不苟是他的永远。

　　（原载于 1994 年 9 月 18 日天津《今晚报》，作者为该报编辑）

［四］ 外国学者的认证

《永乐大典》所引录的《经世大典·站赤》那段公文的重要性，概括起来有这两点：(1)证明马可波罗确实到过中国；(2)对马可波罗离开中国的年代予以确切认定。这两点已为外国学者所肯定，有的是认同了我的论点，有的则是与我的论点不谋而合并增加了佐证。美国哈佛大学弗兰西斯·伍德曼·柯立夫教授的《关于马可波罗离华的汉文资料及其到达波斯的波斯文资料》[①]，就是一篇很值得介绍的论著。

柯立夫教授的论文主要介绍了笔者、法国的伯希和(Paul Pelliot)和英国的鲍埃勒(John Andrew Boyle)的关于马可波罗离开中国和到达波斯的有关资料和年代考订工作。在介绍中，他

---

① Cleaves，Francis Woodman：*A Chinese Source Bearing on Marco Polo's Departure from China and a Persian Source on His Arrival in Persia*，载《哈佛亚洲研究杂志》(*Harvard Journal of Asiatic Studies*)1976 年第 36 卷，pp. 181～203。

有评论，有驳正，有补充，表述了他个人的创见。

他首先详细地介绍了笔者在 1941 年发表的《关于马可波罗离华的一段汉文记载》一文。该文根据《永乐大典·站赤》的一段记事，发现《站赤》这段材料中所记三位使臣的名字，和《马可波罗游记》中所记波斯君主阿鲁浑汗派遣到中国来的三使臣的名字完全一致，证实了马可波罗确实到过中国；同时根据该段材料提供的年代，断定马可波罗离开中国的年代是在 1291 年初，而不是像以往推断的 1292 年初。柯氏对此无异议并表示赞许。

《站赤》这段资料中没提马可波罗的名字。笔者在文中结尾时推论说："这篇公文内未提及马可波罗的名字，自然是很可惜的一件事。但此文既系公文，自当仅列负责人的名字，其余从略。由此可想到，马可波罗在中国的官职，大概不太高贵，因亦不为其同时人所重视。"柯氏论文中提到的何永佶的《马可波罗是否到过中国？》一文中[1]，也有和笔者类似的说法。何氏还进一步引申说，由此可见，马可波罗对他自己的叙述，不免具有自我吹嘘的意味。对此，柯氏很不以为然。他说，何永佶大概没有想到，《站赤》所载的那篇呈文只是一个节略，不是原件；它列出了三个使臣的名字，却没有提到他们要护送的阔阔真公主，绝不能因此说她不是负责的重要人物。柯氏推测说，马可波罗的名字所以不见于呈文的原因，可能和沙不丁上呈文时，马可波罗尚未被波斯使节邀请伴随有

---

[1] 何永佶的题目原文是"*Marco Polo-Was He Ever in China?*"，发表于新加坡的《中国社会》(*Chinese Society*) 1953 年年刊中，笔者未见，但知他事先看过我那篇论文，并将其译为英文。

关。

　　笔者认为,柯氏举出呈文中未列阔阔真公主之名,以反证不被列名不能说明马可波罗地位低下,这一点是可取的。但他推测当时马可波罗尚未被邀请的说法则不一定对。因为,像笔者在文中引用的赖麦锡刊本中那一段记载,三位使臣正是听了马可波罗的谈话后,才决定从海上回国,并邀请波罗一家同行;沙不丁上呈文时,他们应和三使臣在一起,绝不是没被邀请。而且,根据柯氏所举的第一条理由,我们不是也可以说,他们虽然被邀请了,仍然可以不被列名吗?不过,经过柯氏这一推论,单凭列名与否来判断马可波罗地位的高低,确实不能作为唯一的标准。柯氏的说法还是应当重视的。

　　柯立夫教授继而介绍了伯希和教授的研究。他说,伯希和由于第二次世界大战造成的隔绝状态和他晚年疾病缠身,显然没能得知杨志玖的发现。但他却用了聪明的方法,从另一角度,在马可波罗离开中国和到达波斯的年代考订方面,独立地得出了同样的结论。柯氏引用了伯希和对马可波罗书中"阔阔真"一条的注文。伯希和说[①]:

　　　　根据哈模的《伊儿汗史》(第二册 p.20),合赞从帖卜利司返回呼罗珊时,遇阔阔真公主于阿八哈耳(Abher,Äbhär,在可疾云 Qazwin 西南;参看伯列什奈德:《中世纪

---

① 伯希和的注见其《马可波罗注》(*Notes on Marco Polo*)一书,第 165条,pp. 392～394。此书在伯希和死后由韩伯诗(Louis Hambis)于 1959 年在巴黎出版。

史研究》二卷 p.113)。二人相遇的时间,至为重要,因它对
判定马可波罗自中国返回的年代极有关系。玉尔(《马可波
罗游记导言》p.24)推测使团一行约于 1293 年 11 月抵达忽
里模子(Ormuz),一二月后至合赞营帐;在《游记》正文第一
卷 p.38,他推测合赞与公主相遇于"1293 年末或 1294 年
初"。这看来太晚了。根据哈模书第二册 p.19~20 与多桑
书第四册 pp.94~95 所述,合赞第二次停驻阿八哈耳时(即
这里讲的这一次),不会晚于 1293 年 7、8 月间。在此之前,
波罗一家三人先携公主至乞合都所,乞合都又令之送往合
赞。这都需要相当长的时间。这样就应当断定,波罗等一行
穿越西印度洋的时间必在 1292 至 1293 年冬季季候风时
期。他们从泉州到苏门答腊要航行三个月,在那里停五个月
等待季候风,然后再用十八个月穿过印度洋;因此,他们离
开中国的时期一定不是在往常认定的 1292 年,而应早在
1291 年。波罗一家三人被允许回西方时,马可甫从印度海
域航行归来,因此可以断定使团的行期及其性质,马可波罗
就是该团成员,虽然不会是领导人。(参看"锡兰"Seilan 条。
经查,注中缺此条)

伯希和根据哈模和多桑关于合赞汗的记事,推断出马可波罗
离华时期应在 1291 年,与笔者的考订不谋而合;笔者论证的第二
条,也是根据哈模和多桑二人的书得到的。笔者从他精细的论证
中也受到启发,足以修正自己原作中个别疏失之处。

笔者原作在引用了多桑书那一段(也即伯希和引用的那一
段)后,认为多桑这一段和哈模《伊儿汗史》那一段所记的是一回
事,这当然没有问题,伯希和也是把这两段同等看待的。但原作

说:"遇其使者于阿八哈耳事又相同",这句话却含混不清。遇谁的使者呢?哈模讲的使者或大使,是阿鲁浑汗派遣往中国求婚的使节,即火者及其使团;这是在合赞到帖卜利司被其叔父拒见后,返回呼罗珊途经阿八哈耳时发生的事。多桑讲的使者,是合赞从阿八哈耳派遣往乞合都汗处的使节;这是合赞在从呼罗珊往帖卜利司途经阿八哈耳时,从那里派使通知他叔父乞合都汗时的事,这发生在遇阔阔真公主之前。原作却仅仅因为合赞在阿八哈耳遇见使者,就把发生在不同时间和遇见的不同对象混同了,这是应当纠正的。这句话应该删去。

　　其次,原作说:"多桑谓其事在1293年春,则波斯使臣所护送的公主即应在这年到达波斯。"这也需要推敲。多桑这里提及的1293年春,是合赞从呼罗珊出发前往帖卜利司去的时间。根据哈模的《伊儿汗史》(第二册 pp.19~20),合赞从呼罗珊省西部的德马万德(Demavend,在今伊朗首都德黑兰东部35英里处的一个市镇)出发,到达阿八哈耳后,得悉他叔父乞合都命令他返回呼罗珊,他不听,仍继续前进,到达帖卜利司后,又遭到乞合都的拒绝,他才决心不见他叔父,并离开该城。在城外的玉萨加奇(Jüsagadsch)停了一个月,然后启程返回呼罗珊,来到阿八哈耳时,遇见了他父亲派往忽必烈大汗的使者(按:哈模原文作"他派往"是错误的)和阔阔真公主,在那里举行了婚礼(时阿鲁浑已死,按蒙古风俗,子可娶继母)。正如伯希和指出的,合赞和阔阔真相遇的时间,对判定马可波罗自中国返回的年代极有关系。伯希和推测合赞第二次停驻阿八哈耳时,不会晚于1293年7、8月间。这是根据多桑提供的1293年春合赞离开呼罗珊和哈模提供的合赞行程录得出来的,大致是不差的。这样,马可波罗一行离开中国的时间就只能定在 1291 年,而不能定在 1292 年。因为马可等海上航程费时两年零两个月,倘若在 1292 年初出发,那他们到达波斯的时间最早也得在 1294 年 2 月以后,那就太晚了。根据笔者原作的考订,马可一行于 1291 年初离开中国,他们到达波斯的时间应在 1293 年 2 月间。他们首先到达波斯湾的忽里模子,在那里登陆后,先把阔阔真公主送交乞合都(当时大约在帖卜利司),又奉乞合都命,把她送给合赞,最后在阿八哈耳城遇见合赞,完成了护送使命。这些活动,确如伯希和所指出的,也需要相当长的时间。把他们相遇的时间定在 1293 年的 7、8 月间,即在马可等在波斯湾登陆后的半年之内,这是比较合理的推测。而笔者原作说的"多桑谓其事在一二九三年春",则是把合赞离开呼罗珊的时间和他第二次到达阿八哈耳的时间混同在一起,忽略了他旅程中费的时间,也忽略了马可等到波斯后和遇到合赞中间所费的时间,这是应当说清楚的。

柯立夫教授最后介绍的是英国鲍埃勒博士的论文《拉施特与法兰克人》中的要点[①]。鲍氏认为,马可波罗一家在 1270 年东行时自然不会引人注目,但他们在 1293 年以大汗(即忽必烈)使臣名义护送蒙古公主回来时不会没有任何记载。他在波斯史家拉施特的《史集》中找到一段关于这次使命的简略记载,并把它译为英

---

① 原名是 *Rashid al-Din and the Franks*,发表于《中亚杂志》(*Central Asiatic Journal*)1970 年第 14 期。"法兰克"是阿拉伯人和波斯人对欧洲人的称呼,旧译"富浪"、"佛朗"等。此处具体指马可波罗一家。

文。柯立夫没有采用鲍氏的英译，而是根据阿里·扎迭(A. A. Al-izade)刊本并参考了卡尔·雅恩(Karl Jahn)刊本的波斯文《史集》用罗马字母加以转写并翻译。现将柯氏英译本翻译如下：

> 一个月后，皇旗(指合赞仪仗，即合赞本人——笔者)向忽罗珊进发，抵达阿八哈耳城时，遇火者(Xwāj[a]h)及其使团，他们是奉阿鲁浑汗之命往大汗处，请求大汗赐一卜鲁罕元妃(原文作大卜鲁罕)同族之女以承袭其王妃位置的。使团带来阔阔真合敦 Xātūn(汉译娘子或皇后)及中国(原文作契丹与中国，指中国的北部和南部)出产的配得起王侯的珍贵礼品。合赞汗驻停阿八哈耳城中，娶阔阔真。婚礼完成后，合赞从珍贵礼品中选出一只老虎与其他物品献给乞合都，此后即启程往德马万德(D[a]māw[a]nd)。

这是波斯文资料中明确提到阿鲁浑汗派以火者为首的使团向中国求婚以及阔阔真公主抵达波斯并与合赞结婚的原始记载，足以与《站赤》及《马可波罗游记》中的记载互相印证，弥足珍贵。笔者那篇文章中所摘录的哈模《伊儿汗史》中的记载虽然与此相同，但究属转引，不如此处的第 手资料更为直接和完整。鲍埃勒在引用拉施特那段《史集》正文之前加了这几句：

> 合赞在 1293 年春或初夏返回忽罗珊时，在阿八哈耳遇
> (以下是正文"火者及其使团……")

这里鲍氏把合赞和阔阔真相遇的时间定在 1293 年春或初夏，很可注意。这就肯定了马可波罗离开中国的时间只能在 1291 年，而不是在 1292 年，虽然鲍氏推定的合赞和公主相遇的时间不一定完全准确。

柯立夫教授指出,这段材料中的"虎",波斯原文作 b(a)brī,意即"一只老虎"。柯氏认为 b(a)brī 可能是 b(a)hrī 一字之讹,意即"一份"。也就是说,应译为:合赞从珍贵物品中选出一份献给乞合都。他说,这不仅符合当时的情况,而且也反映了蒙古人的习惯——在成吉思汗时代,每个人都要把自己的俘获物拿出一份来献给他,这在蒙古语中称为忽必(Qubi,蒙文《元朝秘史》译为"分子"——笔者)。柯氏这一见解很吸引人,值得重视。但鉴于他所引用的两种波斯文刊本及译文都作 b(a)brī(一只老虎)而不作 b(a)hrī(一份),而波斯文   b(a)br 与   b(a)hr 在字形上又不易混同,我们暂时只好采取两说并存的态度。

鲍埃勒又指出,《史集》的两种版本的刊者卡尔·雅恩和阿里·扎迭都不把这段文字中的 Khwaja(Xwāj[a]h,火者)作为人名专词,阿伦兹(A. K. Arends)的俄文译本把它译为 Чиновник(官员),这当然是错的。鲍氏认出火者就是马可波罗书中所记阿鲁浑汗派往中国的三使臣之一,这是对的。但鲍氏认为这段文字中和火者同来的使团不是阿鲁浑而是忽必烈派遣的,也就是尼古拉、玛菲奥和马可波罗。在另一场合,鲍氏还坚持认为拉施特所说的使臣只能是波罗一家,因为使臣一定是重要人物。柯立夫教授反对此说。他说,拉施特此处清楚地说明,火者及其使团是阿鲁浑派遣往中国去的,因此不可能有波罗一家。笔者同意后者的说法。但是,笔者认为,要弄清事实真象,是否应该考虑下面这几个问题:(1)阿鲁浑派往中国的使臣,除火者三人外,还有多少随从?《站赤》中所说的九十人,是全部随从,还是有一部分由元政府派遣随行的?如果有,则波罗一家三人也有可能在内。也就是说,要弄清阿鲁浑派往中国的使团,在回国时是否有可能扩大,包括元朝派遣的人在内。(2)据马可说,他们一家一直护送阔阔真公主到合赞驻处,这样,合赞遇到的使团中,当然有可能包括波罗一家在内。(3)马可波罗的地位是高还是低,为什么在拉施特书里和他直接有关的记事中,又没有他的名字?[①]

这几个问题,笔者不想也不能给予明确的答案。只是提出来,供柯立夫教授、鲍埃勒博士和关心这个问题的学者们参考。

此外,柯立夫教授在他那篇论文中,还对一些蒙古史上的名物制度特别是人名来源方面作了些探讨,很有参考价值,这里就不一一介绍了。

如笔者在开头提到的,马可波罗是中外友好关系史上的重要人物;对他的研究,也成为沟通中外学者友好往来和学术交流的渠道。从各自的条件和角度出发,对问题提出各种看法,互相启发,互相补充,必将促进马可波罗问题研究的更大进展。

(原名《关于马可波罗的研究》,收入《元史三论》第97～104页)

---

① 鲍氏在其论文结尾中说,马可一家在帖卜利司城停留九月,拉施特不会不认识他们。拉施特在其《史集》所列当代君主名单中,不载教皇、拜占廷与罗马皇帝之名;对十字军消息报道极为稀少;对伊儿汗诸王与基督教国君主协议的反对埃及玛麦里克统治者的军事联盟也隐而不书。鲍氏认为,拉施特对马可一家不予记载的动机当与之相同。他认为这是当时人的偏见,基督教徒对东方回教徒的记载也未能免。这一说法虽不完全与实际情况相符,但可备一说,值得重视。又,马可波罗地位不高,现已为学者共识,见本书第一章第三节所引蔡美彪文。

［五］ 马可波罗懂汉语及做过扬州总管吗？

一 马可波罗懂不懂汉语？

马可波罗说，他到达忽必烈汗（元世祖）的朝廷后不久，"已经知道四种语言，同他们的字母，他们的写法"[①]。这四种语言是什么？他没有一一指明，因而引起后人的揣测。

法国学者颇节（G. Pauthier）在 1865 年刊行和注释的《忽必烈枢密副使博罗本书》（Le Livre de Marco Polo）中首先认为，马可波罗所学会的四种语言是汉文、维吾尔文、八思巴蒙古文

---

① 张星烺译拜内戴托（Benedetto）本《马哥孛罗游记》，1937 年商务印书馆第 15 页（以下简称张译本）；冯承钧译沙海昂（Charignon）注本《马可波罗行纪》1954 年中华书局版，未提"四种语言"（以下简称冯译本）；穆尔（A. C. Moule）与伯希和（P. Pelliot）1938 年刊本《马可波罗寰宇志》（Marco Polo：The Description of the World）第 86 页作："他知道几种语言和四种不同的字母及写法。"（以下简称穆尔本）

和用阿拉伯字母书写的波斯文①。此说在我国也曾流行。

但是,著名的《马可波罗游记》注释家——英国的玉尔(H.
Yule)和法国的考狄埃(H.Cordier),对于马可波罗懂汉语一说持
否定态度。他们的理由归纳起来有三条:(1)马可把苏州解释为
"地",把杭州(Kinsay"行在"译音)解释为"天",说明他不懂汉语
苏、杭的意义,而是对俗谚"上有天堂,下有苏杭"的误解②;(2)汉
字的书法很特殊,马可却一点没有提到③;(3)马可在书中提到的
许多地名,如Cathay(契丹,即北中国)、Cambaluc(汗八里,即大
都)、Tangut(唐兀惕,即西夏)、Acbalec(阿黑八里,即白城子)、
Zardandan(匝儿丹丹,即金齿)、Caramoran(哈剌木连,即黄河)
……等,都是蒙古、突厥或波斯语的称呼。这些地名都有相应的汉
语名称,但马可却不用,可见他不懂汉语④。

这几点意见都很值得重视,但法国的沙海昂(A. J. H.
Charignon)却不以为然。他针对玉尔的第一条见解说:"此评未免

---

① 颇节(Pauthier)本 p. 23 注①。参看玉尔—考狄埃《马可波罗游记》
  1929 年版第一册 p. 29 注①(以下简称玉尔本)。但玉尔引颇节书
  谓四种文字中有阿拉伯文,与颇节原文 arabe-persanne,与我理解
  为用阿拉伯字母书写的波斯文不同,也可能是阿拉伯文与波斯文,
  但阿文很难学,恐非他能胜任。

② 玉尔本第一册 p. 29 注①及第二册 pp. 183～184 注④。按南宋人范
  成大《吴郡志》卷五〇作"天上天堂,地下苏杭",可见宋时此谚语已
  流行。明季来华的天主教士金尼阁(N. Trigault)记作"上说天堂,
  下说苏杭"(据穆尔《行在考》"Quinsai……"p. 11)。

③ 玉尔本第一册《导言》p. 111。

④ 玉尔本第一册《导言》p. 111。

过严。他所偏重的，固然不必是汉语，然而不能说他完全不明。因为他旅行此国很久，且担任些重要职务，如其曾任扬州总管三年，不能说他对于汉语毫无所知。"① 而戈耳迭却在肯定马可不懂汉语的前提下，连马可曾任扬州总管的说法也不予置信。他说："扬州据帝国中心，地位重要而纯为汉人城市，马可竟治此城三年而不解汉语，这简直是不可能的。"② 意思是说，若马可真的治理此城三年，就不会不懂汉语。

　　玉尔和戈耳迭的说法，现在已为研究马可波罗著作的学者们所承认并进一步充实了。例如，马可书中对蒙古、突厥和波斯语词的拼写有一定规范，都比较准确，而很少有汉文词汇，只有些地名；而这些地名一般又是由波斯或突厥——蒙古语转写而来。因此伯希和(P. Pelliot)同奥勒斯吉(L. Olschki)认为马可懂得波斯语和蒙古语，但不懂汉语③。

　　西方学者从马可波罗书中找出马可不懂汉语的内部证据来，我认为是有说服力的。我现在再从外部，即从元代当时的情势，作

---

① 　冯译本第 34～35 页注①。
② 　玉尔本第一册 pp. 29～30 注①。
③ 　此据海格尔(J. W. Haeger)的《马可波罗在中国？从内证中看到的问题》(*Marco Polo in China? Problems with Internal Evidence*)，载《宋元史研究会刊》(*Bulletin of Sung and Yuan Studies*)1979 年第 14 期 p. 26。按：奥勒斯吉认为除汉文外，马可波罗至少应会三种语文。其汉文知识只限于日常应用的少数语句和文字。见其《马可波罗的亚洲》(*Marco Polo's Asia : An Introduction to his "Description of the World" Called "Millione"*)1960 年版 p. 100 注⑧。

些补充说明。

我认为,马可波罗不懂汉语,是和当时的社会情势有关的。

元朝是蒙古贵族建立的朝代。虽然利用了一些汉人进行统治,但也利用了不少的色目人(或称西域人、回回人)帮着治理国家,而这些人的地位远在汉人之上。成吉思汗时曾借用维吾尔文拼写蒙古语,元世祖时又用西藏僧人八思巴造蒙古新字,政府诏令统用蒙古新字,又设蒙古国子学,令蒙古、汉人官僚子弟入学。在各官府机构中并普遍设置翻译人员(蒙语称怯里马赤)。因此,汉语、汉文在当时的官场上并不是必要的。现存元代政书《元典章》和元代碑文,其汉文多俚俗难读,即因它们是由蒙文直译或硬译而来。赵翼的《廿二史札记》有《元诸帝多不习汉文》条,举出不少事例,说明元朝的皇帝对汉文的无知。元世祖至元十五年时,江淮行省的官僚中竟无一人通文墨者[①]。据说蒙古官长写汉字"七"竟向左转作"ナ"[②]。蒙古人的汉文知识如此,对马可波罗,一个远方来的外国人,又怎能要求他懂汉语写汉字呢?

马可波罗书中用了不少的波斯词汇,这早经玉尔所指出。如称卢沟桥为 Pulisanghin(普里桑干),即波斯文"石桥"意[③];称云

---

① 《元史》卷一七三《崔斌传》。

② 《草木子》卷四《杂俎篇》。

③ 玉尔本第二册 p.5 注②。按,马可本称普里桑干为河名,说石桥在普里桑干河上,因此有人以为普里桑干为桑干桥(即桑干河上的桥)。伯希和认为,桑干是河名无疑。但 Sangin(桑干)在波斯文又有"石头"意,因此讲波斯语的人很容易把 Pul-i-Sangin 当作"石桥"。见伯希和《马可波罗记注》(*Notes on Marco Polo*)1963 年版第二卷 p.812。

南西部的一个州名叫 Zardandan（匝儿丹丹），即波斯文"金齿"意[①]；称历书为 Tacuin（塔古音，一作 Tacuini），即波斯文"历书"意。玉尔由此一词的应用而推论说："这可以阐明我在别处提出的论点，即，马可波罗不懂汉语。他所结识和交谈的，主要是朝廷上的外国人，所用的大概是波斯语。"[②] 玉尔认为波斯语可能是在蒙古朝廷上的外国人所用的共同语言[③]。这已经是为多数学者所一再证实的定论了[④]。

　　既然在元代的外国人中有波斯语作为共同语言，那么，马可波罗就不需要学习比较难学的汉语。他所学会的四种语言（假定真如他所宣称的那样是四种），也许是蒙古语、波斯－阿拉伯语和突厥语（维吾尔语）[⑤]，而没有汉语。

　　马可波罗聪明过人，他不懂汉语，是当时的情势造成的，不是他才能的缺陷。他虽不懂汉语，依然不失为意大利人民的友好使者。

---

① 玉耳本第二册 p. 88 注②。《马可波罗注》p. 603。

② 玉尔本第一册 p. 448 注①。

③ 玉尔本第一册《导言》p. 111 注。正文 p. 380 注①。

④ 远的不说，就近的可看奥勒斯吉：《马可波罗的亚洲》pp. 81、234；韩儒林：《元代诈马宴新探》，载《历史研究》1981 年第 1 期第 147 页。

⑤ 马可波罗说他有个突厥朋友名 Zurficar（冯译苏儿非哈儿——第 197、200 页；张译楚尔肥喀——第 94 页）。这是一个伊斯兰教徒的名字，元代的对音作"祖立福合"（《元史》卷一〇一《兵志》），马可从此人听到关于火蛇或火鼠的事，则马可应懂突厥语。

二　马可波罗是否做过扬州总管?

马可波罗讲到扬州时,说扬州"被选为十二省城之一",又说他"曾亲受大可汗的命令,治理这城三年之久"[1]。马可波罗是否在扬州做过官以及做的什么官,也是学者们争论的一个问题。

颇节在注释这一章时,根据《元史·地理志》的记载,认为扬州在至元十三年(1276 年)为行省,十四年(1277 年)为路,推测马可波罗在这时为江淮行省或路的长官。颇节在为马可波罗书写的绪言中,又明确断定马可在 1277 到 1280 年间,做扬州及其附属的二十七个城池的长官(原文作 gouverneur)实际上即行省的长官。玉尔则认为,1276 至 1277 年间,马可不过二十三岁,到中国才两年,绝不可能做行省的长官[2]。玉尔又指出,颇节所据三种本子中,其第三种(C 或丙本)且作"奉大汗命居住(原文作 sejourna)此城中三年",并未提到做官。而此第三种本,据玉尔说,有些记载"具有特殊价值"[3],是较之 A(甲)、B(乙)两种本更为古老的本子[4]。玉尔进一步指出,所谓马可波罗曾当过行省长

---

[1]　张译本第 288 页。冯译本第 542 页,玉尔本第一册 p.154 基本相同。

[2]　颇节本 p.467 注①。玉尔本第二册 p.157 注③。

[3]　同前玉尔本。颇节本 p.468。穆尔本 p.316 引 FB 本作"奉大汗命,留居扬州城三年"。

[4]　玉耳本第一册《导言》p.94。又穆尔本 p.316 注②指出,在扬州章中,有四种版本(V、VB、L、Z)不提马可之名。伯希和认为这点值得注意(《马可波罗注》p.876"扬州"条)。

官（原文作 Governor - General）的印象，主要是由剌木学
(Ramusio)译本造成的。因这本有"马可波罗曾代上述之一男爵
治此城三年"之说(马可所指男爵即行省长官——引者)。玉尔认
为，"代上述之一男爵"一语可能是译者加的注释①。玉尔根据地
学会本及颇节所据甲种(A)本,认为马可波罗可能做扬州路的长
官,正像马可书中所提到的镇江府的长官(Governor)马薛里吉
斯(Mar Sarghis)一样,时间则在 1282 年到 1287 到 1288 年之
间②。

　　沙海昂在把颇节的旧法文体转为新法文体的同时,完全接受
了颇节的解释,肯定马可波罗曾做过扬州行省的长官也即是汉译
所谓扬州"总管"③。伯希和则同意玉尔的说法,否定马可波罗曾
做过扬州总管。在 1927 至 1928 年合刊的《通报》上,他引用了玉
尔的意见后又补充说:"可是中国史书同《扬州方志》皆无著录,未
免甚奇。或者他曾做过省、路达鲁花赤的副贰,容或有之,但是现
在不能作何推定。"④

　　此后伯希和对这一问题继续研究,认为马可波罗在扬州的职
务可能是管理盐务的官。他说,马可在谈到从涿州到长江这段路
程时,有三次离开正题讲到另外三处地方。这三处是长芦(Cian-

---

① 玉尔本第二册 p. 157 注③。颇节本《绪言》pp. 10~11 已指出,比剌
　　木学本较早的法文刊本中,无"代替十二男爵之一"句。

② 同前玉尔本。

③ 冯译本《叙言》p. 9。按"总管"在原书《叙言》p. 4 作 gouverneur
　　général,p. 23 注①又单作 gouverneur。

④ 此据冯译本下册《附录》第 860 页。

glu→Ch'ang—lu）、海门（Cingiu＜Caigiu→Hai—Chou＝Hai—
Mén）、真州（Singiu→Chen—Chou＝I—Chêng 仪征）。这三处都
是产盐区,波罗书中也提到,而且很熟悉这里的情况。因此,虽然
这三处不在从涿州到长江的大路上,他还是要讲它们。从这里可
以推断出,马可波罗所干的差使多半是盐税事务;他在扬州所担
任的职位,也应当是有关盐务的官员①。

　　伯希和这一推断是否正确,由于没有汉文记载可作检验,无
从证实,但不失为一个很聪明又有启发性的合理假说,值得重
视。

　　现在再回到"总管"问题上来。马可波罗在讲到扬州时,说扬
州"被选为十二行省治所之一","大汗十二男爵之一人驻此城
中"②。如前所述,剌木学本讲到马可治理此城时,有"代上述之一
男爵"字样,从这句话,只能理解为马可波罗做过此省(江淮行省)
的长官,即元代所称的平章政事。用欧洲文字表达,则译为 Gou-
verneur 或 Gouverneur général（法文）、Governor-general（英文）,
颇节、沙海昂的法文本和玉尔的英文本就是这样译的。这一名称
再译回汉文则可译为"总督"（张译本第 288 页）或"总管"（冯译本
上册第 9 页、第 35 页）。恰巧元代路的行政长官又有"总管"一职,

---

① 《马可波罗注》p. 834Singiu 条及 p. 875Yangiu 条;参看同书第一卷
　　p. 260Cianglu 条,p. 365Cingiu 条。
② 冯译本中册第 542 页,张译本第 288 页"男爵"译作"总督"。按张译
　　所据对原本及各刊本俱作 Baron 即男爵。张译"总督"是译其实际
　　意义。

因此马可波罗便由西方人理解的行省长官① 变成中国人理解的扬州路总管了。实际上,按元代官制,路的最高长官是达鲁花赤,不是总管。Gouverneur général 译为总管,只是字面上的偶合或巧合。在元代,色目人当达鲁花赤的很多。元世祖至元二年规定,"以蒙古人充各路达鲁花赤,汉人充总管,回回人充同知,永为定制"(《元史》卷六),但此后色目人当达鲁花赤的还很不少。马可波罗若真在扬州作长官,应是达鲁花赤或副达鲁花赤,不应是总管。总之,所谓马可波罗曾做扬州总管一说,只是文字翻译的误会,以致误以为真。从马可波罗本书中的记述,是得不出这个结论的。

假设马可波罗真的做过江淮行省长官或扬州路的达鲁花赤或总管、同知,那么,江苏省或扬州的地方志书中应该有所反映。而直到现在我们还没有发现他的名字,这应当是个反证,证明他没有做到注释家推测的那样大的官职。试看马可波罗讲到的镇江府的长官(governor)马薛里吉思,其人《元史》中也无传,但在元人修的《至顺镇江志》中却记载他是镇江路总管府的副达鲁花赤。马可波罗和马薛里吉思是同时人,假如他也和后者有同样的官职,扬州的方志中不会没有记载。是不是在元人修的扬州志中会有他的踪迹呢？可惜直到现在我们还没有看到。

顺便提一下我国学者给马可波罗加的另一官衔。张星烺先生

---

① 冯承钧所译沙海昂法文本原书标题称马可波罗为 Gouverneur de Provence 即省长。冯译《叙言》:"马可波罗被任为扬州总管",原文"总管"作 gouverneur général,在此官名下尚有"等于总督(Viceroi)一职"的解释词未译出。可见沙海昂理解的"总管"是行省的长官(总督,即平章政事),而非一路的长官(总管)。

在其《中国史书上之马哥孛罗》长文中,认为马可在扬州做的官是淮东道宣慰使。他这一论断是在认定马可波罗就是《元史》上的枢密副使孛罗的前提下得出的①。枢密副使说始自颇节,沙海昂继之,至张星烺而集其大成。但经不起事实的验证,已为法人伯希和与我国学者岑仲勉所驳斥②。前提既错,结论不问可知,这里就不必辨证了。

马可波罗在扬州做官一案既然断不清,我以上讲的也只能是有破无立。只有一点可以肯定的是,所谓马可波罗曾做扬州总管一说是没有什么根据的。伯希和说:"至若马可波罗在 1276 至 1291 年间在扬州任职三年的话,只有马可波罗本人之语可凭。"③这倒是老实话。我们也只能说:"据马可波罗本人讲,他曾在扬州做过三年官。"如此而已。

三 《中堂事记》的发郎国人是否马可波罗的父亲和叔父?

有一篇题为《关于马可波罗的中文史料》的短文④,引用了元

---

① 此文最早发表于《地学杂志》,其后收入张氏所译《马哥孛罗游记导言》第 108～151 页中。其后邵思纯的《元史学》一书亦遵张氏之说,认为马可曾为淮东道宣慰使(中华书局版第 191 页)。
② 伯希和:《马可波罗行纪沙海昂译注正误》,原刊《通报》1927～1928年合刊 pp. 156～169,冯承钧译文载《马可波罗行纪》下册第 849～865 页。岑仲勉:《蒙古史札记(八)枢密副使孛罗》,载《中央研究院历史语言研究所集刊》1935 年第 5 本第 4 分册。
③ 冯译本下册第 860 页。
④ 《中华文史论丛》1980 年第 3 辑第 204 页。

初人王恽的《中堂事记》中的这一段史料：

> （中统二年五月七日）是日,发郎国遣人来献卉服诸物。
> 其使自本土达上都已逾三年。说其国在回纥极西徼,常昼不
> 夜……妇人颇妍美,男子例碧眼黄发。所经途有二海,一则
> 逾月,一则期月可度……上嘉其远来,回赐金帛甚渥。

作者说："发郎即 Farang,为欧洲泛称。此二人（按:原文未确指使
臣数目!）非他,就其至上都之年份而观,殆非波罗之父与叔莫
属。"并说："汉籍举有与波罗有关之记载,现已发现者止此……"

我认为,就年份而观,很难把这里的发郎国人考订为马可波
罗的父亲和叔父。

马可波罗书中的年代记载很不准确,但关于他父亲和叔父第
一次到达上都的年代还是可以推算出来的。

据马可书开头五章说,马可波罗的父亲和叔父自君士坦丁堡
出发,到达克里米亚半岛的速达克（或译索尔对亚）,从此至钦察
汗君主别儿哥汗所。留居一年后,别儿哥与伊利汗君主旭烈兀发
生大战。战争阻碍了他们的归程,于是继续东行,到中亚的不花剌
城,一住三年。在此逢旭烈兀派往忽必烈汗的使臣,使臣劝之入
朝,遂与俱行,一年后抵忽必烈汗所。别儿哥和旭烈兀的战争发生
在 1262 年（中统三年）下半年,主要战役发生在该年的十一月到
十二月,这是确凿无疑的[①]。因此波罗兄弟应在 1263 年往不花
剌,留居三年（1263～1265 年）后东行一年,最早当于 1266 年即

---

① 冯承钧译《多桑蒙古史》下册,1962 年中华书局版,第 131～132
　　页。参看《马可波罗注》第一册 p.94Berca 条。

元世祖至元三年到达上都,也许还要晚一些。这和中统二年相距五六年,因而朝见忽必烈的发郎国使臣(数目不详)不可能是马可波罗的父亲和叔父。

就身份来看也对不上号。波罗兄弟来华是由于蒙古使臣的敦劝,而发郎国的来人则是奉使而来。二者身份不同。波罗兄弟,这两个威尼斯商人,会不会冒充使臣呢?不可能。因为有伊利汗的使臣伴随。至于发郎国的来人是不是民间商人冒充使臣,那就另当别论了。

发郎或称佛郎、拂郎、富浪,是蒙古人对欧洲人的通称。发郎国人到蒙古朝廷来,不自元世祖中统二年始。最著名的,如贵由汗(定宗)时期意大利传教士普兰·迦尔宾(于 1246 年来),蒙哥汗(宪宗)时期的法国传教士卢卜鲁克(于 1254 年来);到元顺帝至正二年(1342 年)尚有"拂郎国贡异马"(《元史·顺帝纪》)的记载,这即是罗马教皇派赴中国的专使意大利人马黎诺里。《中堂事记》这一段记载,虽然和马可波罗家族无关,但也足为欧洲和中国的友好往来增加一个历史纪录。

（原名《关于马可波罗的在中国的几个问题》,收入《元史三论》第 105～114 页）

［六］ 马可波罗只到过中国北方吗?

——与海格尔先生商榷

一 海格尔先生的新论点

马可波罗在中国十七年,走遍中国各地,这已是迄今治马可波罗的学者们一般承认的事实。几年前,美国学者海格尔先生对此提出了异议。他认为,马可波罗只到过北京(元代的汗八里即大都),他关于中国其他各地的记载,都是在北京听来的。这一看法,是他从检读马可波罗游记全文,发现其中许多矛盾和可疑之点后得出来的。因此他的文章题目叫做《马可波罗在中国?从内证中看到的问题》[①]。

---

① 海格尔(John W. Haeger):*Marco Polo in China? Problems with Internal Evidence*,《宋元史研究会刊》(*Bulletin of Sung and Yuan Studies*)1979 年第 14 期,pp. 22～30。

　　这一说法,和一般的看法迥乎不同,可说是对传统观点的挑战。但是,它又是经过对马可波罗的书认真探索后提出来的,不管对它赞成与否,首先应该对这一论点及其赖以成立的论证作一番仔细的了解和认真的考虑。

　　首先,作者指出了马可波罗书中有许多可疑和难解之处:各种版本的分歧,人名、地名的难以对证(勘同),马可本人看到的和传闻的记载的混淆不清,对许多事物的不应有的漏载,所述本人事迹与实际情况不符合(如攻襄阳献新炮法和任职扬州三年问题),旅程路线的难以考订清楚等等。作者举出这些,意在说明,马可波罗书的可靠性是很成问题的。

　　作者进而指出,马可书中关于中国中部和南部(据穆尔与伯希和版《马可波罗寰宇记》105～157节所记)的叙述,具有公式化、苍白无力和缺乏细节描绘的缺陷。他举151节关于苏州的叙述为例说,虽然大部分记载是正确的,但却是公式化的。如说居民是“偶像教徒”,“臣属大汗”,“用纸币”,“产丝甚多”,“以工商业为生”等,认为这些字眼,对其他城市也可以适用。苏州的特点只讲到桥梁、大黄、便宜的生姜等,而这些也讲得很不生动,不像是亲自观察所得。最后,作者指出,马可在本节认为苏州的字义是“地城”而“行在”(即杭州)是“天城”的说法完全是错误的,这说明他的消息是来自第二手或第三手而非亲眼见闻。

　　意大利的马可波罗专家奥勒斯吉曾经指出,马可波罗写的不是他个人的游记,而是“一本凭观察而写的地理学”,在这里公式化的叙述有积极的科学意义①。海格尔认为,这个说法并不能解决问题。因为马可书中还有其他章节写得逼真、生动而详尽,其行文特点说明作者是亲历其境和直接观察到的。

海格尔举出 76 至 104 节为例。这些章节是叙述忽必烈汗的事迹和从蒙古草原到华北平原的情物风光的。这些叙事都写得生动具体而翔实,有些细节描绘,非身历其境者写不出来,与前面所记南部中国情况大异其趣。海格尔由此推论到马可波罗在中国的身份地位问题。他怀疑马可波罗书中 16 和 17 节中马可受忽必烈重视屡次奉命出使甚至取代其他使者之说,认为从逻辑上和事实上都不可能。他不信初来中国的二十二岁威尼斯青年,仅凭其才智竟能取代其他使臣,认为忽必烈廷中人才济济,如汉人刘秉忠、许衡及契丹人、中亚维吾尔、突厥人等,忽必烈本人亦颇习汉化,并采用金宋两朝制度建一老练的政府;事实上,马可书中 105 至 157 节中所述对忽必烈亦无甚价值,既无军事情报功用,其地理消息亦远不如中国人所提供者确切,此等资料在北京即可得到。海格尔因此推测说,马可波罗在元廷的十七年,只是按季节来往于北京与开平府(上都)之间,参加猎兽与捕鹰活动,以欧洲故事供忽必烈消遣,并从来往于北京的各种商人、旅行家与使臣口中听取各种消息。

海格尔先生认为,这一推测可以解释马可书中的许多问题,即他的叙述基本上是正确的而时有错误,其行程的含糊不清,有

---

① L. Olschki:《马可波罗的亚洲》(*Marco Polo's Asia*),1960 年英译本 p. 14。引号后的一句话是海格尔引申的。

些地名难以考订,直观形象的缺乏,老一套的叙述笔法,令人不解的缄默(按:指对应提及的事物而未提及——引者),对汉字的误解,对一些名词采用波斯或突厥—蒙古语的拼写方式等。海格尔的最后结论是:在未发现书面的或考古的新资料和马可书的"原稿"以前,我们只能认为,马可关于中国叙事的一般正确并不能证明其为亲见目睹的记录;一个世纪以来学者的渊博的探索并未能把中国行程的路线完全弄清;许多关于中国的叙事不是直接观察的结果;书中关于马可波罗社会地位的说法与其所叙事物的份量极不相称。像这样的资料多半是在北京(虽然不是在欧洲)收集来的,而这是可以从书中本身就可以看得清楚的。

二 也从内证谈起

应当承认,马可波罗对于中国南方和北方的叙述方式,除几个城市外,确有不同,海格尔举出这一点来作为马可未到中国南方的论据(当然还配合其他论据)似乎很有说服力(这一点是其他学者未曾注意到的)。对忽必烈和北方情况的详细描绘,确实可以说明马可波罗在北方住过较长的时间。但能不能说,马可波罗根本没有到过南方呢?恐怕不能。海格尔的论证过程中就有否定他的论断的因素。

海格尔先生虽然怀疑马可波罗曾作为受优遇的重要使臣,但还是承认马可波罗曾当过使臣。在分析马可全书地理情报的来源时,他说:

关于近东和中亚的地理情报是从(波罗一家自威尼斯

到北京的）一段旅程得到的。关于中国的情报是根据马可本
人（老波罗在故事中未出现）奉命出使至少两次也可能三次
的结果编排出来的。关于日本、东南亚和印度的报道则与波
罗一家从海道返里的旅程有关，据说他们是伴送一个出嫁
波斯伊里汗阿鲁浑的新娘而行的（海道引起的问题严重性
不亚于中国中部和南部，但不在本文讨论范围之内）。

　　由此可知，海格尔先生也承认马可波罗到中国后曾出使过两
次或三次，他关于中国的情况即据此编排（他用 woven 这个字）
而来。这和他断言的马可关于中国的情况是从北京听来的说法颇
有矛盾，也许是认为这三次出使都无关紧要，而其大部分关于中
国的记载还是从北京听来的吧。但是，我们认为，正是这三次出
使，可以作为马可波罗曾到过中国中部和南方各地的证明。

　　马可波罗究竟出使过多少次，很难确定。他自己说大汗把所
有重要任务都交给他并让他多次出使，不免有夸大之处。但从马
可书中可以推知，至少有三次出使是可以肯定的，即：

　　1. 出使哈喇章（云南）。不但马可本人这样讲，从他对云
南的风土人情、人物和战争等情节描绘的详细和确切来看，不身
历其境单凭人传述是不可能写得这样生动具体的。按海格尔先生
的标准，也应该承认这次出使是确有其事。这样，也应当承认，马
可书中关于从北京到云南的路程和见闻是根据他本人亲自观察
而得到的。

　　2. 伴送蒙古公主出使波斯。这事不但马可书中有记载，
在中国的《永乐大典·站赤》和波斯史家拉施特的《史集》中也有

反映①，因而是无庸置疑的事实。如前所引，海格尔先生也提及此事，但他对波罗一家伴送公主事似有所疑，所以用"据说"或"假定"(Supposed)的不肯定字眼而且附注点明了他的看法。这是不必要的。马可既然伴送蒙古公主从北京直抵泉州，当然有机会经历中国中部和南方一带，他对这些地方的叙述(不管如何简单和公式化)，也当是根据自己的见闻，而非在北京打听来的。

3. **出使印度**。马可波罗说他们在遇见波斯三使臣以前，他刚从印度回来，波斯三使臣因为他知道海路情况，因而请他们一家作伴，从海道出使波斯。波斯三使到元廷事既然见诸 中国史籍，看来马可说他出使印度一事也不会是假的。马可从印度回来，当然是从泉州向北走；他出使印度时，则从北京往南走。这都提供给他游历中国南北各地的机会。

因此，根据马可书中提供的线索和中国的资料，马可波罗最少有三次从北京出发，奉使到中国的西南高原和东南海疆，而不是长期盘旋于北京和开平府之间。马可书中关于中国中部和南方的记载，当是以这几次的游历为主要基础(不排斥还有他私人的出行)而完成的。

此外，还可以从马可书中对中国南方的几个城市的叙述中来考查一下这些记载是亲自游历所得，还是从北京听来的。

一个是镇江。马可叙述镇江的笔墨并不多，一开始也有公式

---

① 参看柯立夫(F. W. Cleaves)：《关于马可波罗离华的汉文资料及其到达波斯的波斯文资料》，载《哈佛亚洲研究杂志》1976 年第 36 卷。

化的语句(人民拜偶像、臣属大汗、用纸币、以工商业为生……)，但却提供了一个很重要的历史事实。马可说，在耶稣降生后的1278年(元世祖至元十五年)，一个叫马薛里吉思(Marsarchis)的聂思脱里派基督教徒在此城做官三年，建了两座基督教堂。马薛里吉思，《元史》无传，不是个重要人物，但在元文宗时修的《至顺镇江志》中却记有他的事迹，称他为也里可温(元代基督教徒名称)人，于至元十五年到镇江为副达鲁花赤，在此建十字寺(基督教寺院)六所(另在杭州建寺一所)①。《至顺镇江志》的这一记载早已译为外文，为西方学者所知。马薛里吉思建了六座寺，马可只提两座，可能他只看到两座，也许其他寺还没有建。可注意的是，马可称马薛里吉思开始任职的年代竟与中国记载一致，这也许是偶合吧。像这样与事实符合并在中国史籍上找到佐证的事，很难说是在北京听来的。

还可以注意的是，在讲镇江这一节前，马可讲到瓜洲(Caigiu，148节)，除提到这里有运河可运米至汗八里外，还特别提到瓜洲对面江中有一石岛，上建偶像教徒寺院并有僧人二百等情况，注释家认为此即今天的"金山"。在《至顺镇江志》(卷九)上也有金山有佛寺而且香火很盛的记载。像这样正确而细致的描述，若非身历其境，是很难讲出来的。

再一个是福州。马可波罗讲到，他和他叔父在福州时见到一种信奉秘密宗教的人，经过和他们多次接触后，认为他们是基督

---

① 分见《至顺镇江志》卷九、卷一五、卷一九。达鲁花赤，蒙古语，本意镇压者，是一部门或一地区的最高长官。

教徒[①]。伯希和从中国史料关于摩尼教的记载，认为这些人不是基督教徒而是摩尼教徒[②]。按，摩尼教在南宋时盛行于两浙福建一带，中国史料载之甚详。伯希和、沙畹、陈垣、王国维等中外史学家搜集有关资料甚多。摩尼教在宋元时代都是被禁止的"邪魔外道"，所以他们很害怕马可等人的盘问，这是和当时情况符合的。若非马可亲自调查，在北京是不会得到这种消息的。

最后，马可关于杭州（行在）的记载非常详赡，他自说是亲自访问得来的。根据海格尔先生的标准，也应当承认他曾经到过杭州。

以上是我们在马可书中找出的几个城市，作为马可波罗确实到过中国南方的"内证"。还有一些关于南方的记载，也比较具体而富于地方特点，这里就不多说了。

三　对一些疑难问题的看法

现在，再就海格尔先生提出的一些问题讲一点我的看法。

1. 关于苏州的叙述问题。马可关于苏州的叙述，开始几句确有公式化现象。但这不仅苏州一地如此，这是马可波罗的一种叙事方法，也许他（或他的笔录者）认为这样方便，因而成了习惯。仅就这一点而认为作者未亲历其境，未免有点片面性。如前举

---

① 见穆尔、伯希和本 156 节。此段记事只见于 Z 写本，中文译本见张
　　星烺译《马哥孛罗游记》1937 年商务印书馆版第 333～336 页。
② P. Pelliot《马可波罗注》pp. 726～728。

镇江的叙述也有一个公式化的开头，但不能因此而否认马可曾到镇江。马可也并不是没有提到苏州的特点，如说苏州的桥很多；虽然六千的数目无疑是夸大的，但桥多确实是苏州一大特点。另外，马可说这里人口极多，多得不可以数计，假如都是军人，就可以征服世界。这虽然有点夸大其辞，但据《元史》卷六二《地理志》的记载，平江路（苏州是路的治所）有户四十六万六千一百五十八（466 158），口二百四十三万三千七百（2 433 700），比杭州路（户三十六万八百五十，口一百八十三万四千七百一十）还要多，是全国人口最多的路，说明马可的话是有根据的，可能是到苏州后，看到人们熙攘往来的景象，再访问地方行政人员得知大体数目后得来的印象。关于苏州人的多财善贾和能工巧匠、哲人学士、回春良医、格物学者、巫师方士的介绍，虽然寥寥几笔，但反映了当时苏州是文化昌盛、人文荟萃之区的特色。这里应该指出，海格尔先生对马可波罗的要求有过高之嫌。例如，马可说这里生姜很便宜，一威尼斯银币可买四十磅。海格尔却说，马可没有进一步说明这是他在市场上看到的情况；马可说苏州有许多学者，海格尔却说，书中没有提示马可知否这些学者的住址和生活情况。这未免太苛求了。马可在全书中，除了开头部分外，绝少谈他个人的情况，在叙述中国北部情况时已是这样，这是他的习惯，也可以说是写书体例，哪能以此作为他在场与否的标志呢？至于苏州是地城、杭州是天城的说法，确是马可波罗的误解，但这只能证明马可不懂汉语，却不能用来证明他未到过苏州。很可能是他到苏州或杭州时听人说过（通过翻译人员之口）"天上天堂，地下苏杭"（《吴郡志》卷五十《杂志》谚曰"天上天堂，地下苏杭"）之类的话而对它作了错误的理解。

2. **襄阳献炮问题**。马可波罗说他们一家在元朝进攻南宋襄阳时曾献新炮法攻陷该城,这不仅和他们一家到达中国的时间大相牴牾,而且和中国的《元史》和波斯的《史集》关于参加此役的人物记载迥乎不同。除少数学者为之疏通解释外,绝大部分学者都认为是错误的,诚如海格尔所论。这里的问题是,虽然波罗一家并未参与攻陷襄阳之役,但马可叙说的故事情节却基本属实。这是从北京听来的故事呢,还是马可在游历襄阳时听到的呢?按,襄阳的攻陷在至元十年(1273 年)正二月间,而波罗一家到达元廷一般认为在 1275 年(至元十二年)夏天,中间相距两年多,襄阳之役已经不是什么新闻,马可似乎不可能在北京听到,倒是在襄阳时听来的可能性较大。从马可关于襄阳(实际是樊城)的地理形势(三面环湖或深水,只有北面可攻)的叙述,像是身历其境。因此,虽然马可把攻克襄阳之功冒为己有是错误的,但它却足为马可曾到过襄阳的一个旁证。

3. **扬州任职问题**。马可波罗是否在扬州做过三年官,确实不好证明。有四种版本未提此事,有一种版本只提"居住在此城三年",中国的地方志中没有任何佐证,这些问题都不好解决[①]。但即使承认马可没有在扬州做官甚至没有到过扬州,也不能因为这一点就把他曾到过南方的事予以全盘否定。这个问题应该继续研究。

4. **行程路线问题**。马可波罗所述的行程路线和一些地名

————————————

① 参看本书第五章。

确实不好确定,对中国旅程地名的考订,到今天仍有争论,需要继续探讨。但另一方面,在马可提出的许多地名之间,按其相对方位排列,基本上可以联成一条或几条路线,有些地名是可以考订出来而大家都同意的,有些则很清楚,不必费时间考订。总之,马可书中的路程和地名,并不全是方位颠倒、地名错乱、不可清理,而是有一个大致的轮廓。试问,假如这些地名和有关各地的风土人情都是在北京听来的话,他能这样比较有条理地、轮廓大致分明地一一列举吗?听来的事物容易忘记,亲身的经历印象深刻。在离开中国六七年后再回忆在中国的历程,完全凭在北京得来的道听途说,能有现在我们从马可书中看到的那些记载的样子吗?因此我们认为,马可所记中国南方各地各事,大部是他的亲见亲闻(当然有些是辗转听来的)。至于有些地名今天不好考订,可能是由下列原因造成的:(1)马可不懂汉语,一些汉语地名拼写不准确;(2)各种版本记载的歧异,有些以讹传讹;(3)马可讲述时记忆不清。

海格尔先生还对马可波罗的身份地位表示怀疑,认为马可的地位不会像他自称的那样比旁的使臣高,以至代替其他使臣出使各地;认为忽必烈手下有的是人才,而马可提供的情况也没有什么价值。表面看来,这些论点是不错的,但因此而认为马可波罗没有当使臣的资格,那就错了。

这里要弄清的是元代"使臣"的特点,主要的是,不要把使臣的地位看得太高。《马可波罗游记》的著名注释家亨利·玉尔早就提出,不能把马可波罗看做现代意义上的大使(Ambassador),他不过是一个办事员(Commissioner,亦可译为专员)而已。玉尔还指出,蒙古语的使臣(Ilchi,额勒赤)包括各种各样的人,并举出多桑《蒙古史》中所引拉施特《史集》中的一段话说:"每城之中常有使者(Ilchi)一二百人居宿民舍"①。其实还可引《史集》这一段:"诸可敦、宗王、万户、千户、百户、地方长官、汗廷官吏、猎户、围人、膳人等,常以细故遣使而出,习以为常……诸州居民每年供应之使者无虑数千人"②。这是波斯伊里汗国哈赞汗时代的情况。元朝的情况也一样。《元典章》卷一六《户部·使臣·体察使臣人员分例》条载:"累年以来,朝廷使臣以致中书省、枢密院、御史台、内外诸 衙门一切出使臣人等……今后内外大小出使人员,除正从人数外,不得多要分例"。同卷《铺马分例》条载:"在前诸王驸马各枝儿差使臣来呵……"说明使臣之多、之滥。甚至为官府捕鹰的也称使臣(同卷《站赤使臣分例》),还有些"无禄之人"(非政府吏员)也被"滥行差遣"(同书卷三六《兵部·使臣·使臣索要妓女》条)。所以,不能因为一个人是使臣,就把他当成"钦差大臣",虽然不排除朝廷命官做使臣的事例。在元代,一般所谓使臣只是朝廷或其他官府机构派出执行某一任务的办事人员,地位并不高,马可波罗就属于一般使臣之列。拿他和刘秉忠、许衡等人相提并论,未免太高看他;要求他完成重大任务,提供重要情报,也是不必要的。明乎此,则在《元史》里没有波罗一家的名字(更不用说有专传),

---

① Henry Yule,*Travels of Marco Polo*,第一册 p. 30 注③。多桑《蒙古史》此段中译见冯承钧译《多桑蒙古史》下册第 342 页。

② Henry Yule,*Travels of Marco Polo*,第一册 p. 30 注③。多桑《蒙古史》此段中译见冯承钧译《多桑蒙古史》下册第 341 页。

在《永乐大典·站赤》中和他们有密切关系的那段公文里也没有他们的名字，也就不足为怪了。同样，因为他们地位不高，就怀疑他们不是使臣，不会接受任务出使中国各地，这种认识也是与当时的历史情况不符合的。

四　历史的回顾

我们重视海格尔先生的论点，因为他提出的马可波罗书中的一系列问题是客观存在的，并且或多或少地经前人指出过，引起对马可本人及其著作的各种议论。在这里，回顾一下历史是很有意思的。

早在他活着的时候，由于充满了人所未知的奇闻异事，马可波罗的书已经遭到人们的怀疑和讥讽。关心他的朋友甚至在他临终前劝他把书中"背离事实"的叙述删掉。以后，随着地理大发现，欧洲人对东方的知识越来越丰富，马可书中讲的许多事物逐渐被证实，不再被目为荒诞不经的神话了，但还是有人对它的真实性发生怀疑。直到 1829 年，德国的学者徐尔曼（K. D. Hüllmann）仍然认为马可波罗的书是一部冒充为游记的编排拙劣的教会传奇故事。并说，波罗一家最远不过到达大布哈里亚（Bucharia）境内，该处是意大利人游历之所。关于蒙古帝国的情况是从曾到该国的商人们处听来的，印度、波斯、阿拉伯及埃塞俄比亚的叙述则抄自阿拉伯著作者。又说，编者假马可之名，谓其曾奉侍忽必烈汗十七年之久，可谓荒诞之至①。这时距马可波罗去世已经五百多年了！

　　在《永乐大典·站赤》那段材料被发现并得到波斯史家拉施特的证实，马可波罗到过中国已成定论以后，还是有人对马可到过中国一事提出怀疑，如海格尔文章中引用的德国史学家福赫伯（Herbert Franke 一译傅海波）的说法。福赫伯先生在1965年的一篇报告中认为，马可波罗是否到过中国，还是个没有解决的问题。他举出了马可书中一些可疑之点（襄阳献炮、扬州做官、未提中国茶叶与汉字书法）后说："这一切都使人对波罗一家曾长期住过中国一说发生怀疑。"接着又说："但是，不管怎样，在没有举出确凿的证据证明波罗的书是一部世界地理志，其中关于中国的章节是取自其他的、也许是波斯的资料（他用了一些波斯词汇）以前，我们只好假定（assume，姑且认为）他还是到过中国。"② 言外之意，对马可曾到中国一说还是不大相信③。

　　从上可知，海格尔先生的说法是有其渊源的。不过，他确认马

---

① 引自亨利·玉尔《马可波罗游记》第一册绪论 p. 116 注。徐尔曼书名《中世城市组织》。按，文中 Bucharia 张星烺译作布哈拉，疑应作 Bulgaria，元时汉译作不里阿儿，其地亦称大 Bulgaria，在今苏联喀山（Kazan）城南 90 英里处，见玉尔《游记》第一册 p. 6 注②。

② Herbert Franke，*Sino-Western Contacts under the Mongol Empire*，《蒙古帝国时期的中西交往》载 *Journal of the Royal Asiatic Society*，*HongKong Branch*（亚洲皇家学会学报香港分会）1966 年第 6 期 pp. 49～72，本段引文在 pp. 53～54。海格尔认为福氏关于波罗未到中国一说并不是牵强的。

③ 福氏的看法以后有所改变，承认马可波罗到过中国。见本书第九章。

可波罗曾到过中国北方,这比那些怀疑波罗一家到过中国的说法前进了一大步,他的马可波罗在北方停留时期长久的看法也是可取的。只是在马可波罗是否到过中国南方一点上,还有值得探讨的余地。我的看法不一定对,只是提出来,供海格尔先生和海内外研究和关心马可波罗的学者们参考和批评。我相信,经过大家的努力,一些关于马可波罗在中国的疑难问题,是可以逐步澄清的。

（原名《马可波罗足迹遍中国》,刊《南开学报》1982 年第 6 期;收入《元史三论》第 115～126 页）

［七］ 马可波罗没到过中国吗？

　　如果说海格尔先生的论断失之偏颇但仍有可取的话（他承认马可波罗到过中国北方），比海格尔先生走的更远、更极端、英国维多利亚与艾尔伯特博物馆(The Far Eastern department of the Victoria and Albert Museum)的克雷格·克鲁纳斯(Craig Clunas)先生于1982年4月14日的英国《泰晤士报·中国增刊》上发表了一篇题为《探险家的足迹》(*The explorer's tracks*)、汉译者改名为《马可波罗到过中国没有?》的文章，全面否定了马可波罗到过中国的事实。他是针对出意大利、中国和美国合拍的巨片《马可波罗》而发的，并说，这会使马可本人也大为吃惊。他认为，马可波罗可能根本就没有访问过中国，他可能看过某种的波斯《导游手册》再加上个人的道听途说，因而成书云云。证据呢? 主要有这几条:

　　1. 在中国浩如烟海的历史书籍中，没有查到一件可供考证的关于马可波罗的材料。

　　2. 书中很多地方充满可疑的统计资料，把中国丰富多彩的景象变成灰茫茫的一片，对蒙古皇帝的家谱说得混淆不清，很不准确。

3. 中国两件最具特色的文化产物——茶和汉字，以及中国的重大发明印刷术，书中都没有提到。

4. 他写的许多中国地名用的是波斯叫法。有可能波罗只到过中亚的伊斯兰教国家（请参阅附录文章）。

这几条是不是事实呢？应该承认，除了第 4 条作者的"有可能……"的推论外，都基本属实。但是，从这几条事实推论出马可波罗根本没有到过中国，或只是到过中亚的结论却很成问题。

看问题要全面。马可波罗书中确有一些夸张失实、记载错误、疏失遗漏、行文单调或其他不足之处，但不能单凭这些就断定他根本没有到过中国。中国的历史书籍中确实到目前为止还没有发现马可波罗的名字，但并不是没有一些可供考证的材料。1941年，笔者从中国古代的"大百科全书"——《永乐大典》引录的讲元代交通邮传的《站赤》一书中，就发现了一件可供考证的与马可波罗有关的材料。那条材料说：

> （至元二十七年八月）十七日，尚书阿难答、都事别不花等奏：平章沙不丁上言："今年三月奉旨，遣兀鲁䚟、阿必失呵、火者，取道马八儿，往阿鲁浑大王位下。同行一百六十人，内九十人已支分例，余七十人，闻是诸官所赠遗及买得者，乞不给分例口粮。"奉旨：勿与之！

这一段充满了专名的元朝的公文，和马可波罗有什么关系呢？

《马可波罗游记》第一卷中有两章说，伊里汗（今伊朗）君主

123

Argon（即公文里的阿鲁浑）的后妃死后，派遣了三位使臣到元朝请忽必烈大汗（元世祖）赐给他一个和他亡妃同族的女子为配。这三个使臣的名字是 Oulatai（即公文里的兀鲁觯）、Apusca（即公文里的阿必失呵）、Coja（即公文里的火者），元世祖把一个叫做 Cocacin（阔阔真）的姑娘交给他们，三位使臣请马可波罗一家作伴，从海道护送他们回伊朗。到达目的地后，马可波罗一家便从伊朗返回他们的故乡威尼斯。

两相对照，讲的是同一件事情，只是公文较简，没提马可波罗一家的名字和护送公主的事情，马可波罗的记载则情节详细。因为两书的着重点不同：公文是向政府请示"分例口粮"的配给问题，用不着提阔阔真和马可波罗等人的事；马可波罗则因为这是他们得以返国的关键所在，所以交代清楚。

同样，伊里汗史家拉施特的《史集》中也有和马可波罗书中基本相同的记载，但没有提马可波罗一家的名字。三使臣中，只提了一个火者。这倒不是遗漏，因为马可波罗的游记中明确记载，三位使臣已死了两个，只剩下火者一人。

汉文、波斯文、欧洲文三种记载完全相同，这不是偶然的巧合，也不是马可波罗的抄袭（他那时不可能看到前两种材料），而只能证明马可波罗的记载是真实的，他确实到过中国，而且是由于伴送蒙古姑娘的机会，从中国的泉州港出发前往伊朗的。

马可波罗书中讲到 1282 年（元世祖至元十九年）在北京发生的宰相阿合马被刺的事件，详尽生动。这一事件在汉文的《元史》和波斯文的《史集》中都有记载，情节基本相同而各有特点。要不是作者当时在北京，是不可能写得那样生动逼真的。

马可波罗提到镇江府有两所基督教堂，是由当时的镇江府长官、基督教徒马薛里吉思修建的。这一记载得到元朝修的《至顺镇江志》一书的证实，说明马可波罗是亲历其境的。

马可波罗还说他到镇江以前，在瓜洲对岸看到江中有一石岛，岛上建有偶像教徒（佛教）寺院。这就是著名的金山寺。这一记载，恐怕任何波斯的"导游手册"（假如当时真有导游手册之类的话！）也是不会这样细致记录的。

马可波罗说他和他叔父在福州见到一种信奉秘密宗教的人，经过和他们多次接触后，认为他们是基督教徒。经过学者研究，这些人不是基督教徒而是摩尼教徒。摩尼教盛行于宋朝浙江、福建一带，在宋元时代都被视为"邪魔外道"而被禁止，所以他们很害怕马可波罗等人的盘问。这是和当时的具体情况完全符合的，绝不是道听途说和抄袭什么"导游手册"，而是亲自调查所得。

总之，无论从中国的史书或马可波罗本书的记载，都可以证明马可波罗确实到过中国。这也是对马可波罗的书有深入研究的各国学者，如英国的亨利·玉尔和穆尔，法国的亨利·考狄埃、伯希和，美国的柯立夫和意大利的奥勒斯吉等人所一致承认的，虽然他们也一一指出马可波罗书中的缺点错误（包括《泰晤士报》文章作者所指出的）。

马可波罗书中确有一些叙述枯燥、数目字不精确、记载错误（包括蒙古皇帝谱系）和夸大失实之处。但我们都知道，他不是文学家，也不是历史家，他没有受过高深的教育，他著书的环境是在监狱中，没有什么图书资料可供参考（更无从去找什么导游手册！），而且是由同狱难友记录的。应该说，能有现在我们看到的这个水平,已经很不简单了。

马可波罗书中没有提到中国的茶,可能是因他保持着本国的习惯,不喝茶。当时蒙古人和其他西域人也不大喝茶,马可波罗多半和这些人来往,很少接触汉人,因而不提中国人的饮茶习惯。同样,他不识汉字,因而未提汉字的书法和印刷术。马可波罗不是文人学士,文化水平不高(他离开家乡时不过十七岁,学习的基础不会坚深),不去注意这些学术文化界的事情,并不奇怪①。

马可波罗书中许多地名多半用波斯语或蒙古、突厥语来表达,这说明他在中国接触的主要是波斯人、蒙古人和突厥人,而很少接触汉人,因而不识汉字。在当时,蒙古人是统治者,西域人(其中包括波斯人、突厥人、阿拉伯人和欧洲人)大批来华,在政治、经济、社会上占有重要位置,波斯语通行于西域人中间,马可波罗用波斯语表达地名和其他专名是可以理解的,不能因此说他的书是从波斯文的导游手册抄来的。

---

① 按,以马可波罗的学识,对汉字与印刷术无知与无兴趣并不奇怪。但其书中对此二者并非毫无报道。讲到刺桐(泉州)时他说:"在蛮子省中,只有一种言语和一种样式的字"(张星烺译《游记》第 339 页,穆尔、伯希和英译 p. 353 作 One manner of letters)。讲到元代纸币时,他提到大汗和主管官员在纸币上盖上印章(张译第 191 页,穆、伯英译 p. 238 一次作 printed there,一次作 printed on them)。亨利·考狄埃修订的马可波罗书中亦有类似的记载(第 2 本 p. 236 作 One kind of writing;第一卷 p. 424 作 printed upon it)。亨利·玉尔《导言》仍将此二事作为漏载,可能因玉尔未见到此新版,更可能因限于其文化水平马可仅偶而提此二事,未作详细说明。读其书者因忽视之且责其不应漏记此关系中国文化特色的成就。考狄埃未修改玉尔的《导言》也与此有关。

马可波罗书中没有提到的中国事物还有很多，《马可波罗游记》的著名注释家、杰出的中西关系史学者、英国人亨利•玉尔早在 19 世纪就发现和指出了。但他并没有因此就否定马可波罗曾到过中国。他不只一次地说，不要抓住作者没有提及的事而大做文章。他引用德国著名科学家洪保德的话说，在西班牙巴塞罗纳的档案里没有哥伦布胜利进入该城的记载，在马可波罗的书里没有提及中国的长城，在葡萄牙的国家档案里没有阿美利加奉命航海的记载。难道我们能够因此就否定这些无可置疑的事实吗？

马可波罗书中有一件记事最难解释。他说他的父亲、叔父和他献了一种新武器（抛石机），帮助元朝攻陷南宋的襄阳城。这事在中国的《元史》和波斯的《史集》里都有记载，但献新武器者不是马可波罗一家，而是从波斯来的回回人亦思马因，因此称为"回回炮"。时间在 1273 年 1、2 月间（至元十年正月），那时马可波罗一家还在来华途中，他们大约是在 1275 年夏天才到达上都的。有的学者从时间上替他疏解，大多数学者认为是个错误，怀疑论者则抓住这点认为波罗未到过中国（或未到过中国南部）。我的看法是，马可波罗一家并未献过新炮法，这个故事是马可波罗听来的，而且是在他们访问襄阳时听来的。马可波罗把攻陷襄阳一事冒为己功是错误的，但由此倒可以证明，他们一家确实到过中国，而且到过中国的南方。

《马可波罗游记》是由同狱难友、比萨作家鲁思蒂谦诺记录的，这样就难免有些走样或误记。《泰晤士报》文章作者一方面说"马可波罗游记恐怕要大大归功于一位讲故事人鲁思蒂谦诺的生动想象力及其天赋"，紧接着又指责"书中很多地方枯燥无味、陈词滥调……把中国极为丰富多彩的景象变成灰茫茫的一片",这未免自相矛盾。事实上,过去认为马可波罗书中的幻想虚构、荒诞不经的记载,现在大都被证实了。

　　就我所知,国际上大多数学者(如前面所举出的)都承认马可波罗到过中国,也有的学者认为他只到过北京。例如,美国的海格尔在1979年发表的一篇题为《马可波罗到过中国吗?从内证中看到的问题》的文章认为,马可波罗只到过北京,他关于中国其他各地的记载,都是在北京听来的。海格尔的文章的论点虽然不全面、不准确,但却是经过认真的探索得来的,不失为一个郑重的、严肃的学者的态度。当然,学术问题不能用票数多少来解决,真理有时掌握在少数人手里,但是,我看到《泰晤士报》的这篇文章却不能使我心服。英国曾是较早把马可波罗的书译为本国文字的国家,亨利·玉尔对马可波罗书的翔实的注释,至今仍为治此学者珍视的学术著作。我希望英国的同道们继承本国学者的研究成果,把马可波罗学的研究进一步开展下去。

　　(原题为《马可波罗与中国》,刊于北京《环球》杂志1982年第10期;收入《元史三论》第127~134页,附克氏原文汉译稿)

附：马可波罗到过中国没有？

[英] 克雷格·克鲁纳斯

原编者按：许多人认为马可波罗是访问中国的第一个西方人。可是有些学者却怀疑这种说法。英国维多利亚和艾尔伯特博物馆远东部的克雷格·克鲁纳斯，仔细地考查了这个问题，发表他的看法如下。

耗资 2300 万美元，意大利—中国—美国已经合拍完毕的电视巨片《马可波罗》，有可能使波罗自己也感到意外。有些学者长期以来一直认为中世纪最出名的旅行家完全没有做过他自己说的那么回事。他可能根本就没有访问过中国。

就算波罗在 13 世纪后期果真到过中国，他也极少有可能如他自己所说的那样受到东亚伟大的统治者忽必烈皇帝的特殊宠爱。中国有那个时期完备的记载，详细地记述了到中国来为当时蒙古统治者服务的外国人。可是差不多经过了一百多年的搜索，也没有查到一件可供考证的关于马可波罗的材料。但是，他却说他自己是宫廷中的宠臣、皇帝的密友、一个省的地方官和一位主要人物。这在中国浩如烟海的历史书籍中，不大可能会没有记载的。

他们确实记载了从巴格达来的军事技师的姓名，这些人负责制造攻城的机械，后来在 1273 年攻陷了襄阳城。波罗自称正是这次指挥的胜利，使忽必烈注意到他。

马可波罗在他设想到过中国的二十多年以后，在热那亚当战俘的时候，才开始记下他那些旅行故事。他那时和比萨的一位知名的冒险故事作家罗斯蒂开洛关在一起。马可波罗游记恐怕要大大归功于一位讲故事人罗斯蒂开洛的生动想象力和其天赋。

这本书是历来没有被人读过的[①] 最著名作品之一，书中很多地方枯燥无味、陈词滥调，充满了可疑的统计资料。书中的描述往往把中国极为丰富多彩的景象变成灰茫茫的一片，关于蒙古皇帝——波罗宣称自己与他关系密切——的家谱，也说得混淆不清，很不准确。

中国两件最具特色的文化产物——茶和中国字，波罗从来没有提到过。印刷是当时欧洲还不知道的中国一大发明，也没有在书里谈到。一个在中国住了二十年的人难道真会没有注意到这个重大的技术突破吗？

今天，学者们为了研究语言学，大力利用其他早期到过东方的旅行家的叙述。可是《马可·波罗游记》在这方面一点用处也没有。他写的许多中国地名似乎用的波斯叫法。有可能波罗只到了

---

① "没有被人读过的"原文是 unread，义为无学识的，指其书虽名声很大但内容浅薄，不值一读。

中亚的伊斯兰教国家,在那里他和从中国回来的波斯商人或土耳其商人谈过话。在他的书里,当然有可以相信和有价值的材料,但是它们不一定是作者个人亲自目睹的材料。

慕尼黑大学的休伯特・弗兰克(福赫伯)教授提出,波罗可能看过"某种波斯的《导游手册》"①。有可能,有些现在已经失传的导游手册的内容,加上道听途说,便成了他游记的基础。

马可波罗的名声不公正地使其他到过东亚的欧洲旅行家黯然失色,其中包括传教士、罗马教皇的使者、工匠和商人,中国近年来发掘出来的基督徒墓碑,就是他们到过中国的明证。

《马可波罗游记》最早的原稿本,大约是用易懂的法文写的,而不是用深奥的拉丁文。这使游记易于广泛传播。马可波罗和罗斯蒂开洛合作的这场"克里空"② 应该说是历史上最成功的一次"克里空"了。

(载于 1982 年 4 月 14 日[英]《泰晤士报・中国增刊》,杨德译)

---

① 福赫伯教授已放弃此说,请看本书第九章。
② "克里空"原文是 Publicity Campain 本义为"宣传运(活)动",此处则与 ballyhoo 同义,指自我吹嘘,大吹大擂。克(或作客)里空是俄文 крикун 译音,原义为"爱叫喊的人",引申为"饶舌家"、"空谈家"。原苏联戏剧《前线》用为一捕风捉影、捏造事实的新闻记者的名字(《汉语外来词词典》,上海辞书出版社 1984 年版,第 189 页)。

［八］ 马可波罗的书是伪书吗？

继笔者批驳克鲁纳斯先生的论点以后，我国一位学者出来为克鲁纳斯鸣不平，对笔者的批驳提出商榷，认为克氏提出的问题"不无道理"和"有合理之处"；并对笔者的论文《关于马可波罗离华的一段汉文记载》（收入本书第二章）提出质疑。其人即王育民教授，其论文是《关于〈马可波罗游记〉的真伪问题》，刊于上海出版的《史林》1988 年第二期。为此，我不得不写出本篇作为答辩。首先是对怀疑论者的论点予以综合性的辩驳，其次是对王育民教授论文的答辩。

一

归纳怀疑论者的论据，不外下列几点：

一是，在浩如烟海的中国史籍中没有一件有关马可波罗的可供考证的材料。

二是，有些具有中国特色的事物在其书中未曾提到，如茶叶、汉字、印刷术等。

三是，书中有些记载夸大失实或错误，如冒充献炮攻襄阳、蒙古王室谱系等。

四是，从波斯文的《导游手册》抄来的。

这些事例，在马可波罗书中确实存在（除第四条外）。但是否就能以此断定，马可波罗的记载是不可靠的或马可波罗根本没有到过中国呢？ 显然不能。

在马可波罗前后到达蒙古的西方传教士、使臣、商人留有行纪的不下 10 人，但他们的名字和事迹却极少见于汉文记载。孟帖·科儿维诺（John of Monte Corvino）留居大都三十余年（1294～1328 年），据说曾劝说汪古部长阔里吉思皈依天主教，但在中国史籍上毫无记载。罗马教皇使者马黎诺里（John of Marignolli）于至正二年（1342 年）七月到达上都，向元顺帝献骏马。此事见于《元史》及元末文人文集中，称其马为"天马"，但都不提马黎诺里之名。和孟帖·科儿维诺同来的佩鲁贾人安德鲁（Andrew of Perugia）曾在泉州当主教，他的地位和名声都不如前者大，只是由于偶然的机会发现了他的墓碑，才证明他确实到过中国①。可见在汉文史籍中找不到名字或事迹并不是鉴定某一人物、著作真伪的唯一标准。何况在汉文的《永乐大典》中，笔者曾发现一段与马可波罗一家人离开中国有关的可供考证的资料②。怀疑论者是否

---

① Christopher Dawson，*The Mongol Mission*，1995，p. 223 ；道森：《出使蒙古记》，吕浦译，中国社会科学出版社 1983 年版，第 261 页。

② 《关于马可波罗离华的一段汉文记载》，《文史杂志》1941 年 1 卷 12 期。收入本书第二章。

看过那段资料,不得而知。不过,确有学者看过后仍持有不同看法,笔者在后面将对之作出答复。

马可波罗书中确有许多没有提到的中国事物,但是,这些事物在元代其他来华的西方人的记载中也同样未提到,为什么对他特别苛求?鲁布鲁克(William of Rubruk)曾提到契丹人(中国人)的书写方法,他还提到西藏人、唐兀人和畏吾儿人的书写方法[①],因为他是颇有学识的传教士,对各国文字有兴趣;马可波罗则是商人的儿子,文化水平有限,他的兴趣主要在工商业和各地奇风异俗方面,对文化事业则不予关注。

马可波罗的记载有些夸大失实和错误之处,我们不必替他辩护,而要分析其错误的原因。马可波罗把蒙古攻取襄阳归功于他们一家的献炮显然是错误的,这可能是在他身陷囹圄之中、百无聊赖之际一种自我解嘲、自我安慰的心态的表现,但蒙古用炮攻破襄阳的事实确实存在,马可波罗当然是在中国听到的,而且可能是在襄阳听到的,这就可以作为他们到过中国的证据。至于蒙古王室谱系的错误,主要在他叙述成吉思汗后、忽必烈汗前的几位皇帝的名字和次序上。这些皇帝都已死去,马可波罗只是传闻,因而发生错误是可以理解的。

关于抄袭波斯文《导游手册》一说,据笔者所知,可能来自三个方面。首先,1829年德国的徐尔曼(K. D. Hullmdnn)提出,马可波罗所记的关于蒙古帝国的情况是从曾到该国的商人们那里听

---

① *The Mongol Mission*,pp. 171～172,汉译本第 190 页。

来的，"印度、波斯、阿拉伯及埃塞俄比亚的消息则抄自阿拉伯著作"①；其次，1965 年德国的福赫伯说："波罗所记中国数章是取自他处，也许是波斯文资料（他用了一些波斯词汇）"②；最后，1982年英国的克鲁纳斯发挥福赫伯的话题说："慕尼黑大学的赫伯特·弗兰克（福赫伯）教授提出，波罗可能看过'某种波斯的《导游手册》'"。他接着说："有可能，有些现在已经失传的导游手册的内容，加上道听途说，便成了他游记的基础。"③ 可见，所谓波斯《导游手册》，是最后这位学者从前人的"推测"中加工而成的。可以断定，他们都没有亲眼见过什么《导游手册》。

即令真有《导游手册》④，科学的态度应该是，把马可波罗的记载和《导游手册》两相对照，作个鉴定，看看哪些地方是马可波罗抄袭的《导游手册》。遗憾的是，他们连一个实例也没有举出。不

① Henry Yule, *The Book of Ser Marco Polo*, 3rd Ed. 1929, "Introductory Notices", p. 116 note.

② Herbert Franke: *Sino-Western Contact Under the Mongol Empire*, p. 54. 福氏后已改变其看法，见本书第九章。由此可见，其论点在我国亦有影响。

③ 见本书第七章。

④ 1983 年第 5 期《世界之窗》有陈洪生译意大利《全境》周刊《马可波罗真的到过中国吗？》一文，该文提及克鲁纳斯的"发现"后说："马可波罗的游记参照了《米歇林指南》的波斯语或阿拉伯语版，那时，这种导游书在商人和旅游者中广为流传，主要介绍各城市的距离和当地的概况。"按，马可波罗可能懂些波斯或阿拉伯语词，或能听懂其语言，但能否通读其文字，实是疑问。即令有《米歇林指南》一书，也应对照《游记》和《指南》后，方可断定其抄袭与否。

能不给人以武断之感。

马可波罗书中记载了大量的有关中国的政治、经济、社会情况，人物活动和风土人情，其中大部分都可在中国文献中得到证实，随着研究的深入，还可以继续得到证实①。其中不免有夸大失实或错误等缺陷，但总体上可以说是"基本属实"，为什么单抓住他没有提及的事或个别错误记载而全盘否定其真实性呢？

据笔者推测，一方面，马可波罗的某些记事确有错误、不清楚和疏失的地方，另一方面则是，怀疑论者并没有认真仔细地对这些缺陷加以分析研究，找出其缺陷的原因，或根据可靠的资料证明其并非缺陷，而是以偏概全，夸大这些缺陷，进而怀疑其全部记载的真实性，抹煞马可波罗书的价值和贡献。

---

① 例如：1. 马可书中讲到肃州（succiu 今甘肃酒泉）有一种毒草，马吃后即脱蹄。经近人研究，这是硒（selenium）中毒现象，并认为，马可波罗是第一个记载这种病症的人。见 E. F. F. Painter，*The Chemistry and Toxicity of Selenium Compounds，with Special Reference to the Selenium Problem*，*Chemical Review* 28，179～313，1941. Schroeder HA，"*Essential trace metal in man：Selenium*"，*Journal of chronic Disease* 23，227，1970. 此承杨光圻教授提供资料。杨教授并发现湖北恩施地区至今仍有此现象，曾著中、英文说明此事。2. 伯希和的 *Notes on Marco Polo* 对马可书中的人名、地名及其他问题的考释，其贡献已为学术界公认。3. 陈得芝教授《马可波罗在中国的旅程及其年代》（《元史及北方民族史研究集刊》第 10 期，1986 年）解决了许多旅行路线、地名考证及年代问题并附图说明，极有价值。

二

对怀疑论者提出的论点,笔者已给以具体的辩解[①],下面,再就王育民教授的论文《关于〈马可・波罗游记〉的真伪问题》所提出的商榷意见予以答复。

首先,王先生针对笔者的论文《关于马可波罗离华的一段汉文记载》提出质疑。笔者在该文中,介绍了《永乐大典・站赤》中的一段记载,要点是:至元二十七年(1290 年),元世祖派遣兀鲁䚟、阿必失呵、火者三人取海道往伊利汗国主阿鲁浑大王处。因为这段记事和马可波罗书中所记他们由于伴随三位波斯使臣 Oulatai、Apusca、Coja 到 Argon(即阿鲁浑)处去才得以离开中国的情况完全相同,笔者即据此认为这足以证明马可波罗确实到过中国,其离去时间为 1291 年初。此说已为中外学者所承认[②],但上述几位外国学者对此未置一词,也许是未看到吧。王先生是第一个对此文提出不同意见的人,他的意见归纳如下:

1.《站赤》所记兀鲁䚟等三使者为大汗所遣,而《行纪》(指冯

---

① 参见《马可波罗足迹遍中国》,收入本书第六章。

② 向达:《马可波罗与马可波罗游记》,《旅行家》1956 年第 4 期,收入《马可波罗介绍与研究》,书目文献出版社 1983 年版;F. W. Cleaves, *A Chinese Source Bearing on Marco Polo's Departure from China and a Persian Source on His Arrival in Persia*, *Harvard Journal of Asiatic Studies*, Vol. 36, 1976. 本书中第四章有摘要介绍。

承钧译本)则谓为阿鲁浑大王所遣,两书所述迥异,如何解释?

2.《史集》(波斯史家拉施特著,记有合赞汗与蒙古公主阔阔真成婚事——引者)中对为护送阔阔真公主到波斯而卓著勋劳的马可一家只字不提,有悖常理。

3.忽必烈大汗为阿鲁浑大王选妃,是"一件朝野尽知的盛事,马可波罗无论在中国或波斯,都可能由传闻而得悉,也可能作为这次船队的一员乘客而取得同行的机遇"。因此,《站赤》所记"除证实《行纪》所述阔阔真公主下嫁伊利汗君主一事确实存在外,并不能确切表明马可一家与此事有任何直接联系。杨文由此断言:'只能证明马可波罗的记载是真实的',其论据是不够充分的"。

王先生的第一个问题很容易解答。三位使者本系阿鲁浑所遣,既已在中国完成任务要回国,当然要得到忽必烈大汗的旨意才能回去。这有什么难解呢?而且,不管是谁所遣,并不影响这段史料的价值和马可一家参与此事的真实性。

《史集》中为什么不提马可波罗的名字?要知道《史集》是记大事的,合赞娶个蒙古公主算不得军国大事,能在合赞的活动进程中提及此事并提及使臣火者的名字,这已经很难得了,一定要求提出马可波罗的名字,这和要求《站赤》那一段也要提及马可波罗的名字一样,是很不现实的苛求,这无异要求《史集》把马可波罗所记一切与他们此行的细节都照抄不误,那当然是办不到的。

至于王先生认为元廷遣使护送阔阔真公主至伊利汗是"一件朝野尽知的盛事",不知有何史料根据。《元史·世祖纪》至元二十七年八月纪事中对遣使事一字未提,元史《本纪》本于元朝修的《实录》,可见《实录》并未把它作为重大事件记录在案(也可能《实

录》有此纪事而修《元史》者删去）；《站赤》所以记录此事，因为事
关政府人员旅途口粮分配问题，须向中央请示，这是该书应记的
例行公事，但其中并未提及阔阔真公主出嫁情节，马可波罗一家
若不亲自参与此行，如何能说得如此细致？ 特别是，《站赤》和《史
集》有关此事记载，都模糊不清，只有借助《行纪》的中介，人们才
能了解此事原委。例如，所派三使臣到波斯后，只有火者一人生
还，唯有《行纪》有此记载，《史集》的两种版本刊者都不把 Khwaja
（火者）作为人名，俄文译本竟把此名译为"官员"[①]，因为"火者"
兼有作专名和通名两个涵义，没有《行纪》，这个错误就不易纠正。
这当然不是道听途说者所能得悉的，也不是在中国或波斯所能听
到的，而《站赤》这段材料恰好为马可离华情景作出明确的证据。
王文认为它还不能充分证明马可波罗的记载是真实的，不知还要
举出什么样的论据才算充分。

　　其次，王先生除了重复克鲁纳斯关于马可波罗不提中国的茶
和印刷术值得怀疑外，又加上一条：他引证冯承钧译《马可波罗行
纪》下册第 657 页记事说，在苏门答腊曾因天气欠佳，"不见有北
极星及金牛宫星"，稽留达五个月之久。他说："元代指南针已普遍
应用于航海"，而这里仍"全赖天文导航而不言及罗盘，同样是使
人难以理解的"。这一点其他怀疑论者均未指出。

　　王先生不同意笔者"当时蒙古人不大喝茶"，马可波罗接触的
多半是蒙古人和西域人，因而不提中国人的饮茶习惯的说法，他
举出唐宋时期回鹘及北方各族"以马易茶"的事例和明代人邱濬

[①]　见前引 Cleaves 文，p. 198.

《大学衍义补》"西北之人嗜茶"的记载,认为蒙古人"不可一日无茶",证据似很充分。可惜他举的是唐宋和明代的记载,对元代蒙古人的情况则未涉及。蒙古时期访问蒙古朝野的西方传教士和使臣,在谈到蒙古人的饮食习惯时,都未提到喝茶。南宋出使蒙古的赵珙所著《蒙鞑备录》,徐霆、彭大雅所著《黑鞑事略》,也称鞑人"只是饮马乳以塞饥渴","其饮马乳",和马可波罗所说蒙古人"只饮马乳"竟完全一致。元世祖统一中国后,入居内地的蒙古人可能有所改变,但饮茶之风恐不普遍①。

　　西方马可波罗学者早就注意到这个问题并作出说明。玉尔认为,马可书中未提茶、印刷术和中国的书法,因为他在中国结识的主要是外国人②。意大利学者奥勒斯吉(L. Olschki)除了同意马可波罗很少与中国人接触外,还指出,马可波罗对他本国人所不明白和赏识的东西就不愿谈,如马可谈到建都(Gaindu,今四川西昌地区)物产时说:"那里有些香料,我们不认识,也从未到过我国,因而勿需提及。"奥勒斯吉认为,这可以解释马可未提茶的原因③。关于未提印刷术,玉尔认为,马可虽未提及此事,但他关于纸币的叙述足以对不提印刷术一事提出挑战④。这些解释,可供参考。

　　至于王先生所举马可波罗在苏门答腊用天文导航而未提指

---

① 参看《历史研究》1993 年第 1 期黄时鉴《关于茶在北亚和西域的早期传播》,该文补充了笔者的看法。

② 见前引 Henry Yule 文,p. 111.

③ Leonardo Olschki,*Marco Polo's Asia*,英译本 1960 年,p. 130.

④ 见前引 Henry Yule 文,p. 111.

南针事,笔者认为,这是误解。按所引原译文是:"马可波罗阁下曾
因风浪不能前行,留居此国五月。在此亦不见有北极星及金牛宫
星"。这里只是说,在靠近赤道的苏门答腊见不到北极星和金牛宫
星,与上句因风浪滞留是两回事,更谈不到靠天文导航。在天气极
坏、风浪滔天的情况下,即令有罗盘也不能航行。

最后,王先生针对笔者《马可波罗足迹遍中国》一文,不同意
马可波罗曾到过中国南方,赞同海格尔先生马可波罗只到过中国
北方的论点。

马可波罗曾提到江苏镇江的基督教堂和其修建者马薛里吉
思,还提到瓜洲江中的金山寺,笔者据此作为马可曾到过中国南
方的证明。王先生都不承认。他说,马薛里吉思作为镇江路的副达
鲁花赤,受到殊荣和重任,"必在来华的基督教徒中享有盛誉,马
可波罗自不必亲历其境才可能知道。至于金山寺这一著名的佛教
名刹,是当时名闻遐迩的胜地,又为什么不能为波斯(导游手册)
之类的书所记录呢?"他认为,笔者的推论"似不免出于武断"。

按,马薛里吉思《元史》无传,其事迹仅见于《至顺镇江志》,他
在镇江基督教徒中可能有点名声,但马可波罗若不到镇江,能否
知道他的事迹就很难说。马可波罗说他于1278年(元世祖至元十
五年)到镇江任职,这和《至顺镇江志》卷一五《刺守》门所记完全
相同,而且马可波罗书的各种版本对这一年代全无异说,很值得
注意。若非亲临其地,年代如何能如此巧合?至于《导游手册》,前
文已有评说,王先生当然也没有见到那份手册。到底是谁武断
呢?

笔者曾对马可波罗一家献炮攻襄阳一事作出说明,认为这虽

然是无中生有,冒为己功,但可以证明他们是在中国而且是在襄
阳听说的,因为只有到那里才会印象深刻。王先生认为这一说法
在逻辑上扞格难通,并把这一记事作为"解开《行纪》真伪之谜的
一个重要契机"。似乎抓住这一点就把《行纪》其他记事一概斥为
虚构,这未免以小眚掩大德了。笔者的推测为什么在逻辑上难通,
笔者也很难理解。

　　马可波罗在福州遇到一种信奉秘密宗教的人,认为他们是基
督教徒,笔者根据伯希和的考证,认为他们是摩尼教徒。王先生认
为虔诚的马可波罗不可能误认摩尼教为基督教,指责笔者据此作
为马可波罗在福州亲自调查所得为"非确论"。其实,笔者引用此
事,意在说明马可波罗确实到过中国的南方福州。至于他们遇到
的是什么教徒,还可以研究。何况马可波罗不是宗教家,对摩尼教
义也不会有多少知识。

　　马可波罗所记发生在至元十九年(1282 年)的阿合马被杀事
件,生动翔实,因为据他自己说,他当时正在大都。王先生却认为,
这也不能"绝对肯定"。理由是,此事当时已轰动中外,而处理这一
事件的枢密 副使孛罗于次年出使并留居波斯,即把此事传到波
斯。以后拉施特修纂《史集》,即大量利用孛罗口述资料。因此,"精
通(?)波斯文的马可波罗,即使当时不在大都,也有可能了解到阿
合马事件的真相的"。

　　按,《史集》成书于 1311 年,马可波罗口述其经历时为 1298
年,不可能看到《史集》。何况《史集》流传极少,也不是供一般人看
的书。更重要的是,《史集》所记情节,与马可所记并不尽相同。如
《史集》未说明刺杀阿合马的人名,而马可则称其人名千户

（Cenchu）即千户王著①。这比《史集》所记更精确，可见其与《史集》无关，而是亲自在大都得悉的。

　　看起来，王先生的某些看法比西方的怀疑论者还进一步。但是，当我们对这些看法进行认真的商讨以后，也许会使双方的意见更为接近。王先生在文章的结尾对笔者的一些论断表示赞同，对克鲁纳斯先生全盘否定《行纪》的真实性认为是不够全面与慎重，同时也不赞成对持有怀疑与不同的意见采取轻率否定的态度，这都是很中肯的。他对马可波罗书的评价是"瑕不掩瑜"。肯定了《行纪》对中世纪亚洲的地理、民族、风俗、物产、政治、经济、文化和宗教等方面提供了不少可贵的资料及其对发展中西交通的深远影响，称赞马可波罗是意大利人民的友好使者。在这里，我们找到了共同点。

　　（原名《再论马可波罗书的真伪问题》，刊于《历史研究》1994年第 2 期；收入《中西文化交流先驱——马可波罗》，商务印书馆1995 年版）

---

① 　参看 A. C. Moule, *The Murder of Acmat Bailo*, Jncbras, 1927. P. Pelliot, *Notes on Marco Polo*, pp. ll. "Acmat"; 236, "Cenchu" 870, "Vanchu"。邵循正：《语言与历史——附论马可波罗游记的史料价值》，《元史论丛》第 1 辑第 217 页，收入《马可波罗介绍与研究》。

［九］ 马可波罗到过中国

——对《马可波罗到过中国吗?》一书的回答

继克鲁纳斯等人之后,又有一部堪称怀疑和否定马可波罗到过中国的大轴之作问世。

英国不列颠图书馆中国部主任弗兰西丝·伍德博士(汉名吴芳思)1995 年所著《马可波罗到过中国吗?》一书的出版,引起了国内外有关学者的关注和议论。此前,怀疑和否定马可波罗到过中国的学者也有几位,但只是写些短文或附带提及。这次她却是以 182 页专著的形式进行论证,所引论著 97 种,包括我国学者余士雄主编的《马可波罗介绍与研究》中的论文。除《导言》和《结语》外,还用了 15 章阐发她的宏论,集此前怀疑和否定论者之大成①。这部著作值得我们认真研究和评论。限于篇幅,暂将某些要点提出来与之商榷。

---

① Frances Wood,*Did Marco Polo go to China?* London,1995.

一 旧话重提

在《导言》中,伍德博士说,她是从克雷格·克鲁纳斯那里得知德国著名蒙古学者傅海波(Herbert Franke,一译福赫伯)有一篇怀疑马可波罗到过中国的文章[①]。傅氏认为,波罗一家是否到过中国,还是个没有解决的问题。他举出波罗书中一些可疑之点,如在扬州做官、献投石机攻陷襄阳等虚夸之辞以及书中未提中国的茶叶和汉字书法等问题。他说:"这些事例使人们对波罗一家长期住在中国一说发生怀疑。"伍德博士引用后说,这些论点是卓越的德国蒙古学者对马可波罗声誉地位的非常严厉的挑战,是对一个长期历史疑案的最近、最完备的审查结果,因而不可轻视。她对一般人还不知道这一学术成果表示惋惜。

但是,伍德博士对傅氏的下一段话似乎未多加重视。傅氏在

[①] 傅文题为 *Sino-Western Contacts under the Mongol Empire*(《蒙古帝国时期的中西交往》),刊于 *Journal of the Royal Asiatic Society,Hong Kong Branch*, 6. 1966. Hong Kong, pp. 49～72. 其中指摘马可波罗的文字不过一页。克雷格·克鲁纳斯(Craig Clunas)在英国泰晤士报(*The Times*)1982 年 4 月 14 日《中国增刊》(*China Supplement*)上发表 *The explorer's tracks*(《探险者的足迹》),文中引用了傅海波教授的文章,认为马可波罗曾看过某种波斯的《导游手册》。1982 年 7 月号《编译参考》有杨德译文,改题为《马可波罗到过中国没有?》。笔者在 1982 年第 10 期《环球》发表《马可波罗与中国》一文,对克氏文提出质疑(《元史三论》,人民出版社 1985 年版 ,第 127～132 页;《马可波罗介绍与研究》,书目文献出版社 1983 年版,第 52～58 页)。收入本书第七章。

举出前面疑点后接着说:"但是,不管怎样,在没有举出确凿证据证明波罗的书(只)是一部世界地理志,其中有关中国的几章是取自其他的、也许是波斯的资料(他用了一些波斯词汇)以前,我们只应作善意解释,姑且认为,假定他还是到过中国。"虽然怀疑,但还强调要有确凿的证据,在没有确证以前,只能是怀疑而已。傅氏是审慎严肃的学者,立论掌握分寸,留有余地。克鲁纳斯和伍德博士则进了一步,全盘否定了马可波罗到过中国,而且把"波斯资料"变成"波斯文导游手册"。他们是否掌握了确实的证据呢?傅氏的看法有无改变呢?

澳大利亚教授罗依果博士的名著《马可波罗到过中国》论文中,全文引用傅海波教授怀疑马可波罗的部分。对傅氏"我们应对其可疑之处作善意解释,姑且认为(假定)他还是到过中国"这句话用斜体英文排出,作为着重点。罗氏接着说,傅氏该文首刊于1965年,此后几年的论著,已承认马可波罗真到过中国,称赞其书中记述中国事物之详细而精确。还说,赖有马可波罗,"欧洲才第一次获得有关远东地区的可靠信息"。罗氏说,因此,马可书中虽有显眼的漏写、误记或显然不实的自夸之词而屡遭驳斥,傅氏并不认为这足以有力地贬低马可波罗书的可信性①。傅氏于1998年7月29日致函罗氏,对罗氏指责伍德错误引用他1965年论文中一时的说法表示欣慰,并说:"我想,你已确切地把伍德的学说

---

① 罗依果(Dr. Igor Rachewiltz)*Marco Polo went to China*,刊于德国波恩大学《中亚研究》(*Zentralasiatische Studien*)1997年第27期pp. 34~92。本文所引为p. 36正文及注③。傅海波的信是罗依果教授于论文发表后的补充附页。

送入坟墓了。"可见,伍德博士和克鲁纳斯先生把傅氏一时的论点作为否定马可波罗书真实性的重要依据是徒劳的。

应当指出,傅海波教授指出的疑问,前人早已提出。早在上世纪 90 年代,英国的马可波罗研究专家亨利·玉尔在其《马可波罗游记·导言》中即指出马可书中有关中国的记载有多处遗漏:(1)万里长城,(2)茶叶,(3)妇女缠足,(4)用鸬鹚捕鱼,(5)人工孵卵,(6)印刷书籍,(7)中国文字,(8)其他奇技巧术、怪异风俗,不下数十;还有许多不确之处:(1)地方名多用鞑靼语或波斯语,(2)记成吉思汗死事及其子孙世系关系多误,(3)攻陷襄阳城一节,玉尔称最难解释。可见玉尔所言马可书中的缺陷和失误,较之傅氏所举更为完备,只不过玉尔未曾怀疑其抄自波斯资料而已。

玉尔对马可这些缺失也作了些解释。关于长城,他在正文中说,波罗虽未提长城,但在其书某一章中(指第 1 卷第 59 章)显示,其心目中必有长城。在此文注中又说,不应因作者未提及的事而过多推测。他引用德国著名科学家洪保德(Humboldt)的话说,在西班牙巴塞罗纳市的档案里没有哥伦布胜利进入该城的记载,在马可波罗书中没有提及中国的长城,在葡萄牙的档案里没有阿美利加奉皇命航行海外的记载,而这三者都是无可否认的事实[①]。如果

---

① Henry Yule, *The Book of Ser Marco Polo (Travels of Marco Polo)*,初版于 1870 年,再版于 1874 年,三版经法国学者亨利·考狄埃(Henri Cordier)修订补证于 1902 年,其修补处俱附有考狄埃缩写签名。本文引用者为 1929 年重印的第三版,上册 Introduction, pp. 110～112,并参考张星烺汉译:《马可孛罗游记导言》,第 239～244 页。

只以一部游记没有记载它可以记载的某些事实而否定其真实性为标准,那就几乎可以否定任何一部游记;反之,如果以《马可波罗游记》中所特有而其他游记则无的记载为准则,是否可以否定其他游记的真实性呢?当然不能。那是对作者的一种苛求,怀疑论者却偏偏以此来苛求马可波罗,这很难令人信服。伍德博士信服傅海波教授的简短的论断,对著名东方学家伯希和(Pelliot)为《游记》作的宏篇注释并体谅马可波罗书中的疏失则不以为然(伍书 P. 64,后凡引此书者只注页码),只好说是各有偏爱,不能强求了。

二　否认确据

伍德博士笃信傅海波教授,但对傅教授要有"确凿证据"的见解却未加重视,甚至对确实证据也认为是道听途说,得自传闻。兹举二例:

1. 马可书中说,波罗一家得以离开中国的机遇,是由于伴随三位波斯使臣 Oulatay、Apusca、Coja 护送一位蒙古姑娘(原文为 lady)Cocachin(阔阔真)从海道航往波斯。这三位使臣的汉文译名在《永乐大典》卷一九四一八"勘"字韵所引元代的《经世大典·站赤》中有记载,他们叫:兀鲁䚟、阿必失呵、火者,他们是奉旨"取道马八儿(马可书中的 Maabar)往阿鲁浑(马可书中的 Argon)大王位下"的。这和马可书中所记完全一致。笔者据此写过一篇《关于马可波罗离华的一段汉文记载》,证实波罗一家确实到过中国,并订正了他们离开中国的时间为 1291 年初,而非一般认为的

1292 年。此文得到中外学者的认可,美国哈佛大学教授柯立夫并著文申述鄙说①。这两文伍德博士都看过了,但她却不以为然,认为这一故事可能是从其他资料借来的,因为在汉文里或拉施特(Rashid)的《史集》里都没有提到有欧洲人或意大利人伴随那位姑娘(P.32)。柯立夫教授曾指出,该段公文不仅未提马可之名,连蒙古姑娘之名也没有提。伍德博士反驳说,即令承认确有蒙古姑娘之行,也只能说明这又是马可波罗重述的一个尽人皆知的故事,像他重述的远征日本和王著叛乱事件一样(P.137)。

　　蒙古姑娘出嫁是否尽人皆知?《元史》、元人文集及其他元代文献都无记载。须知,这个姑娘并不是什么皇室之女,只是蒙古伯岳(牙)吾部一贵族之女,不值得大书特书。更重要的是,《经世大典》这段公文是地方官向中央请示出使人员口粮分配问题,那三位使者是主要负责人,非提不可,阔阔真姑娘虽然显贵,但与配给口粮无关,无需提及。至于波罗一家,更不在话下。但若无马可书的记载,我们将无从得知这三位使臣出使的缘由了。拉施特《史集》中简要地记载阿鲁浑汗之子合赞迎娶阔阔真之事,说"遇到了火者[俄译讹作"官员",波斯原文为 XWA JH]及一群使者"②,这证实了马可所说三位使臣中只有火者还活着的话。总之,从《游

---

① Francis Woodman Cleaves：*"A Cinese Source Bearing on Marco Polo's Departure from China and a Persian Source on His Arrival in Persia"*，*Harvard Journal of Asiatic Studies*. V. 36，pp. 181～203(Cambridge，Mass，1976).

② 见拉施特:《史集》第三卷,余大钧据俄文译汉译本,商务印书馆1986 年版,第 261～262 页。

记》的记载中,我们才能对《永乐大典》那段公文和《史集》中的有关记载有个清楚的了解。过去也有不少人看过《站赤》这一段公文,可能由于未和《游记》的记载联系起来,因而未能充分利用这一重要资料。正是由于这一资料,才能从汉文记载中证实马可波罗确实到过中国。伍德博士认为马可所说借自其他资料,但未指出何种资料。实际上,正是由于马可书中的这一段记载,才使《站赤》和《史集》的看来毫不相干的两处资料结合起来,得到圆满完整的解释。

2. 王著叛乱事件,《元史》、元人文集、拉施特《史集》以及马可波罗书中都有记载,是一桩轰动朝野、尽人皆知的大事。马可波罗说,事件发生时,他正在当地。这应当是真的,因此事发生于元世祖至元十九年三月十七日丁丑(1282 年 4 月 16 日)夜间,正是波罗一家在中国之时。他虽未参与此事,但当时在大都,会听人(西域人或蒙古人)向他转说。伍德博士认为马可记此事有误,系取自阿拉伯或波斯资料,而非其本人所见(pp.146~147)。我们承认马可未在出事现场,但事后听人转说则不可否认;他的记载虽不及《元史》翔实,但比之《史集》所载并不逊色且有其独到之处。

马可说,发动此次叛乱的主角名 Cenchu(或作 Chenchu、Chencu、Tchentchou),是个管领一千人的军官,其母、女、妻并为阿合马所污,愤而欲杀之,遂与另一名 Vanchu(或作 Vancu,Wang-tchou)者同谋,其人是一管领万人的军官,二人设计,纠合同党,于夜间杀死阿合马。过去中外学者多以 Vanchu 为《元史》之王著,但马可明言此人为管领万人的军官即"万户"官;而 Cenchu 则为一千户官,汉文译者或称其为陈著(冯承钧),或称其为张库(张星烺),或称张易(李季),或称陈国(魏易)。但陈著、张库、陈国《元史》皆无其人,只译音近似。张易虽有其人,但未直接参与其事,译音亦不合。Vanchu 译音虽与"王著"最近,但非主谋,只是"从犯"。这使马可书注释者感到难解。其实,早在 1927 年,英国学者穆尔(A. C. Moule,或译牟里、慕阿德)即指出,Cenchu 是千户译音,即指王著,Vanchu 是万户译音,即指其同谋者高和尚。这就和《元史》记载基本一致①。《元史・阿合马传》说王著"以所袖铜锤碎其(阿合马)脑,立毙",马可说 Cenchu(千户,即王著)用刀砍下阿合马的头,虽所用武器不同,但效果则一,这就够了,足以说明马可当时是在大都听人说的。伍德博士虽然知道穆尔和伯希和对 Cenchu 和 Vanchu 身份的确证(Identity),但并不重视,仍然认为王著(她写为 Wang Zhu,并附括号 Vanchu!)之名有些神秘,马可此处所述人名、事迹混乱不堪,与《史集》所述同样混乱。又说,穆尔把 Vanchu 作为万户,但 Wang Zhu(王著)据中文记载是千户而不是万户,仍然是混乱不清的。可见,她仍和汉译者一样,认定 Vanchu 即王著(Wang Zhu)的译音,这当然纠缠不清了(p.58)。她的结论是,马可所述取自阿拉伯或波斯资料,又一次引用傅海波教授的依靠波斯或阿拉伯旅行指南说(p. 146~147)。到底是谁纠缠不清、自造混乱,读者自会公断。

---

① A. C. Moule,*The Murder of Acmat Bailo*,原刊于英国亚洲皇家学会华北分会 1927 年上海版,收入其 *Quinsai with other Notes on Marco Polo*,1957 年剑桥大学版,pp. 79~88。伯希和:*Notes on Marco Polo* pp. 10~11 Acmat 条,p. 236 Cenchu 条,p. 870 Vanchu 条。

至于《史集》记载此事,倒有些不太清楚。它把发动事变的主谋称为高平章(Gau Finjan),说高是阿合马的同事,对阿合马很嫉视。他和一个装死又复活的汉人同谋,杀死了阿合马①。显然,这是把高和尚一人混作二人,而对王著则一字不提,远不如马可波罗的记载。这更可以证明,马可波罗是在事发后不久在当地听人说的。

以上二例,是马可波罗亲身经历和亲耳听说的,足以证明马可波罗确实到过中国。至于他书中记的所见所闻、为其他与之同时或先后的西方人所未记载的,也为数不少,不胜枚举,可以写成书或若干篇论文,已经有人做过了②。但在怀疑或否定论者的眼

---

① J. A. G. Boyle,*The Successors of Genghis Khan*,pp. 291～292. 周良霄汉译本:《成吉思汗的继承者》,天津古籍出版社 1992 年版,pp. 354～356。《史集》第 2 卷,余大钧、周建奇译,商务印书馆 1985 年版,第 344～345 页。据蔡美彪先生《拉施特〈史集〉所记阿合马案释疑》(《历史研究》1999 年第 3 期第 62～70 页)考证指出:《史集》的高平章实为赵平章,即赵璧,与装死复活的高和尚是两个人,《史集》不误;但赵璧死于至元十三年(1276 年)七月,在阿合马案件之前约 6 年,《史集》误。此文精核细致,附此以纠笔者之失。至 Vanchu 之为张易,见本书第一章第二节第 18 页注①所引蔡文。

② 据个人所见,专著有 Leonardo Olschki,*Marco Polo's Asia*(英译本),Berkeley 1960 年版,此书共 460 页。中文著作有张星烺著:《马哥孛罗》,商务印书馆 1934 年版,共 81 页;余士雄著:《中世纪大旅行家马可波罗》,中国旅游出版社 1988 年版,共 171 页。其他小册子不计。论文有余士雄主编:《马可波罗介绍与研究》,书目文献出版社 1983 年版,选收较有价值的论文 37 篇(内有译文 3 篇),全书446 页。《中西文化交流先驱——马可·波罗》,商务印书馆 1995 年版,共 379 页。此书后的新论文未计在内。

光里,这些都不值一顾;或就马可所遗漏的事物加以指责,或把马可明确记载的事件指为抄自他书或旅行指南而又举不出任何一部书或指南来。倒是傅海波教授说得好,在没有举出确证以前,还应认为马可波罗到过中国。

三　版本问题

为了否定马可波罗书的真实性,伍德博士在该书的版本上也有一些说法。

马可书的版本或译本确实很多。据穆尔与伯希和的统计,截止在 20 世纪初已有抄写稿本及印刷本 143 种,其中计有 7 种独立的或有联系的版本。伍德博士说,这些本子所用语言或方言不同,出现时代从 1351 年到 19 世纪,而原始的稿本即马可波罗和他的笔录者鲁思蒂谦诺(Rusticiano 或 Rusticello)签名的那本早已失传,其中既有抄录者的错误,又有辗转抄写者的以讹传讹,使之愈加混乱;而从一种语言译成另一语言及一些稀奇的域外名称,随着时间的流逝,距当初的事件及原稿年代的悠远,更使现存的 143 种或 150 种版本内容极不一致(p. 43)①。她引用了两位学者对多种版本做的电脑分析结果:一位学者就语汇的极端分歧,认为可能还有另一位代笔人(指如鲁思蒂谦诺——引者)(p.47);另一位学者则认为有一串人根据其惯用的语词参与工作

---

① 按,据穆、伯统计,其 7 种乃指 143 种的分类而言,非另有 7 种版本。

153

(p.50)①。伍德博士说,由于马可书原稿早已遗失,这些被分析的
版本都非原著,其分析结论还难以绝对证实,但随着时间的推移
与人们对中世纪东方认识的迅速扩展,我们只能得出这一结论,
即现在残存的版本中,有许多人在原版的基础上增添了不少篡改
的东西(pp.47～48)。

　　应当承认,伍德博士这些说法有些是可以接受的。穆尔、伯希
和在为《马可波罗寰宇记》写的《绪言》中也有类似说法。他们指
出,马可书的真版(原版)是个奇异复杂的问题。此书可能流行一
时,颇有声誉,但这一声誉不仅未使它得到珍藏保护,反而毁坏了
它,以致没有一本遗存的稿本称得上是完整的或正确的。不仅如
此,经过检查的稿本中,都有一些错误和遗漏,似乎这些稿本都来
源于一个稿本,但非原稿,而是一个早已残坏的稿本。我们甚至不
得不承认,即令原稿完整,也可能有(实际上也有)一些严重的未
经改正的笔误,它是用粗陋的、夹杂着不少意大利文的法文写的,
连当时译者也有些困惑难解。因而每个抄写者由于受其个人观点
和切身利益或意图的影响,从一开始就自以为是,对该稿加以省
略、摘录、意译,造成不少错误和错译。结果是,在我们检查过的近

---

　　①　伍德书第 7 章 p. 50 注④,引 M. G. Capuzzo,"*La Lingua del Di-
visament dou Monde di Marco Polo*. 1,Morfologia Verbale",*Bib-
lioteca degli Studii Mediolatini e Volgari* (new ser.) V, (Pisa,
1980),p. 33(卡普佐:《马可波罗寰宇记的语言:动词语法》,载《中
古拉丁语与俗语研究集》[新系列]);Critchley,*marco Polo's Book*,
p. 12 et seq。

120 部稿本中,没有两部是相同的,这并非夸大其词①。

　　双方在认为原稿已佚、现稿有误这一点上,意见是一致的。但着重点不同：前者强调的是,现存稿本是后人增添的；后者则认为,现存稿本有许多遗漏和错误。前者的目的在于否定马可书的真实性；后者的目的在于填补该书的缺遗和订正其错误。因而,前者写了一本否定马可波罗到过中国的书；后者则综合各种版本,出了一部百衲本式的《马可波罗寰宇记》,并写了一部极有功力的《马可波罗注》。孰是孰非,应由事实来说话。

　　阿合马被杀事件,仅见于拉木学(G.B.Ramusio 1485～1557年,也译赖麦锡)意大利文译本。如前所述,此本最接近历史真相,伍德博士却对拉木学本横加指责。意大利马可波罗研究专家拜内戴托教授(L.F.Benedetto)仔细分析了拉木学版本,他认为该版是在意大利历史学家皮皮诺(Fr.F.Pipino,一译劈劈奴)的拉丁文译本基础上并增以其他稿本的重要记载而成②；穆尔、伯希和引用拉木学的原话说,他从友人处借到一本古老的拉丁文稿本,与其他稿本比较后,认为可能是从马可波罗的原稿中抄来的。他

---

① *Marco Polo, The Description of the World*, The Introduction, p. 40.
② *Marco Polo, The Description of the World*, The Introduction, pp. 44～45. 亨利·玉尔说,皮皮诺为意大利波罗那市人,天主教多明我(Dominican)派修道士,曾著法兰西史,拉木学称皮氏拉丁文译本在 1320 年写成,又有人称其译本曾经马可波罗本人审订,但玉尔未予肯定。见其英译本《马可波罗游记》导言 p.95,张星烺：《马哥孛罗游记导言》第 207～208 页。

155

以此为底本并参照其他稿本编成一书。穆、伯二氏对此版本极为
重视,指出阿合马被刺事件为本版独有,至关重要①。伍德博士则
认为,拉木学本与皮皮诺本很不相同,他增加了许多生动夸张的
故事,所述波罗一家返回威尼斯事,犹如阿拉伯的《天方夜谭》;他
增加了许多不见于现存版本中的章节,虽然有趣却令人困惑,而
且都不像出自马可波罗或鲁思蒂谦诺之手。她说,拉木学可能认
为这样做会帮助其主角使其书更为丰满和有趣(pp.45～46)。

　　但是,对于仅见于拉木学本的阿合马被杀事件,她却未能指
出是拉木学个人增添的,只是说,这是重述尽人皆知的故事(p.
137);或说,马可记此事件之不清是由于他未见此事,是依靠阿拉
伯或波斯史料(p.146);或说,这些二手资料也许不是马可本人之
误而是别人所为(p.147)。总之,没有明确点出拉木学之名。如前
所述,马可记此事之明确仅次于汉文记载,若非其本人在大都,是
不可能得到这一消息的。

　　当然,马可的书经过后人辗转抄写,笔误、遗漏、增添等情况

---

① *Marco Polo*, *The Description of the World*, The Introduction, p.
40.

也可能有①,但总是少数,不会影响本书的主体结构和内容,更不会抹煞本书的真实性。伍德博士和其他怀疑论者,也没有举出任何确切的资料证明此书是抄自阿拉伯、波斯的书或导游手册,只是做了一些揣测或推论而已。

四　漏载释疑

要求一部旅行记或地理志事无巨细、小大不弃一一记录下来,是一种不切实际的苛求。以此为标准判断一本书的真伪,未免过于轻率。伍书却恪守傅海波教授的成规并加以发展,写出专章,指责马可波罗所漏记的事物。

---

① 伍德举出马可书中最末篇记那海(Nogai)战败脱脱(Togta)事,谓此记事仅见于托莱多(Toledo)译本(即 Z 写本——引者)。据拉施特《史集》,此役在 1298 至 1299 年间。因而不可能为马可及鲁思蒂谦诺所知,除非将马可书《引言》所称其书写成于 1298 年之说打一折扣。此必系对原版之"增改",可见早期即有不少对原书之"增改"与错误之添补云云(p. 147)。按:那海与脱脱之战不仅见于 Z 写本,其他版本亦有记载,但不及 Z 写本之详赡。亨利·玉尔在此战役注释中已发现此事发生于 1298 至 1299 年,而对马可此时已在威尼斯,认为难以处理(玉尔书第 2 册 p. 498)。穆尔、伯希和《马可波罗寰宇记》p. 489 加注说,此段似欲脱拉不花(Tolobuga,为那海所杀——引者)之二子有一幸福结局者所为,据史家言,此系事实。也有人认为有后人增添的可能。我国学者冯承钧指出,脱脱、那海第一次战争"在波罗还国之后,殆为出狱后续有所闻补述之语也"(《马可波罗行纪》下册,第 840 页),可供参考。总之,无论此情节系个人续补或他人所加,在马可全书中也仅此一例,且系记波斯史事,不能证明马可波罗未到中国。

（1）瓷器。马可波罗讲到福建刺桐（泉州）附近有一名Tingiu 城出产一种碧蓝色（azure）瓷器，远销世界各处。这说明马可书中已提及中国的瓷器。伍书（pp. 65～66）却以伯希和对Tingiu 的勘同（认为是浙江的处州，见其马可书注 p. 856——引者）及把 azure 认为是青瓷器色，都与 Tingiu 这一地名对不上号，而断言茶、瓷器、妇女缠足三者都被遗漏而令人困惑不解（p. 75）。难道她真认为马可波罗未谈到中国的瓷器吗？这倒是个新发现[①]！

（2）印刷。伍德认为马可波罗提到纸币，但未提印刷术（p. 68）；又说，马可讲到行在（杭州）风俗时，提到人死后其亲属用纸制人、马、骆驼、奴婢的像和纸币等焚烧以殉，但未说明这些是印刷品；马可所经城市如福建为印书中心，杭州有书商聚集的橘园亭等，马可皆未述及（pp. 70～71）。按，马可波罗曾多次提及纸币，当时纸币是印刷品，当然说明对此并不陌生。但他是商人子弟，正如伍书所说，他是以商人的眼光，习惯于注意商品情况如珍贵产品及货币价值等，与作为传教士鲁布鲁克的观察重点不同（伍书 P. 64）。当时欧洲还没有印刷术和印刷品，怎能要求他说出印刷术这一名称呢[②]？

（3）汉字。她说，传教士鲁布鲁克的《东游记》中，曾提到中国字（汉字）的写法，但马可书中却未提及汉字。意大利学者奥勒

---

① 在汉译伍德书中已把此项改为筷子。在 1996 年美国版第 75 页中，已不提瓷器而另加"筷子"。

② 关于印刷术，请看本书第七章第 107 页注①。

斯吉(Leonardo Olschki)对此事的解释是,像马可波罗这样缺乏文学的或精神方面创造力的外国人,很难接近或接受中国的语言和文字。伍书反驳说,很难想象,在一个发明了纸而文字又极受崇敬的国家中,一个自称在元朝做官的外国人,竟会不注意蒙古和中国的书法或对之毫无兴趣(pp. 69～70)。按,此说与实际情况不符。据《元史·崔斌传》,至元十五年(1278年)时,江淮行省的官僚(当指蒙古及西域人——引者)竟"无一人通文墨者"。元末明初文人叶子奇著有《草木子》,他在《杂俎篇》中说:"北人不识字,使之为长官或缺正官,要题判署事及写日子,七字钩不从右七而从左 转,见者为笑。"当然,有些蒙古人和西域人还是读书识字的,不过为数不多。当时在各官府中一般设置翻译人员,有译史,从事笔译,有蒙古译史和回回译史(为西域人翻译);有通事,从事口译,蒙古语称怯里马赤。因此,不通汉语或汉文并不妨碍一个外国人在中国从事各种活动。至于拿马可波罗和鲁布鲁克相比,更是不伦不类。后者是学识渊博的天主教士,他不但注意汉字,也提到吐蕃(西藏)人、唐兀(西夏)人和畏吾尔人的书写方法,这是一个学者的眼光和兴趣。马可波罗是商人,他关心的是各地的物产、工商业和一些奇风异俗。以他的文化水平,很难顾及文字尤其是难识的汉字,虽然他在使用纸币时也会看到上面印的汉字①。

(4)茶叶。马可书中没提到茶叶,这又是伍书中怀疑的一点。她说,杭州街市中茶馆很多,他们一家应该光顾品尝,即使不去,也不应毫不提及;很难想象,一个在中国住了17年的人竟对

---

① 关于汉字与印刷术,请看本书第106页注①。

此大众饮料不予理会(pp.71～72)。按,傅海波教授在指出此项空白后说,这可能因为马可不爱喝茶或蒙古人没有招待过他茶。此说有一定道理,但伍书未引用。奥勒斯吉说,马可波罗对他本国人不了解和不赏识的事物就不愿谈,这可以解释他未提茶的原因。对此,伍书也只字未提[1]。笔者在反驳克鲁纳斯那篇说马可波罗没有到过中国的文章中说:"马可波罗书中没有提到中国的茶,可能是因他保持着本国的习惯,不喝茶。当时蒙古人和其他西域人也不大喝茶,马可波罗多半和这些人来往,很少接触汉人,因而不提中国人的饮茶习惯。"此文转载在余士雄主编的《马可波罗介绍与研究》中,伍德博士是看过的,却没有评说。此后,黄时鉴教授发表《关于茶在北亚和西域的早期传播》[2]一文,精密细致地补充了笔者的看法,此文她可能未曾寓目。

(5)缠足。晚于马可波罗来华的意大利方济各派教士鄂多立克(Friar Odoric of pordenone)曾提到蛮子省(南中国)的妇女以缠足为美,而马可书中却无此记载,伍书认为不可理解。她说,如果代笔人鲁思蒂谦诺认为煮茶一事不可信或对之毫无兴趣而不予记载的话,为何对妇女缠足这一奇特风俗也置之不顾呢(p.72)?她随即对缠足史作一简述:缠足在宋代(960～1279年)上层社会妇女中已盛行,至20世纪初叶,除最贫穷农家妇女须在田间

———————

[1]　奥勒斯吉在《马可波罗的亚洲》一书中几次提到此问题,参见 p.130 正文及注⑪,p.432 正文及注㊳。他指出,方济各教士(可能指鄂多立克——引者)的游记中也未提及茶,可能蒙古人不喜欢用茶作饮料。

[2]　《历史研究》1993 年第 1 期。

劳动而不缠外已遍及各阶层,但满族与蒙古族妇女则不缠足。她说,也许可以为马可波罗辩解说,假定他们一家在中国的话,那时缠足还不普遍,而缠足妇女因不能远行,使外国旅客很难见到;也可以说,由于汉族妇女处于封闭状态,马可波罗很难见到上层妇女,他描述的只是地位低下的不缠足的商人妇女,她们可能为夸耀其富有而遛街,遂为外国人所见,马可波罗可能在蒙古统治的松弛日子里见到不缠足的妇女吧(pp.72~73)。说了这些似乎为马可波罗开脱的话后,伍书话锋一转说,尽管如此,鄂多立克却在他的回忆录中描述了南中国妇女缠足的情形。很难设想马可波罗见不到这种情形,而虔诚的、无权进入像马可波罗宣称的上流社会的鄂多立克反倒能略述其情(pp.73~74)。

关于缠足,中国的零星记载和专著很多,不必多说。大致是,北宋神宗时期(1068~1085 年)已有此风,尚不普遍,至南宋则流行较广,但仍限于上层社会及大城市中,且是从北方传到南方的。到元朝,则南方妇女也相率缠足,"以不为者为耻"了[①]。但北方在辽、金、元统治时期,契丹、女真和蒙古族妇女不会缠足,统治者也不会提倡,流风所被,对社会当会有一定影响。张星烺先生说,辽、金、元的统治者,"鄙弃汉人风俗。淮以北,南宋时,人即多改胡姓,衣胡服,操胡语。缠足一端,吾人亦可推想当时北方未必为习尚也。马可波罗居中国十七年,大半皆在北方。其所有记载,亦以北

---

① 此句见元人陶宗仪:《辍耕录》卷一〇《缠足》条。论缠足专书有姚灵犀:《采菲录》,天津书局 1938 年版;高洪兴:《缠足史》,上海文艺出版社 1995 年版。后书参考前书而有考证。

方为最详。当其官南方时,富贵人家之妇,或甚少见,或因记载简略,而有缺也。泰定帝时(1324～1328 年),高僧鄂多立克《游记》所载妇女以缠小足为美一节,亦在杭州所见者。"① 这些话值得重视。至于鄂多立克为什么能看到妇女缠足,可能因为:(1)他是从海道抵达广州,到福建的泉州、福州,北上至杭州和南京,经扬州沿大运河北上至大都的,在南方停留时间不会太短,因而能看到缠足的妇女。(2)据他说,他在杭州停留时,曾向基督徒、撒刺逊(回回)人、偶像教徒及其他人等打听该城的情况,并由该地与他同教派的 4 人带他到佛寺参观访问,关于缠足情况可能从这几人处得悉,甚至亲自看到。他说,他曾"经过一个贵人的院墙下",这个贵人有 50 个少女侍奉,关于留长指甲是生长名门的标记及妇女以缠足为美的描述紧接上段记载,可能是亲自听到或见到的②。

可注意的是,统观他的《东游录》,所到之处虽不少,而且是工商业发达的城市,但很少记载工商业繁盛的情况。讲到蛮子省,他只笼统地说:"此邦的百姓都是商人和工匠。"这是指整个长江以南的中国,他到广州(他称为新迦兰,censcalan),见到的是偶像教徒、极大的船舶、大鹅、以蛇宴客;在泉州见到的是基督教堂、偶像教徒、各种生活必需品,特别是糖;在福州则见到公鸡和无羽的母

① 张译《马哥孛罗游记导言》,第 242 页。
② 见何高济译:《鄂多立克东游录》,中华书局 1981 年版,第 83～84 页。此译本系据玉尔(Henry Yule)的 *Cathay and the Way Thither* 第二卷译出。本节"经过一个贵人的院墙下",玉尔附录的意大利文作"到过贵族的宫廷",似更为符合实情。

鸡,用水鸟(鸬鹚)捕鱼;在杭州(cansay,行在)这个他称为"全世界最大的城市"中,他看到和记载的也只是人口多、桥多,有基督徒、伊斯兰教徒、偶像教徒。在统计了人口数目后,仅说:"此外有基督徒、商人和其他仅从该地过路者";在扬州,他提到有聂思脱里派(景教)教堂、基督徒和盐税的收入;在一个叫索家马头(Sun-zumatu)的城市,提到盛产丝和有大量商货;他在汗八里(大都)住了3年,有6章描述元代国都情况,但除了描绘大可汗的宫殿及其生活,还有他和他的同教徒在皇宫中的职务外,竟无一语提及该城工商业的情况①。而马可波罗每到一地,必大谈该地"人民以经商和手艺为生","人民多以经商和做生意为生活"(Cacanfu,河间府);长芦镇(Cianglu)的盐及其制作方法;距长芦镇5天路程的济南路(Ciangli,伯希和勘同为德州),沿途经过许多城市集镇,商业兴旺;离开济南路向南走6天,经过许多富庶繁盛的集镇城市,人民以商业和手工业为生②。如此之例,不胜枚举。这只是北方的情况,对鄂多立克所到的南方城市如泉州、福州、杭州等处工商业繁荣发达情景的叙述,更是饱含激情,大书特书。原著俱在,人所共知,毋庸赘述。

以上絮语旨在表明,二人的身份不同,兴趣不一,视角有异,对所见所闻的事物自然各有侧重,记载或详或略,不能要求一致。以一方所记为准,因对方失记或误记而指责之甚至宣布其为抄袭

---

① 见何译本《鄂多立克东游录》,第64~68、72~80页。玉尔英译本 pp.178~204、209~240。

② 分见张星烺译:《马哥孛罗游记》,第263~264、266、267、268页。 *Marco Polo, The Description of the World*, pp.298、301、302。

或伪书,在情理上或逻辑上都是站不住脚的。

再说缠足。如前所述,缠足主要是上、中层妇女的装束,下层社会的劳动妇女一般不会缠足。元末明初朱元璋的马皇后(宿州人)相传是大脚,应该有根据。至于贵族妇女,一般很少出门,不熟的外人来访也回避不见。出门则坐轿子或马车,也不会露出小脚。马可波罗在杭州即见到有盖的马车供一家男女出游①。至于鄂多立克记述妇女缠足,可能是从当地的基督教士处听到的,这些教士因久住当地,在传教时可能到居民家见到此景而告诉鄂氏。

最后,再回答伍德博士对笔者的一个误会。由于我在辩驳克鲁纳斯那篇怀疑马可波罗到过中国的文章时没有就缠足问题为马可辩护,她就断言说:"这无疑是因为当代中国人对旧时那一风俗的恐怖和厌恶,并认为西方人对缠足的兴趣是对中国人的侮辱。"(p. 138)这是误解。很简单,克氏文章中既然未提此事,我何必多费笔墨呢?

(6)长城。伍书专辟一章,名曰《他漏掉了长城》(pp. 96~101)。她说:"这一遗漏乍看起来很糟糕,但值得争论的问题是,长城在13世纪是什么样子以及当时它是否存在。"这倒抓住了问题的要害。她指出,现在所见的长城是明朝开始用砖石建造的,而以前的长城则是用黄土筑成的,不过,经过捣碎夯实的加工仍很坚固,至今仍有遗迹。她引用了伴随英国使臣马戛尔尼(G. Macartney)于1793年(乾隆五十八年)抵华的副使斯汤顿(G. Staunton)的《记事》:他浏览了当时的长城后,对马可波罗未提长城而引起

① 《马哥孛罗游记》第313页;*The Description of the World*,p. 334。

人们怀疑一事猜测说,是否当时长城尚未存在呢?他又为此事辩护,认为这是由于马可波罗回国后,未能及时把其旅行情况向人宣布,待以后离开故乡多时,才从过去零散的记录中口述于人,因而出现了编辑上的错误。他又从威尼斯道奇(Doge)图书馆中引用了一段有关马可波罗到中国的路线:抵达喀什噶尔(今新疆喀什)后,他折向东南,过印度的恒河至孟加拉,沿西藏山区至中国的陕西、山西最后到达大都,而无需穿越长城。对此,伍氏当然不以为然。但她是在亨利•考狄埃后再次举出了第一个说出马可波罗未提长城并为之辩护的外国人,这对马可波罗学的研究也是一个贡献。

伍书引述了瓦德伦(Arthur N. Waldron)的一篇论文《长城问题》[①],文中关于秦、明之间未修筑,使长城几乎不见的论点后说,虽然现在北京北部和东北部的砖筑长城是在波罗一家东游后修建的,但泥土筑的城墙遗址,如从西安穿过沙漠到敦煌的火车上仍触目可见,而商代的土筑城墙在郑州仍有遗存。因此,在13世纪应有夯实的城墙存在,从西方到中国来的人很难见不到它,马可波罗的这一遗漏是显而易见的。

关于长城,我国的历史记载和研究成果颇为丰富。在秦始皇修筑万里长城以前的春秋战国时代,各国已在其境内修筑城墙以防外敌。秦朝以后,除唐、北宋、辽和元朝以外,历代都有修筑。但就其规模之宏大,城垣之坚固,气象之雄伟,使见之者叹为奇观,攻之者踌躇不前的,恐怕只有明朝修筑的至今仍巍然屹立的万里

---

① 刊于《哈佛亚洲研究学报》1983 年第 43 卷第 2 期。

长城了。伍文所引斯汤顿《记事》中提到马可波罗到中国时长城尚未存在，他心目中的长城是明代修的长城，元朝时当然不会有。伍氏说，从西安到敦煌的火车线上仍可以看到泥土筑的城墙遗址，这有可能。但有两种情况：一是看到的是较高的碉楼，这是古代在城墙沿线修的瞭望和防守建筑，这些碉楼英国考古学者斯坦因（A. Stein）在敦煌附近发现不少。二是看的人要有一定历史知识。斯坦因是以考古学者的身份来探察的，他不仅看到碉楼，而且在碉楼之间拨开流沙，发现用苇杆和泥土交缠在一起筑成的城墙①。伍氏既然研究马可波罗，留心长城问题，当然会认真观察一般人忽略的长城遗址了。马可波罗，一个商人的儿子，学识不高，对中国历史毫无所知，他能对断壁残垣或突起的碉楼感兴趣并告诉旁人吗？

即使对马可波罗来华前金朝所修的"长城"，马可书中也没有记载。关于金代的"长城"，前辈学者王国维在其《金界壕考》②一文中有详尽考论。他说，金代并无长城之称，见于史者只称"边堡"和"界壕"。"界壕"是"掘地为沟堑以限戎马之足"，"边堡"是"于要害处筑城堡以居戍人"。这是为了防御其周边的民族、特别是蒙古各族而修筑的。这些界壕和边堡在元朝还有遗存。据王国维文中统计，成吉思汗时期的邱处机（长春真人）、元世祖即位前的张德

---

① 见向达译：《斯坦因西域考古记》，中华书局 1945 年版，第 119～120 页；Aurel Stein，*On Ancient Central-Asian Tracks*，pp. 168～169。碉楼原文为 watch-tower，一般译为瞭望塔。其书中并附有塔的图片。
② 《观堂集林》卷一五。

辉、即位后的王恽,都曾路过其地,留有记录。马可波罗经常往来大都(今北京)和上都(今内蒙古正蓝旗),自应经过界壕,但他却视而不见,无动于衷。其原因应是,前三人知道金朝界壕,故能触景忆旧,而马可不然。此其一。这些界壕和边堡已堙塞或荒废,无可观者,不足触发马可的好奇心情。此其二。总之,无论从客观环境或主观素养,马可波罗之不提长城,并不值得人们大惊小怪。

顺便提一下亨利·玉尔对马可波罗未提长城的解释。在《导言》中,他说:"书中未提长城,但吾人有理由相信,当马可波罗在他口述某一章时,他心中所指,定是长城。"玉尔指的是该书上卷第 59 章《天德省及长老约翰的后裔》所述该地"即吾人所称之葛格(Gog)与马葛格(Magog),而彼等则称为汪古(Ung)与蒙古(Mungul)"。玉尔注释此段时认为,马可在提及葛格与马葛格时,其心目中实际上是指西方传说的"葛格与马葛格壁垒(Rampart of Gog and Magog)",即传为亚历山大王所筑的壁垒,此处则指中国北边的长城。玉尔并附一明代所筑 的长城插图,图下注云:"葛格与马葛格壁垒。"

按,玉尔旁征博引,证明马可波罗曾隐约暗示长城的存在,看来似有道理,但也值得推敲。首先,马可波罗不可能看到雄伟的明代长城,因而不会联想到"葛格与马葛格壁垒"。其次,他可能听到汪古、蒙古与葛格(冯承钧译写为"峨格",甚可注意)、马葛格发音有相似之处,因而生此联想。当然,这一带是汪古部族的地盘,而汪古部是为金朝防守边墙的;还有一说,在蒙古语中称边墙为汪古①。因此，马可波罗是否因此而联想到"葛格与马葛格壁垒"也未可知。总之，玉尔的推测很有意思，可备一说，但把明代长城认作元代的则是明显的错误。

笔者因此联想到，一些人(伍德博士除外)把马可波罗未提长城作为他没来中国的论证之一，多半是把明代所修、至今仍存的长城认为古已有之，或把明修长城作为标准，认为明代以前所筑长城也应有此规模，马可波罗不应看不到，因而对他苛求、怀疑，以致否定其到过中国②。

如笔者前面一再指出，因一部书没有记载它可以记载而因某种原因失记的东西，便怀疑、否定其真实性，这不合情理，也很难服人。遗憾的是，具体到马可波罗这部书，有些人却以其所漏载的事为把柄和突破口，大作文章加以指责和否定。笔者之所以多费笔墨，与之辩说，以维护马可波罗来华的真实性，实是迫不得已。两千多年前的孟子说过："予岂好辩哉，予不得已也。"笔者颇有同感。

---

① 此说见汉译拉施特《史集》第 1 卷第 1 分册，第 229～230 页。大意是，金朝皇帝为防御蒙古及附近游牧族，筑一道城墙，此墙"在蒙古语中称为兀惕古〔atkū〕"，附注①说："B 本、贝书(贝列津本)作 anku(贝译作 ОНГ'Y)"。按，ОНГ'Y 即汪古(——引者)。据《元史》卷一一八《阿剌兀思剔吉忽里传》，他是汪古部人，"金源氏堑山为界，以限南北，阿剌兀思剔吉忽里以一军守其冲要"。按，这些即王国维所指的金界壕。

② 黄时鉴、龚缨晏二先生《马可波罗与万里长城 —— 兼评〈马可波罗到过中国吗?〉》一文(《中国社会科学》1998 年第 4 期)，对长城历史做了细致翔实的考察，有力地批驳伍氏的论点。

五 结语评析

伍德博士在其书中的最后一篇即《结语》部分,对马可波罗的书及其人作了结论。此篇扼要地谈出她的见解,值得一读。笔者顺便也补充一些前面未及评说的问题。

首先,她指出,这本书不是一部旅行志或简单的游记。此前,她在第五章中就以《不是旅行志》的标题和用 9 页多的篇幅表述她的看法。大意是,除了开头的《序言》(共 18 章——引者)外,其旅行路线忽东忽西、迂回曲折,令步其后尘的旅行者难以跟踪,有些地方甚至使为之注释的亨利·玉尔也感到困难。此外,除《序言》外,她对书中很少提及波罗一家甚为吃惊。据她统计,全书只有 18 处提到马可波罗或其一家。她说,这不是一本个人见闻录而更像一部地理或历史著作,一部味道浓厚的旅行指南。

按,马可波罗所述旅行路线确有迂曲之处,但大体上仍有线索可寻。亨利·玉尔所指难点只是从永昌到缅甸国都以及缅甸与老挝之间一段而已,其他地方并无大困难,有玉尔所制旅行路线图可证。所举只有 18 处提名事更令人怀疑:书中不提名而用"我"或"我们"字样的地方不胜枚举,难道伍德博士所据的 Latham 版本《马可波罗》没有这些字样吗?

其实,是否叫《旅行志》并不重要,马可波罗也没叫他的书什么名称。伍德博士的这一指责,在于否定马可来华的真实性,这才是问题的要害所在。

在《结语》中,作者除了简要指出此书误导了一些追踪马可波罗的足迹者,不是游记只是一部《寰宇记》(*Description of the world*)外,还从宏观方面提出:有些人可能有一种预感,认为 13 世纪晚期和 14 世纪早期人们对地理学知识已逐渐需要,受此驱动,遂编写此类书籍。她举出了阿魁(Jacopo da Acqui)、博韦(Vincent of Beauvais)、曼德维尔(Sir John Mandeville)都编过世界历史和地理等书①,拉施特(Rachid al-Din)也用阿拉伯文(按,应为波斯文——引者)写过世界史(即《史集》——引者)。她说:曼德维尔的书曾大受欢迎并被译为多种欧洲语言,但终被揭露为赝品,乃剽窃 15 种以上资料而成者;对比之下,马可波罗的《寰宇记》经鲁思蒂谦诺之修饰扩充与此后译者的增添,虽为二手资料,却与曼氏命运不同而享誉后世,至今不衰。将马可书与曼德维尔书相提并论,言外之意,不问可知。

伍德博士进一步指出,《寰宇记》中旅行路线之缺乏连贯,"可能"由于鲁思蒂谦诺之鼓励,使一旅游记扩大为世界历史、地理著作,因而加进了一些不相干的内容,如俄罗斯、日本等地区和古代战争故事等。又说,作为一个职业传奇故事作家,鲁思蒂谦诺"也许"是想利用人们对记载域外奇异事物书籍的普遍需要,"可能"在听了马可波罗讲的奇异故事后,提请与他合作,遂成此书。她

---

① Jacopo da Acqui 为马可波罗的同时人,所著书名 *Imago Mundi*(世界形象),是地理书。其中记有马可波罗与其父、叔自蒙古回家,在与热那亚战争中被俘,在狱中口述其世界见闻事。Vincent of (de) Beauvais(1190~1264 年)1244 年著书名 *Speculum Historiae*(历史通鉴),是一部记自开辟以来到 13 世纪的世界史书。Sir John Mandeville,英国作家,自称于 1322~1356 年周游世界后著《游记》。

说,其时尚无印刷术和版权问题,写一部稿件很难发财,但鲁氏此前曾借英国王储之助得以完成其文学创作①,此次仍想借此书取得英王的恩惠也颇有"可能"。请注意:在这一段说明中,她连续用了"possible"、"may"、"may be"、"perhaps"等揣测猜度词语。

以下,伍德博士又就《寰宇记》的资料来源发表她的看法。她承认,这是一道难题,但仍提出了她的答案:(一)"假如"马可波罗从家中得到书面材料,他家中应该有到东方经商的资料,而且,"也许"有波斯文的商人指南一类书;"可能"还有波斯文历史著作,其中有关于古代战争以及他们从未经历过的俄罗斯和日本的描述。(二)唐代阿拉伯人对中国的记载,如写于公元851年的《中国印度见闻录》、14世纪初期拉施特的《史集》、中期的白图泰(或译拔都他)游记②,是《寰宇记》的另一史源,因其记载和以上三书有很多类似之处。她举出《寰宇记》和《史集》关于王著谋杀事件的叙述同样混乱不清作为证明。其实,如笔者前面所说,二者的记载

---

① 指鲁氏曾从英国太子爱德华处得见当时已颇闻名而抄本甚罕见的《环桌传奇》小说,节录而编为《梅柳杜斯》(Meliadus)一事。见亨利·玉尔书上册《导言》,pp.58~60。

② 白图泰(Ibn Battuta,或译拔图塔、拔图他,全称伊本·白图泰,1304~1368年或1369年),非洲摩洛哥国丹吉尔港人。1325年出游,历阿拉伯、波斯、中亚、印度等地,1342年(元顺帝至正二年)后到达中国,1354年回国,1355年口授成书。原为阿拉伯文,有法、德、葡萄牙等国译本。汉译本有张星烺节译其记中国部分(参照德译及亨利·玉尔英译本,《中西交通史料汇编》第二册,中华书局1977年版)及马金鹏自阿拉伯文全译本《伊本·白图泰游记》(宁夏人民出版社1985年版)。

并不相同,前书较后书更接近实情。她虽然知道《史集》和《白图泰游记》出书在后,马可波罗不可能看到,却说,马可波罗与白图泰关于中国的某些记载的相似颇引人注意,以致傅海波教授认为,马可波罗"可能"或"也许"(might、perhaps)是依靠一种波斯或阿拉伯的中国指南书,使他和白图泰的叙述趋于一致(p. 146)(笔者未见傅教授论及白图泰的文章,只知他提到马可波罗与波斯文史料的关系,伍德此书中也常引用,但偏偏这里未注出处,令人纳闷)。她又说,有人曾寻找这种指南书,遗憾的是,13 世纪是"波斯通俗读物的黑暗时代",这类读物还没有找出来。

"虽然如此,"她接着说,马可波罗之"可能"依靠阿拉伯或波斯史料,从他书中所用词汇以及对中国南方巨大体形之鸡的描述与拉施特、白图泰所记者相似而得知。"假如"(if)他在狱中从其家中获得波斯文指南书或波斯文蒙古征服史等记载,他当会取得原始资料。

伍德博士既然认定马可波罗所用的是二手资料而非其本身见闻,则其本人的未到中国自然是顺理成章的事了。那么,马可波罗这些年到哪里去了? 请看伍德博士的答案。

她的第一句话是:遗憾的是,假若马可波罗不在中国,在 1271 到 1295 年间他究竟在哪里却无可证明。随后,她提出自己的见解:在《序言》中所记马可波罗的父亲和叔父的第一次东行并遇到某些贵人事,是唯一具体的实证。他们家中的"金牌"(作为颁布给使臣的通行证——引者)可能作为与一蒙古君主(虽然不一定是忽必烈汗本人)有过高级接触的实物见证。他家族中曾为金牌问题发生一次争论(在《寰宇记》完成后的 1310 年),"或许"

(might)是由于马可波罗并未到过中国而他却声称去过[因而要求一件金牌]；"或许"他父亲和叔父到东方作了一次冒险旅行，得到几个金牌回来，而马可波罗在狱中却窃取其名，写于书中，作为自己的荣耀。她又指出马可波罗的叔父玛菲奥(Maffeo，一作 Matteo，汉译玛窦——引者)在1310年的遗嘱中暗示过马可波罗曾觊觎这些金牌中的一枚。她说，不管他们家族中有多少金牌以及马可波罗是否从大汗手中得到一枚，写在遗嘱中的这一争论似乎更有特殊意义(p.148)。言外之意无非是说，马可波罗既未得金牌，当然未到过中国；反之，既未到中国，当然不会有金牌。

　玛菲奥遗嘱中是否提到他和马可波罗有过金牌之争还是问题。穆尔英译《马可波罗寰宇记》中有此遗嘱，说他们从大汗(忽必烈)处得到三枚金牌，但未提马可波罗为此物发生争执。只是译者穆尔在注金牌时说："关于金牌归属问题，马可与其叔父玛菲奥似乎有些争论(there seems to have been some dispute。见该书 p.555 注1)这只是揣测之词，并未肯定。在其《导言》中虽译举玛菲奥的包括三枚金牌在内的全部遗产，却未声明和马可波罗有什么争执(该书 pp.28～29)。澳大利亚大学教授罗依果博士(Dr. Igor De RACHEWILTZ)在其重要论文 MARCO POLO WENT TO CHINA(德国波恩大学《中亚研究》1997年27期 pp.73～76)中，对此事作了详尽的剖析，认为伍德博士是被穆尔揣测性的注释所误导。并说，在未得其他重要证据以前，只能将其作为不值得认真考虑的问题而摒弃之(pp.75～76)。伍德博士把此事作为马可波罗未到中国的把柄可以休矣。

　在把《寰宇记》分为两部分，即《序言》中记他父亲和叔父第一次东行(她认为可信)和马可波罗参加的第二次东行(她认为是传说和地理、历史记载的混合物)后,她再次对此书的资料来源作一概括。她认为,一是来自家庭:他家中对近东及近东以外情况的熟悉以及他父亲和叔父到蒙古哈拉和林(即和林。本书屡称波罗兄弟到和林见忽必烈,不确——引者)的旅行,会提供不少资料和[对他有价值的]出发点(即前文说的跳板——引者)。他在克里米亚的家和君士坦丁堡的营业寓所,会得到一些有关域外供旅行和经商的波斯文指南书、地图和历史等资料。二是来自书籍:《寰宇记》和拉施特《史集》有关中国的记载有许多相似之处,二者一定有共同的关于地理和蒙古历史的书面资料以及关于东方的奇事如长老约翰、火鼠(Salamader,即石绵,中国旧称火浣布——引者)等的口头传说(pp.149～150)。

伍德博士虽不厌其烦地追究《寰宇记》的史源,但对马可波罗究竟在哪里,却只能说:"遗憾"而无从落实。本来是到过中国,硬说没来,所以很难自圆其说。既肯定或怀疑其没到中国,却又不能确定其在20余年间的所在。笔者见到有的报刊转载伍德此书的概要说,那时马可波罗可能是住在他们家族设在黑海东岸或君士坦丁堡的一个贸易站。但伍书并没有这么肯定,只是说马可波罗大概最远不过到过上述的贸易站而已(p.150)。

假如上述两地为《寰宇记》的信息来源一说尚可接受的话(因为马可波罗来华时会由该地出发),那么,波斯文指南和拉施特书一说就很难讲通了。因为,不仅迄今谁也没有见到过波斯文指南书,即令见到,也应两相对照,分清是非。对此,伍德博士也只得用"遗憾"来解脱了。至于拉施特《史集》的来源,史学界已有定论,那是用波斯文、阿拉伯文的已有历史著作,蒙古文的《金册》等文字资料,通过蒙古人孛罗丞相、两位中国学者和其他国家和民族的人士,由拉施特总编而成,这些资料马可波罗是既无机会也无能力得到和读懂的。如前所说,王著事件二书所记就不相同。至于因其和白图泰所记巨形鸡相同而断定《寰宇记》和《白图泰游记》同出一源,更是以偏概全。二人先后到过中国,所见事物相同,各自为记,乃自然之事,何足为奇。果如所言,似乎白图泰也没到过中国了。

总观全书,伍德博士虽用力甚勤,多方论证,但给人的印象是揣测、推论的多,实证的少,说服力不强。马可波罗的书确实有些错误失实、夸张虚构之处,如说蒙古攻陷南宋襄阳是他们一家之功,这不仅不符合事实,也与中国文献记载和拉施特《史集》不同,显然是自我吹嘘。但其所记内容则大致不差,说明他是在中国听到的;由于与《史集》不同,说明他和《史集》不是一个来源。关于在扬州做官三年之说,也很难找到证据,有的版本说他“居住”三年。其他的错误也不少,有的是道听途说,以讹传讹,有的是记忆失误,有的是不通汉语所致。但其中确有不少记事准确可供参考并与汉文记载可相互印证之处。如断罪体罚以七为准(即笞、杖七、十七……一百七),这是元朝刑法的特点,其他的西方记载皆无,为本书独有(当然不能以此责难其他记载)。又如书中记镇江说,耶稣降生后 1278 年(元世祖至元十五年),有一聂思脱里派基督教徒名马薛里吉思(Marsarchis)者在此城任官三年,建两座基督教堂。马薛里吉思《元史》无传,也不见于《元史》中的本纪、志和其他列传中,不是重要人物,但在元文宗至顺四年(1333 年)所修

175

《至顺镇江志》中却有几处提到他:"马薛里吉思,也里可温(元代称基督教徒)人。至元十五年授明威将军、镇江路总管府副达鲁花赤,因家焉。尝造七寺。"①人名、年代、教派、建寺都与马可波罗所记符合(马可称建寺二所,可能只见到二所,或其他为以后所建)。如此之例,尚有多处,若非在中国亲见或亲闻,何能如此巧合。若说是抄自波斯文指南,试问,哪有如此内容丰富的指南书可抄?

伍德博士在《结语》的最后一段,对《寰宇记》作了一个总评。她说,虽然她认为马可波罗足迹最远不过他家设在黑海与君士坦丁堡的贸易站,但《寰宇记》仍不失为了解中国的有价值的信息来源,把它和阿拉伯、波斯、汉文文献结合对照,在总体上(虽不在细节上)仍有印证作用。这倒是公道话。可惜在否认马可波罗到过中国的大前提下,这几句话已失去分量,不为人所注意了。

马可波罗到过中国,这是本文对伍德博士书的回答。

(原刊《历史研究》1997 年第 3 期)

---

① 《至顺镇江志》卷一八。

［十］ 马可波罗问题争论的焦点何在?

伍德的《马可波罗到过中国吗?》我只看到原著。最近有幸见到今年第六期《书摘》刊载的洪允息的《译者的话》,受益不少。洪先生提出马可波罗问题争论的焦点或症结,确实抓住了问题的要害。归纳起来,有下列几点:

(一)中外学者未能在中国史籍中发现马可波罗的踪影,具体说是未见其人之名

这是事实,也是怀疑论者的一大根据。但是,如以此为标准来鉴定某一西方人是否来华,问题就大了。在元朝,先于或后于马可波罗来华的西方人而留有《行纪》或其他名目的纪录的为数不少,如小亚美尼亚国王海屯,意大利教士柏朗嘉宾,法国教士鲁布鲁克,意大利教士鄂多立克,摩洛哥旅行家伊本·白图泰等等。他们的著作对中西关系以及历史文献学方面都有一定贡献,但在中国史籍中都无迹可寻。元末来华的罗马教皇使者马黎诺里于至正二年(1342年)七月到达上都,向元顺帝献马,此事见于《元史》及元

人文集中。《元史》说："是月,拂郎国贡异马,长一丈一尺三寸。高六尺四寸,身纯黑,后二蹄皆白。"对马描绘细致,却不提献马者人名。重马而轻人!如以不见人名为准,是不是可以断定这些人都没到过中国,他们的著述是听来的还是抄来的呢?为什么对马可波罗如此苛刻要求呢?

(二)《永乐大典·站赤》未提马可之名问题

马可波罗在中国史籍中并非毫无踪迹可寻。1941年,笔者在《永乐大典·站赤》中发现一段材料,是元世祖时江浙行省长官请示派遣到波斯"阿鲁浑大王"处三位使臣的随员的口粮供应问题。这一段公文孤立看来很难理解,但对照马可波罗《寰宇记》则豁然贯通。原来这三位使臣和阿鲁浑大王的名字在马可书中都有记载,是马可一家伴随三位使臣护送一位阔阔真少女前往波斯嫁给国王阿鲁浑。笔者就此写出《关于马可波罗离华的一段汉文记载》,证实马可到过中国,并订正了他们离华的年代。此文得到中外研究者的一致肯定。但伍德却以公文中未提马可之名而断定这是马可听来的或重述尽人皆知的故事,如洪先生所说是"有可能采取移花接木的方法把他从别处听到的这段故事说成是自己的经历写进游记中去"。其实,公文中不仅未提马可之名,连他们护送的主角阔阔真之名也未提及,因为公文主要是请示随从人员的口粮供给问题。不了解公文的性质而一口咬定因未被提名而否定其书,这未免过于苛求吧!

178

（三）马可波罗的本来面目问题

马可书中确有一些夸大其辞和自我吹嘘等毛病,如自称在扬州作长官,把攻陷襄阳冒为波罗一家之功等问题。前者,英国学者亨利·玉尔曾提出,有一版本说他"在扬州居住三年";法国学者伯希和认为马可波罗可能在扬州做过管理盐务的小官,因他对各地产盐和盐税情况甚为注意。元代的扬州方志早已不存,即有,也不一定登录马可之名,因为他实在没当过什么高官。蔡美彪研究员认为,他可能是个斡脱商人,虽然替官府经商放债甚至出使各地,但究竟是个商人。这些说法都有一定道理,这个问题将来是否有新进展,还难预料。

攻陷襄阳问题是明显的编造。从攻陷的时间等问题看,与波罗一家毫无关系。这是马可在狱中百无聊赖之际自夸自慰之辞。正如洪先生所引《详编不列颠百科全书》所说,他爱说大话的毛病可能和他的社会地位较低,而他又向往上层社会有关。值得注意的是,除年代和立功者是假的外,他所叙述的攻陷襄阳的情节却与《元史》所载基本相同,说明他是在中国听到的。

还应注意,除以上两点外,他所记载的在中国所见所闻,都可在中国史籍中得到印证,有些还可以补中国记载之不足,如上举《站赤》一段公文的解读即是一例。因此,不能以其小疵而掩其大醇。即令有些缺点和不足(这是研究者所熟知的),也不应因人废言,对一个商人提出过高要求,而应从其书的客观效果和影响来评价他。他不愧为中世纪的大旅行家,中西文化交流的先驱者之一。至于在一般人的心目中把他理想化了,这也不足为奇,历史上类似的事例太多了。而伍德的书,并没有还马可波罗的本来面目,倒是把他看成一个抄袭者,和曼德维尔一样的作伪者,这很难令人接受。当然,伍德博士是费了很大精力和时间完成她的书的,她有权根据她的研究结果,阐发她的独到见解,这是学术研究中百家争鸣、各抒己见的正常现象。

(原刊《光明日报》1997 年 10 月 4 日《史林》第 197 期)

［十一］ 马可波罗与长老约翰

——附论伍德博士的看法

　　马可波罗《寰宇记》中几次提到长老约翰其人，与马可波罗前后来华的西方传教士也提及此老。长老约翰是何许人，为什么人们对他饶有兴趣，津津乐道？[①]

---

　　①　长老约翰英文作 Prester John，法文作 Prêtre Jean，张星烺汉译《马哥孛罗游记》、冯承钧汉译《马可波罗行纪》俱译长老约翰，但也有别种译法。如郝镇华汉译英人阿·克·穆尔的《一五五〇年前的中国基督教史》译为铎德约翰，汉译《简明不列颠百科全书》第 4 卷第 238 页 Prester John 条译为祭司王约翰，其祭司英文则为 Priest。查英汉辞海，Prester 本是个拉丁语，其义为毒蛇、灼人的旋风、因愤怒而青筋暴胀等，对英语只是废语与古语（《英汉辞海》下，第 4138 页，Chambers Marray 拉—英字典 p. 574 同），法文 Prêtre 与英文 Priest，Clergyman 同义，Priest 有牧师、祭司等义，又是近代拉丁 Presbyter 的变体，Presbyter 通译为新教长老会的长老，Prester John 西方人习惯上称他为 Presbyter John，又称之为 Priest（亨利·玉尔注本上册 p. 233），Prester 可能是 Presbyter 的简称。

长老约翰是欧洲在十字军时期(1096～1291 年)出现的一个传说人物。约在 1145 年前,叙利亚的嘎巴拉(Gabala,今黎巴嫩的 Jubayl 朱拜勒)主教于格(Hugh)致书罗马教廷,报告说,不久前在远东有一个既是国王又是教长的聂思脱里教派(景教)的人名叫约翰,他富有而有权势,是在耶稣初生时从东方来朝见他的三个贤士(Magi,汉译基督教《新约》经译为博士)的后裔。长老约翰为了恢复被穆斯林人夺取的圣地耶路撒冷,他进击波斯,攻陷其国都埃克巴塔那(Ecbatana,今伊朗哈马丹)。但在为援助十字军而西进时,却为底格里斯河所阻。其军队也遭到病伤,攻取圣城的计划未能完成而退兵。

传说中的长老约翰画像

这只是一个传说中的人物,是一个子虚乌有型先生。但在当时,却引起西欧基督教徒的极大兴趣而欢欣鼓舞,因为这符合、满足他们从信奉伊斯兰教的塞尔柱突厥人手中收回圣地的愿望,这一传说人物也因之为他们所熟知。可是,当人们认真追究这个传奇人物的确实身份时,却遇到难题。有人认定他是建立西辽的耶律大石,因为他在 1141 年曾打败了波斯塞尔柱王朝的苏丹(国王)桑贾尔(Sandjar),而耶律大石当时被称为葛儿汗(亦作菊儿罕或古儿罕、局儿罕,义为众部或全体之主),此名转为拉丁文为 Gurkhan,在西突厥语音中则读如 Yurhan,与约翰(Yochanan 或 Johannes)相似;有人则认为是指谷儿只(格鲁吉亚)国王太子约翰·奥尔伯连(John Orbelian);此外还有指亚美尼亚或印度、埃塞俄比亚国王诸说,甚至认为是指成吉思汗的①。众说纷纭,足证此老之来历不明。但有一点是共同的,即他们拟定的人物是反对或征服穆斯林国家的,或长老约翰所在的国家是信仰基督教特别是聂思脱里派基督教的。

公元 1206 年成吉思汗统一蒙古后,即以优势的兵力向外扩张,消灭了中亚的花剌子模国,侵入了俄罗斯;继起的窝阔台汗又派遣拔都西征,征服了俄罗斯,侵入波兰、匈牙利、奥地利等国,这使西欧的基督教世界大为震惊。为此,他们多次派遣教士出访蒙古,一方面是探听蒙古国力虚实,一方面是劝蒙古息兵修好。同时,因传闻东方有基督教徒,也有寻找长老约翰踪迹,证实其人的存在和劝蒙古信奉基督教的意图。其中有代表性的使节应推柏朗嘉宾(John of Plano Carpini,直译约翰·普兰诺·加宾尼)和鲁布鲁克(William of Rubruck,直译威廉·鲁不鲁乞)。

---

① 关于长老约翰,亨利·玉尔(Henry Yule)*The Book of Ser Marco Polo*《马可波罗游记》注释本 1929 年版上册,pp. 231～237,注 4 言之较详,本文即据之。伯希和(P·Pelliot)的 *Notes on Marco Polo*(《马可波罗注》)《成吉思汗》pp. 304～305,在“作为大维王的成吉思汗”标题下,转述西方传说,以成吉思汗为大维王(King David),而后者则为约翰王的四代孙。

柏朗嘉宾于 1245 年 4 月奉罗马教皇英诺森四世（Innocent
Ⅳ）之命从法国里昂启程出使蒙古，1247 年 11 月返回里昂。在他
的称为《蒙古史》的报告中，他说，成吉思汗派他的一个儿子率兵
进攻大印度的基督教徒，被大印度的国王长老约翰用称为希腊火
的铜制武器所击退。注释家认为，这可能是据 1221 年 11 月间成
吉思汗追赶花剌子模王子札阑丁于印度河畔的史实附会而成①。

1253 年 5 月，法国方济各会修士、鲁布鲁克村人威廉奉法王
圣路易九世之命出使蒙古，次年 1 月到 5 月，曾见到蒙古皇帝蒙
哥。当年 8 月离开哈剌和林，于 1255 年 8 月到达的黎波里（今非
洲利比亚国首都），写出他的东行报告，称《东行纪》（或译《东游
记》）。他也提到长老约翰。他说，有一个乃蛮人的贵族是聂思脱里
派基督教徒，"在古儿汗（Coir Chan）死去以后，他自立为王，聂思
脱里派教徒称他为约翰王。"鲁布鲁克认为教徒们对他的传说是
夸大其词，无中生有。又说，这个约翰王有一兄弟名汪罕（Unc），
是一个称为哈剌和林小城的君主，他统治的人民叫克烈（Crit）和
蔑儿乞惕（Merkit）族，都是聂思脱里派教徒，但汪罕却不信基督
教而崇拜偶像和巫师。鲁布鲁克还叙述了汪罕与成吉思汗的冲突
和结局。在另一处，他讲到乃蛮人时则称约翰王为长老约翰②。

按，上述的古儿汗即西辽耶律大石称帝后的尊号，此号为其

---

① 耿昇译：《柏朗嘉宾蒙古行纪》第 49 页正文，第 131 页注⑱，中华书
局 1985 年版。
② C. Dawson，*The Mongol Misson*，pp. 122～123，147；吕浦译、周良
霄注、道森编：《出使蒙古记》第 139、165 页，中国社会科学出版社
1983 年版。

继承人所沿用。"自立为王"的约翰王则是乃蛮王屈出律(《元朝秘史》作古出鲁克)，他为蒙古所逐，逃至西辽，西辽王直鲁古妻以孙女，不久即为屈出律篡位。这样，传说中的长老约翰便从拟定的契丹人耶律大石变为乃蛮人屈出律了。至于汪罕，并非屈出律的兄弟而是克烈部的部长，克烈(或克烈亦惕)部也是信奉聂思脱里教派的，说汪罕不信此教而崇拜偶像与巫术，可能因这一地区的聂派教徒对基督教义已不甚理解与遵从而受了当地流行的沙曼教的影响吧。

马可波罗书中的长老约翰故事，比前述两位教士所记不尽相同而有其特点。他从哈剌和林城讲起，说，这里有一强大的王，名曰王罕(Uncan,Unc Can)，用法语讲即长老约翰，鞑靼人(即蒙古人)向其纳什一之税。长老约翰见鞑靼人生殖日繁，恐其为患，谋分散之，并在其内部挑拨离间。鞑靼人识其谋，遂举族北迁，后推成吉思为王。1200年，成吉思遣使往长老约翰所，求娶长老女为妻，遭其痛斥，成吉思大怒，遂集军于约翰长老所属地之天德(Tenduc)平原，与之战而胜之，长老约翰死于阵中①。

这里，马可波罗把长老约翰认定为王罕，与鲁布鲁克把王罕作为长老约翰的兄弟不同。王罕或汪罕本名脱里(《元朝秘史》旁译作脱斡邻勒 To'oril)，是克烈部部长。他受金主封为王，罕亦王义，重言则称王罕或写为汪罕，此音与约翰发音有相同处，而克烈

---

① 见 A. C. Moule & Paul Pelliot, *Marco Polo, The Description of the World*, pp. 161~167；冯承钧译：《马可波罗行纪》第 216~235 页；张星烺译阿尔多利治英译本：《马哥孛罗游记》第 100~106 页。

部人又是聂思脱里派信徒,因此西方人把王罕称为长老约翰,这在马可波罗以前已有先例①。至于因求婚未遂而引起战争,也有事实根据。《元史·太祖纪》说,"岁壬戌(1202 年)……帝欲为长子术赤求婚于汪罕女抄儿伯姬,汪罕之孙秃撒合亦欲尚帝女火阿真伯姬,俱不谐。自是颇有违言。"《圣武亲征录》、《元朝秘史》及拉施特《史集》俱有记载,《秘史》言之较详。马可波罗记此事于 1200 年,与 1202 年相差只二年,很接近实情②。但说长老约翰死于阵中则是错误的。这就不如鲁布鲁克所记汪罕逃到契丹(误,应是逃到乃蛮),其女儿(误,应是其弟之女)被俘,嫁于成吉思汗之子,生子蒙哥的记载较确。鲁布鲁克到过和林,较之未到和林的马可波罗理应所闻所记更准确细致些,但仍有遗漏和错误,马可波罗记到这种程度也就不容易了。

　　把双方战场说成天德平原也不正确,但也有来由。在讲到天德省时,马可波罗说,此省的王是长老约翰的后裔,名乔治(Giorge,Giorgians),为长老约翰后的第六代领主,他们历代皆娶大汗女或大汗同族女为妻。又说,这里是长老约翰当年的首都,人

---

① 据《出使蒙古记》编者道森在其《绪言》中所引庄维尔(Joinville,或译儒安维尔,约 1224～1317 年)的《圣路易传》记载,定宗贵由汗的皇后斡兀立海迷失于 1248 年末或次年初写给法国国王圣路易的信中有"如果你不同我们保持和平,你就不能获得和平。长老约翰起而反对我们……都已被我们杀死……"等语(Dawson,p. xx,《出使蒙古记》汉译本第 15 页)。此处的长老约翰显然是指王罕。

② 伯希和《马可波罗注》在"成吉思汗与王罕之女"(pp. 303～304)标题下认为,马可波罗记此事于 1200 年虽有偏差,但与事实相距不远。

民大部信基督教,这里即吾人所称的葛格(Gog)与马葛格(Ma-gog)之地,但他们则自称曰汪古(Ung)与蒙古(Mongul,Mungul)。汪古人是土著,蒙古人则是鞑靼人,因而鞑靼人常称蒙古人。(关于天德详情,请看下章)

　　这里的天德,即辽、金时的天德军,元时改称丰州,属大同路,城址在今呼和浩特市东郊的白塔镇。马可波罗称之为天德,可见其时旧名仍存,马可波罗一定是听当地人说的。乔治即《元史》的阔里吉思,他是汪古部人,汪古部是信奉聂思脱里教派的基督教徒。阔里吉思的曾祖名阿剌兀思·剔吉·忽里,世代为金朝守卫净州(今内蒙古四子王旗附近一带,治所在天山县,今王旗西北城卜子村)北的新长城(界壕)。成吉思汗兴起后,阿剌兀思献出界壕关口并作向导,使蒙古军队顺利南下,立了大功,成吉思汗以女儿阿里黑(即阿剌海)妻之,仍令为汪古部主。阿剌兀思为内部异议者所害,其侄镇国继立,成吉思汗妻以其女阿剌海别吉。镇国死后,阿剌兀思次子孛要合继立,其妻仍是阿剌海别吉。继孛要合者为镇国之子聂古觯(台),其妻是睿宗皇帝(拖雷)之女独木干公主。继聂古觯者为孛要合的次子爱不花,其妻为忽必烈(元世祖)女月烈公主。继爱不花者即阔里吉思,先娶裕宗(忽必烈子真金)女忽答的(迭)迷失,再娶成宗女爱牙失里。从阿剌兀思到阔里吉思为六代,且俱与皇室女结婚,这和马可波罗所记完全相同,若非亲历其境,亲听人说,何能如此巧合? 只是,他把乔治(阔里吉思)作为长老约翰的后裔,显然是把阿剌兀思当成长老约翰,这和他前面把汪(王)罕作为长老约翰的说法自相矛盾。但这也不妨。如前所述,长老约翰本是个虚无缥渺的人物,只要是有名望的聂思脱里派教徒,甚至连征服过穆斯林国家的民族首领,都有资格入选,无需费力考证①。

马可波罗还提到,在天德有一种名曰 Argon 的人,其义犹如法文中的混血儿,是当地的偶像教徒与摩诃末教徒所生的子女。他说的 Argon,即《元史》和元代其他文献中的阿儿浑人,他们是

----

① 关于天德(Tenduc),见 *The Description of he World*,pp. 181～183;冯承钧译本第 265～266 页;张星烺译本第 121～122 页,Tenduc 张译为天德军,不妥。天德旧虽称军,但原文对音并无军字。关于乔治即阔里吉思的世系及历史,见《元史》卷一一八《阿剌兀思剔吉忽里传》及《元文类》卷二三阎复撰《驸马唐忠献王碑》,后碑即前传所本。周清澍教授《汪古部统治家族》(刊《文史》第 9 辑,第 115～141 页,中华书局 1980 年版)对此研之颇详审。对马可波罗的六代领主说,周先生断定为阿剌兀思剔吉忽里—不颜昔班—镇国—孛要合—爱不花—阔里吉思(第 138～139 页注�54)。不颜昔班为阿剌兀思长子,阎碑说他与其父同被害,周先生据南宋人等记载证其未死。冯译《马可波罗行纪》第 273～274 页(注 3)据《元史》阿剌兀思传定其次序为(1)阿剌兀思剔吉忽里,(2)镇国,(3)聂古台,(4)孛要合,(5)爱不花,(6)阔里吉思。按,马可波罗所谓六代系指汪古部领主的次序排列,非以血统次序,从阔里吉思是阿剌儿思的四代孙(曾孙),镇国是其侄,聂古台是镇国之子等关系可知。周先生所列世系中无聂古台,但承认其曾为汪古部领主,只是将其置于孛要合位后。如将聂列入领主世系中,则自阿剌兀思至阔里吉思为第七代领主,似与马可六代说不合,但相差无几,也可理解为从阿剌兀思后继承人为第一代,皆无关大体。周先生之文考证详审,本文仅在证明马可所言乔治世系大致不差,未能完全利用周先生成果,希周先生与读者鉴谅。周先生另有《汪古部与成吉思汗家族世代通婚的关系》一文(《蒙古史论文选集》1,第 129～154 页,呼和浩特,1983 年,内蒙古大学学报丛刊)对两族通婚关系言之甚详,末附《联姻表》,尤便观览,证明了马可波罗的记载。其中阿剌海别吉(别吉是妇女称号)出嫁四次。乃当时蒙古习俗,不足为异。

信奉伊斯兰教的,但说他们是混血儿,则是从字面上望文生义的误解。《元史·哈散纳传》说:"哈散纳……后管领阿儿浑军,从太祖征西域……至太宗时,仍令领阿儿浑军并回回人匠三千户驻于荨蔴林。"荨蔴林即今张家口西的洗马林,与天德相距非遥。从马可所记,可知天德亦有阿儿浑人居住①。总之,马可波罗所记之天德情况,从人物、宗教信仰、民族几方面,都足以证明他确实到过此地,也就证明他确实到过中国。至于他叙述的长老约翰是否准确,有无矛盾,倒无关大体,无需深究。

英国不列颠图书馆中国部主任弗兰西丝·伍德博士在其《马可波罗到过中国吗?》一书中,全面否定了马可波罗到过中国的事实,对马可波罗关于约翰长老的记载也未放过。在《长老约翰与博士 Prester John and the Magi》一章中,她说,马可波罗降低了长老约翰的基督教方面的意义,而仅叙及成吉思汗与约翰婚姻纠纷引起的战争,而此事前人已经说过。又说,马可波罗把长老约翰的国土置于内蒙古的东侧,认为此地即葛格与马葛格之处,却没有说明这是阿拉伯地理学家早已指出的,这是被亚历山大帝围在城墙内的两个巨人的名字,而那座城墙常被人认为是中国的长城。至于乔治(阔里吉思)为长老约翰后裔一说,伍德博士指出,这是事实与传说的奇异混合物,因为乔治确有其人,是信奉聂思脱里教派的汪古人的领主。而在确有其人后面,她加括号说:但显然是

---

① 拙稿《元代的阿儿浑人》之(三)《马可波罗书中的阿儿浑人》,《元史三论》人民出版社 1985 年版,第 232～234 页。

一个传说中人物的后代！①

从上可知，伍德博士所指摘的，只是些细微末节，而且也不尽恰当。马可波罗既然提到葛格和马葛格，当然知道有关他们的来历的传说，无需多提。况且在讲到谷儿只一章时，他已述说了亚历山大帝把鞑靼人关在铁门关的故事，并纠正说，其时并无鞑靼人，只是些库蛮人②。可见他对此传说并不陌生。他把住在天德的汪古人和蒙古人比为葛格和马葛格也有根据，因为，如阿拉伯地理学家阿布尔肥达所记，这两个民族就住在中国的北方③。至于把他们被围的城墙当作中国的长城，马可波罗书的注释家亨利·玉尔即有此说，笔者对之有不同看法④，暂可不论。问题是，伍德博士是把马可书中未提长城作为他未到中国的证据之一的，现在又因葛格和马葛格问题谈到中国的长城，究竟她是赞同亨利·玉尔的说法还是坚持马可波罗未提长城呢？

再说乔治即阔里吉思问题。说他是长老约翰的后裔，当然是传说，不足为凭。但在承认乔治确有其人后，又说他是一个传说中人物的后代，不知何意。如我们前面所说，阔里吉思的世系是清

----

① Frances Wood, *Did Marco Polo go to China?* pp. 23～28。其就Prester John 指责马可波罗文字仅 p. 25 中之两段。

② *The Description of the World*, p. 98；冯译《马可波罗行纪》上册第55 页；张译《马哥孛罗游记》第 28 页；亨利·玉尔《马可波罗游记》上卷 p. 50, pp. 53～57 注③谓此即传说中亚历山大帝禁锢葛格与马葛格之壁垒而讹为中国的长城。冯译第 59 页注中已引此注。

③ Henry Yule, *Cathay and the way Thither*, vol. 1, p. 225；张星烺：《中西交通史料汇编》第二册，第 241 页。

④ 参看本书第九章《马可波罗到过中国》。

楚的,马可波罗说他是长老约翰的第六代王位继承人也是确切的,足以证明马可波罗到过天德这一带。伍德博士可以不知道元人阎复的《驸马高唐忠献王碑》,似乎连《元史·阿剌兀思·剔吉·忽里传》也未寓目,不然,何以连乔治的先人是谁都表示怀疑呢?但是,不管她对马可波罗关于长老约翰的叙述如何指责挑剔,并不能由此证明马可波罗未到中国,正如不能以马可以前到达中国的欧洲教士对长老约翰的叙述也离奇纷纭就断言他们未到中国一样。相反,在我们研究了马可波罗关于长老约翰在天德的传说及乔治王的世系和其他叙述后,却为其到过中国增添了又一佐证。

（原刊《南开大学历史系建系七十五周年纪念文集》第74～77页,南开大学出版社1998年1月版;转载于《元史论丛》第七辑,江西教育出版社1999年版,第186～190页）

［十二］ 马可波罗天德、宣德之行

本章译出马可波罗关于天德、宣德的原文，并作了较详的阐释，证明他确实到过这两地，而非抄袭他书或得自传闻。

马可波罗《寰宇记》中·叙述在赴上都之前，途经今内蒙古和河北省的两座城市——天德和宣德的见闻。移译其要点如下：

天德（Tenduc）是东方的一省，有许多城市和村镇，是驰名世界、拉丁人所称的长老约翰（Prester Johan）大王长驻的一省，现则臣属大可汗（忽必烈——引者），因长老约翰子孙皆臣属大可汗也。此省省会名天德，其王为长老约翰后裔，名乔治（Giorge），为基督教之长老，因称为长老乔治。本省绝大部分居民亦为基督教徒。乔治王所辖者仅为长老约翰旧时辖区之一部而非全部。昔时长老约翰在战斗中为成吉思所杀，成吉思娶王罕（Uncan，即吾人所称之长老约翰）之女为妻，大可汗及其他贵胄皆此女所出，大可汗与其皇族多以其女嫁长老约翰后裔诸王，此族遂为显贵世家……

国王既为基督徒，全省统治权遂为此教徒所掌。但亦有不少偶像教徒及某些摩诃末信徒（穆斯林——引者）。另有一种自称为阿儿浑（Argon）的人，其意如法兰西语之伽思木勒（Guasmul），即天德之偶像教徒与摩诃末信徒所生的混血儿。此种人较土著居民面貌秀美，聪明而善经商，因而有权势。

当年长老约翰统治鞑靼人及其周边各大省与国家时，即驻此省，今其后裔仍驻此地。乔治为长老约翰第六代继承人，也被认为该系最伟大的君王。

此省即吾人所称的葛格（Gog）与马葛格（Magog）之地，当地人则自称为汪格（Ung，即汪古）与蒙古勒（Mongul，即蒙古）。每省种族各不相同。汪格部住土著人，蒙古勒住鞑靼人，鞑靼人因而有时称蒙古人。①

这里有几个问题需要解释：

（一）天德沿革

天德一名，肇自唐代。《新唐书》卷三十七《地理志一》"丰州九原郡"所属之"中受降城"下注云："……可敦城……西二百里大同川有天德军……天宝十二载置（《唐会要》卷七十三'安北都护府'谓天宝八载置）。乾元后徙屯永济栅，故大同城也。"可敦城在今内蒙古乌拉特中旗西、阴山北麓，大同城在今内蒙古乌拉特前旗东北，位于内蒙古呼和浩特市西部，河套东北部。辽代天德军仍为丰

---

① 此据 A. C. Moule & Paul Pelliot, *Marco Polo*, *the Description of the World*, London, 1938, chap. 74: Here he tells of the great province of Tenduc. pp. 181~183.

州所属军区。《辽史》卷四十一《地理志五》于"丰州天德军"下称，唐代之丰州"后唐改天德军"，似以天德军代丰州之名；至辽仍称丰州，谓其境内有"大盐泺、九十九泉……青冢——即王昭君墓"等地，即今内蒙古呼和浩特市、集宁市、锡林浩特市一带，而天德军仍置于永济栅，作为管理兵事的西南面招讨司。

金代仍沿辽代，称"丰州，天德军节度使"，"皇统九年（1149年）升为天德总管府，以天德尹兼领之。大定元年（1161年）降为天德军节度使，兼丰州管内观察使……并隶西南路招讨司。领县一、镇一：富民（今内蒙磴口县北、布隆淖村西南古城）、振武（今内蒙集宁市和林格尔县）"（《金史》卷二十四《地理志上》）。可注意的是："天德"可不连"军"字；其地域自西迄东，相当广袤。《元史》"丰州"称：金为天德军，元复为丰州"（卷五十八《地理志一》），未言何年改。而同书卷四《世祖纪一》："中统二年（1261年）冬十月庚子……昂吉所管西夏军，并丰州、荨麻林、夏水阿剌浑皆备鞍马甲仗……"可见至迟此年已不称天德军之名。

综上所述，天德军与丰州密不可分。天德军本为丰州之一军区，但有时又可概括丰州全境，到元代，天德军的名称才为丰州所代替。马可波罗仍称天德旧名，可证他是在当地听人讲的。旧名一时难改（特别对本土人），这是中国人的习惯。天德或丰州领域甚广，包括今内蒙古阴山北、南一带，其州治所当今呼和浩特市东之白塔镇。

（二）长老约翰

长老约翰是西欧基督教徒传说并相信的一位极具权威的聂

斯脱里派大师。因实无其人,其原型为谁亦众说纷纭。马可波罗及在其前来华的教士把他认作蒙古克烈部的部长王(汪)罕,可能由于克烈部信奉聂斯脱里教派,"王罕"和"约翰"对音相近之故。据《元朝(蒙古)秘史》,王罕曾受成吉思援助于危难之中,与之结为父(王)子(成)之交。成吉思欲亲上加亲,求王罕女与其子拙赤为妻,而将其女与王罕子桑昆之子换亲。桑昆自大不许,成吉思不怿,遂生嫌隙。桑昆受人挑唆,双方战起,桑昆父子失败,王罕在逃走时被乃蛮部人所杀。王罕之弟札合敢不以长女亦巴合送成吉思为妻(后成吉思赐功臣主儿扯歹),以次女莎儿合黑塔泥送成吉思四子拖雷,此女后生蒙哥(元宪宗)、忽必烈(元世祖)。可见,马可所说王罕之死和王罕以女妻成吉思之事皆不太准确,但从王罕弟之女所生的两位皇帝及其后人来看,马可所说却有根据。这是他记事的一个特点:既有根据,又不完全贴切,特别对他非亲见只是传闻的事物①。

(三)乔治其人

乔治确有其人,元代史书称其名为阔里吉思。法国汉学家伯希和认为,此名是从 Giwargis(Georges)的名称转为突厥同蒙古语的②。

① 关于长老约翰,参看本书前文《马可波罗与长老约翰》。成吉思与王罕关系,见《元朝秘史》第 164～186 节。

② 伯希和:《唐元时代东亚及中亚之基督教徒》,冯承钧:《西域南海史地考证译丛》,第 57～81 页译并改名。此题原名《中亚及远东之基督教徒》,刊于 1914 年《通报》(T'oung Pao)pp. 623～644。本文所引见冯译第 69～70 页。

他是突厥语系的汪古部人，不是王罕属族的克烈部人；但汪古部
也是聂斯脱里派教徒，马可因而混而为一。这倒无关大体，因为长
老约翰本无其人，说他是谁都可以。汪古部原散居内蒙古阴山以
北一带，为金朝防守净州(今内蒙古四子王旗——乌兰花)北部的
边墙(界壕)。成吉思汗南征，汪古部长阿剌兀思·剔吉·忽里开
边墙为向导有功，死后追封高唐王。阔里吉思为其曾孙，但在王位
继承次序上有两代为阿剌兀思之侄及侄孙袭位，阔里吉思则是第
六代。高唐王是从他封起，其他都是追封。自阿剌兀思尚成吉思
女阿里黑为妃始，至阔里吉思尚忽必烈太子真金(裕宗)女忽达的
迷失公主、成宗女爱牙失里公主为妃及阔里吉思子术安尚晋王
(真金长子)女阿剌的纳八剌公主为止，皆与皇室女为婚。马可波
罗所说无误①。

(四)阿儿浑人

　　阿儿浑在元代文献上又写作阿鲁浑、阿鲁温、阿儿温、阿剌
温、阿鲁虎、合鲁温等名，是信奉伊斯兰教的回回人的一种。其居
地当今吉尔吉斯斯坦全部及其北邻的哈萨克斯坦的一部分地区，
是突厥语系族。蒙古军西侵，阿儿浑人也被迁往东土。《元史》卷一
二二《哈散纳传》说："哈散纳，怯烈亦氏……后管领阿儿浑军，从
太祖征西域，下薛迷则干、不花剌等城。至太宗时，仍命领阿儿浑
军，并回回人匠三千户驻于荨麻林。"荨麻林在今张家口市西的洗
马林，元时属兴和路，此路与属于大同路的丰州接壤，到元世祖

---

　　①　见本书前文《马可波罗与长老约翰》。

时,阿儿浑人当亦有在丰州地区定居者。阿儿浑军与回回人匠并举,说明在元代他们被视为同种人。

马可波罗说天德有摩诃末教信徒是可信的。元太宗时,回回人赛典赤赡思丁即曾在丰、净、云内三州任都达鲁花赤,这是回回人在天德的较早记录,其后当有大部回回人来此。但他把阿儿浑人当作回回人与土著居民的混血儿则是误解,而这一误解却非他个人所臆造。马可波罗书的注释家,如英国学者亨利·玉尔、法国学者伯希和都认为,阿儿浑确有混血儿的涵义。他们举出,在与我国西藏阿里地区接壤的印度、巴基斯坦共管的拉达克(Ladak)一带,尚称维吾尔人或克什米尔人与拉达克妇女结婚而生的子女为阿儿浑人(Argoon,Argand,Arghun)。伯希和指出,喀什噶里(Kas ghari)的《突厥语词汇》中有 arqun 一字,其义为"野雄马与家牝马所生之驹",马可波罗所理解的混血儿即是此字。伯氏又指出,《突厥语词汇》中此字又为部落名,指在怛逻斯(Talas)与八剌沙衮(Balasaqun)地区的居民。还举许有壬《至正集》卷五十三《西域使者哈只哈心碑》和《元史·哈散纳传》为证,认为,马可波罗虽知道阿儿浑是信奉伊斯兰教的穆斯林,但又知此字在突厥语中有混血儿的涵义,因而有此误解①。

另一方面,阿儿浑人虽非两种人的混血儿,但阿儿浑人与当地土著居民通婚的事例却并不少见。即以许有壬《西域使者哈只

---

① 参看拙稿:《元代的阿儿浑人》,收入《元史三论》,人民出版社 1985 年版,第 226～236 页,其(三)《马可波罗书中的阿儿浑人》,在第 232～234 页。

哈心碑》为例:哈只哈心在成吉思汗西侵时被迫投降,后为成吉思汗孙旭烈兀陪臣。他初到和林(全称哈剌和林,蒙古太宗时建都。遗址在今蒙古人民共和国后杭爱省厄尔德尼召北之哈尔和林)时,"元帅荀公奇之,妻以女。生二子"。荀氏所生次子阿散先娶回回女,此女死后,继娶汉人女张氏。阿儿浑人与汉人女通婚,回回人及各种色目人与蒙古及各族人通婚的事例也在所多有①。据许文,哈只哈心在从和林南下时还因"目疾,留丰州"。虽不知其居留此地之久暂,但他在至元五年(1268 年)死于燕京,享年一百一十七岁,远在马可波罗抵华以前。马可波罗在天德见到阿儿浑人与汉人或其他族人通婚所生后裔有无可能性也未可知。但这并不应断定阿儿浑人即是混血儿,尤其不应从字面上解释其涵义。

(五)葛格与马葛格

这是在基督教的《圣经》和伊斯兰教的《古兰经》中的两个魔鬼式的种族。汉译《圣经》中作"歌革"和"玛各",汉译《古兰经》中作"雅朱者"和"马朱者"(Yajuj,Majuj)。在《圣经·旧约·以西结书》第三十八、三十九章中,把玛各作为歌革的源出地而非人名。两章叙述歌革对以色列人的暴行,预言以色列人将起而反击并埋

---

① 参看拙稿:《元代回汉通婚举例》,收入《元史三论》第 156~162 页。1988 年 5 月,杭州大学黄时鉴教授的硕士研究生鲍志成先生毕业论文《元代各族的杂居和通婚》(打印稿)对此有详细论述。洪金富先生《元代汉人与非汉人通婚问题初探》(二),表 14"汉人娶色目人",表 20"汉人嫁色目人"(台湾《食货月刊》第 6 卷第 12 期,1977 年 3 月版,第 21 页、34 页、37 页)亦有列举。

葬他。在《新约·启示录》第二十章中则把玛各当为人名,说他们曾被释放后又做坏事而被天火烧灭。《古兰经》第十八章《山洞》第93～97 节说,具有极大权势的左勒盖尔奈英(Dhu al-Qarnayn)在行经两山之间地方时,当地人向他诉说雅朱者和马朱者人在地方捣乱,请他建一座壁垒以阻隔之。他在居民协助下用铁和铜熔化的液汁倾注于壁垒上①。此人据西方人的传说是古希腊马其顿国王亚历山大,至于壁垒所在地则一致认为是在今俄罗斯里海西岸的杰尔宾特(Derbent,Derbend)。此地面海靠山(高加索山),地狭而险,仅有一小平原,壁垒(或称城墙)即建在此处。它是在公元前 438 年由波斯阿契美尼德王朝(Achaemenidae)的阿尔塔薛西斯一世(Artaxerxes I)国王(公元前 465～前 425 年在位)所建,但公元后来华的西方人如鲁布鲁克和马可波罗等人仍笃信为亚历山大所筑。

此壁垒或城,突厥人称为铁门(Demir-kapi),波斯人称为打耳班(Derbend,波斯语关或守关者)。打耳班一名,在《元史》卷六十三《地理志·西北地附录》中为不赛因(伊利汗国王)领地。铁门关在《元史·太祖纪》、《圣武亲征录》及《长春真人西游记》中亦有此名,但所指为中亚另一关口。

应该指出,马可波罗在叙述天德地区时仅提及葛格与马葛格之名,并未说明他们的来历。但在此前他记录古儿只国(Giorgianie,Georgiania,今称格鲁吉亚)时,却提及亚历山大在此滨海靠山

---

① 《圣经》(《新旧约全书》)据全国基督教协会 1988 年版。《古兰经》据中国社会科学出版社 1981 年出版的马坚译本。

传为亚历山大所筑的铁门关——打耳班

的狭窄而险要的地段修筑一壁垒及高塔以防御外敌入侵,因称铁
门关。马可说,传说亚历山大把鞑靼人关在里面,事实上关的不是
鞑靼人而是库蛮人(钦察 Comain,Comainians)及其他种人,当时
还没有鞑靼人。注释家亨利·玉尔对此章作了详尽的诠释:他引

证多种典籍(其中有《古兰经》)及传说,认为马可此处所指被关者实即葛格与马葛格。至于马可为何又将此二种人移于蒙古的天德地区,则由于蒙古的西侵使欧洲人误以为即是被封锁于铁门关的鞑靼人的后代子孙的复出(玉尔引神圣罗马帝国皇帝、德意志国王腓特烈二世致英格兰国王亨利三世信为证),遂使蒙古人(鞑靼)成为葛格与马葛格的后裔①。但马可波罗到达天德后,发现此地有汪古与蒙古人,遂以汪古为葛格,以蒙古为马葛格,可能因对音较为接近吧。欧洲人一般称蒙古为鞑靼,马可波罗也不例外,此章称蒙古,为全书所仅见,甚可注意。是否也可作为他到过中国的一证呢?

　　附带说一下:把葛格与马葛格的位置定于中国北部的人,除马可波罗外,阿拉伯地理学者阿布尔菲达(Abulfeda,1273～1332年)的《地理书》中也有类似记载。他说:"中国西界陆地(沙漠)与印度为邻,南界大海,东界东大西洋(东海),北界葛格(Yadjudj雅朱者)与马葛格(Madjudj,马朱者)。"②可见在蒙古兴起后,此说已为西方一些人的共识。

　　关于宣德的译文如下:

---

① Henry Yule,*The Book of Ser Marco Polo*,Book I,Chap LV,note ③pp.56～57,1929 年第 3 版。

② 此据 Henry Yule,*Cathay and the Way Thither*《契丹及往契丹路程》,张星烺译名为《古代中国闻见录》)1915 年版第一卷 p.255 译出。张先生《中西交通史料汇编》朱杰勤校订本第二册第 241 页引此文谓在该书第一卷第 145 页(见其书第 246 页),实则该页仅有 21 行对阿布书的评价,张书第 241 页亦简译之,其他译文则在原书第 255～258 页。

　　离天德省东骑行七日,向契丹(Catai)边境进发。此七日行程中,见有不少城市与乡镇。居民有摩诃末信徒及多数偶像教徒,也有些聂斯脱里派突厥人基督教徒。他们以经商和手工业为主,织造名为纳失失(Nascici)及纳克(Nac)的金丝锦缎,和我国人织造各种毛织品一样。他们臣属大可汗。此省中有城名宣德州(Sindaciu),有各种手工业,而以制造皇家军队之精美武装(甲胄、马具)为著。其山区中有地名易德府(Ydifu),有一极佳银矿,产银甚多。又有多种飞禽野兽,可供狩猎。

对 Sindaciu 地名的勘同,俄国东正教修道院长帕拉第乌斯(Palladius)于 1876 年即指出其为宣德州(清代之宣化府)译音①。这是正确的。但和马可书中的许多中国名词在各种版本中有多种拼写法一样,此地名也有几种写法。法人沙海昂(A. J. H. Charignon,汉名为加入中国籍后改)在其《马可波罗行纪》(此为冯承钧译名,原名 *Le Live de Marco Polo*)此章中即写为 Suydatui(冯译本作 Suydatuy,Syndatny,最后之 n 字疑为 u 字之误——引者)。冯先生译为申达州,在此译名下加(注五)。此注一方面引帕拉第乌斯的对宣德州(Sindacui)即宣化府的考证,一方面又对帕拉氏关于从宣德到上都的路线的说明与马可所记不同提出疑问。最后说:

----

①　此据 Henry Yule 书第一卷 p. 295 注 ⑦. Henri Cordier 补注所引 Palladius 文 Elucidatios of *Marco Polo's Travels in NorthChina*, *drown from Chinese Sources*(*Jour. N. C. Br. R. As. Soc.* ,X. 1876, pp. 1～54. 亚洲皇家学会华北分会杂志 1876 年第 10 期,《马可波罗华北行程疏证》)。

"复次,宣德州仅在金代有此称,元代则名顺宁府,则波罗之申达州不得为后之宣化府矣。"沙氏结语认为,此申达州即金、元初期的抚州,"金人曾建一宫,一二六三年(元世祖中统四年)亦于此建一行宫,名其地曰隆兴路,已而改名兴和路,地距今张家口西北约五十公里……波罗之申达州,疑指此兴和城也。"抚州为金置,治柔远县(今张北县),辖境当今河北省张北县西,内蒙古自治区集宁市以东地区。

在此注以前,沙氏之(注一)注天德时已引帕拉氏所计算之自天德城西界之胡坦和硕,亦即库库和屯(今内蒙呼和浩特)西界至宣化府之路程为九百五十里而其行程为七日,沙氏说:"然则不止七日行程,本书之申达州,不得为宣化府矣。"①

按,沙氏两注从行程日数或方向否定帕拉氏的勘同是徒劳的,因为这些是马可波罗事后多年的回忆,不能完全准确,况且(如沙氏所说),各种版本也不尽一致。至于说宣德州仅在金代有此称,元代已改名顺宁府,看似有理,实则是沙氏为所据之《元史》版本所误导。武英殿版《元史》卷五十八《地理志一》上都路·顺宁府载:"顺宁府……金为宣德州。元初为宣宁府……中统四年改宣德府……至元三年,以地震改顺宁府。"似在元世祖即位后不久(1266 年)已不称宣德,而"百衲本"《元史》却是"仍至元三年,以地震改顺宁府"。即元顺帝在位时的至元三年(1337 年),相差七

---

① 冯译《马可波罗行纪》上册第 267～269 页注(一),注(五)为第 275～276 页。原书 *Le Livre de Marco Polo* 注 1 为 pp. 242～244,注 5 为 pp. 255～256。

十余年！而且,在《元史·世祖记》于至元三年后有关宣德府的记事还有不少。沙氏以外国人且是业余者著书,未及细读《元史》因而致误,冯先生未能及时纠正,未免遗憾。也有可能是,冯先生未看到"百衲本"。

其实,即令宣德府已改称顺宁府,但宣德之名依然保留。上引《元史·地理志》在顺宁府下说:"领三县、二州。三县:宣德,下,倚郭。宣平,下。顺圣,下。"可见,宣德虽改称县,但仍为顺宁府的治所。马可波罗行经其地,称宣德州,和他经丰州称天德时的原因一样。

宣德州或府在当时辖地甚广。除直辖三县外,二州一为保安州,领一县:永兴(今河北省涿鹿县)。一为蔚州,领五县:灵仙(今河北省蔚县)、灵丘、广灵(二县今属山西省大同市)、飞狐(今河北省来源县)、定安(今蔚县东北20公里之代王城)。另外,宣德府直辖的顺圣县(今河北省阳原县之东城镇)下附注说:"本隶弘州,今来属。"而同卷之大同路所辖之弘州则说,此州"唐为清塞军,隶蔚州。辽置弘州,金仍旧。旧领襄阴、顺圣二县。元至元中,割顺圣隶宣德府,惟领襄阴及司候司,后并省入州"。因此,弘州仍有一部在宣德府辖区之内。总之,元代的宣德州或府是一个很大的区域,当今河北省张家口市的绝大部分及山西省的二县。

至于 Idifu 一地,从对音上不好勘同。张星烺《马哥孛罗游记》音译为易德府(商务印书馆1937年版第123页),冯承钧音译为伊的非儿(Ydifir,《马可波罗行纪》第226页),俱非实地。帕拉第乌斯首先认为,这可能是蔚州(Yuchou)一名抄写之误。他引《元史》1323年(英宗至治三年)"罢上都,云州、兴和、宣德、蔚州、奉圣州及鸡鸣山……诸金银冶,听民采炼,以十分之三输官"为证。亨利·考狄埃首先承认此说,沙海昂注中虽不承认 Sindacui 为宣德州,但对帕拉氏之蔚州说则引之而未指摘,等于默认。

马可波罗所记自天德到宣德的旅途中所见居民织造的纳失失和纳克,都是波斯——阿拉伯文用兽毛配以金丝的织物,可称金锦或织金锦缎。这有元代史籍可证。《元史》卷一二〇《镇海传》:"先是,收天下童男童女及工匠,置局弘州。既而得西域织金绮纹工三百余户及汴京织毛褐工三百户,皆分隶弘州,命镇海世掌焉。"金绮纹即是纳失失与纳克等织品。此是元太宗时事,其时弘州原为蔚州辖地。西域指中亚花拉子模国,亦称回回国,其人为信奉伊期兰教的回回人,即马可波罗所称的摩诃末信徒。

弘州之有纳失失织工,《元史》卷八十九《百官志五》所记甚明:"弘州、荨麻林纳失失局,秩从七品。二局各设大使一员、副使一员。至元十五年,招收析居放良等户,教习人匠织造纳失失,于弘州、荨麻林二处置局。十六年,并为一局。三十一年,徽政院以两局相去一百余里,管办非便,后为二局。"此与《镇海传》元太宗时已在弘州置局所记不同,可能太宗时虽名"置局",而庶事草创,未暇制定官品及管理规程,或"置局"二字是事后史臣追记(《镇海神道碑》为元中后期许有任所撰),当时并未设局。

纳失失又译纳石失或纳失思,为元代皇帝御用或赏赐功臣。《元史》卷七十八《舆服志》:"天子冕服……玉环绶,制以纳石失,金锦也。""质孙,汉言一色服也……天子质孙,冬之服凡十有一等,服纳石失,金锦也。""百官质孙,冬之服凡九等,大红纳石失一……夏之服凡十有四等,素纳石失一。"可见纳石失有不同颜色。

205

卷九《世祖记》："至元十四年十二月,赏拜答儿等千三百五十五人战功金……银……钞……及纳失失……衣帽有差。"卷一百三十二《拔都儿传》："从征李璮……世祖嘉其能,赏纳失思段九。"《元史》中有关此词的记载还有一些。

但纳克或其类似的译音却不见于《元史》。俄国学者布莱特施奈德(E. Bretschneider)在《元朝秘史》(《蒙古秘史》)第 274 节蒙古征服巴黑塔惕(巴格达)后所得的物品中,指出其汉文译音中的蒙语"纳忽惕"(旁译浑金)、"纳赤都惕"(旁译织金)二词即是蒙语对 Nakh(即马可书中的 Nac)和 Nachid(即马可书中 Nascici)的多数形式。他把前者还原为 Nakhut,译为"一种金(丝)织品",后者还原为 Nachidut,译为"一种用金(丝)织的丝织品",这二者其实都差不多①。这可能是纳克不见于《元史》的原因。

据上引《元史·百官志五》,除弘州设纳失失局外,尚有距弘州百余里外的荨麻林亦设。荨麻林,今称洗马林,在张家口市万全县西,其时应在弘州辖区也即在宣德府辖区之内。《元典章》卷七《吏部·官制·从五品〈匠职·提举〉》内有"荨麻林人匠",从七品,《匠职·局大使》内有"荨麻林纳失失",从八品,《匠职·副使》内有"荨麻林纳失失"与"弘州锦院"。锦院也是织造金锦(纳失失)

---

① 　见 E. Bretschneider, *Medeaval Researches from Eastern Asiatic Sources*, Vol Ⅱ, pp. 124~125。Henry Yule 注本上卷 p. 65 已引用此说,还引鲁布鲁克、伊本·白图泰及裴格洛蒂(Pegolotti)等人对此二词的记载。

的场所①。

荨麻林又见于波斯人剌施德(Rashid al-Din,或译拉失德丁,拉施都丁)所著《史集》中。该书说,从大都至开平府(Kemin-Fu,即上都)有三道,一道取 Joju(旧译涿州,伯希和认为应是 Fuju 之误,即抚州),"地多葡萄及其他果品。其旁有小城曰荨麻林城(Sinali),城中泰半为撒麻耳干人,循撒麻耳干习俗,多辟园林"②。撒麻耳干(Samarqand)是中亚花剌子模的大都市,《元史》称寻思干、薛迷斯干、邪米思干等,这里的人多是信奉伊斯兰教的回回人,和马可波罗及《元史》卷一二二《哈散纳传》:"至太宗时,仍命领阿儿浑军并回回人匠三千户驻于荨麻林"所记相符。

马可波罗说宣德州制造军队武器也有根据。《元史》卷九十《百官志六》武备寺(原称军器监,至元二十年改为武备监,二十一年改监为寺)所属有"宣德府军器人匠提举司"、"蔚州军器人匠提举司"。至于蔚州之有银矿,除上引帕拉第乌斯据《元史·英宗记》至治三年资料外,尚有《元史》卷五《世祖记·二》"中统三年(1262年)八月甲午,博都欢等奏:请以宣德州、德兴府(金置,至元三年

---

① 伯希和有 *Une Ville Musulmane dans la China du Nord Sous les Mongols*(《蒙古时代华北—穆斯林城镇》)刊于《亚洲报》1927 年下册 pp. 261~278,冯承钧译名《荨麻林》,刊于《西域海南史地考证译丛三编》pp. 60~78,对元代荨麻林的有关资料作出详细的引录和阐述。此文开始即引拉施哀丁(即拉施特)所述 Sinali 城。并认为其中的 Jiju 一名非涿州而为 Fuju 即抚州(冯译第 73~75 页)。

② 此据周良霄所译波义耳英译《史集》第二《成吉思汗的继承者》第328~329 页。周先生并据《元史·哈散纳传》及耶律楚材《湛然文集》诸书证实《史集》所说。

改称奉圣州,隶宣德府)等处银冶付其匠户,截取银及石绿、丹粉
输官。从之。"

综上所述,可见马可波罗所记天德、宣德之行,是他亲历二地
的见闻而非抄自他书(如波斯文《导游手册》)或听人转述。怀疑甚
至否定马可波罗到过中国的论调是没有根据的。

［十三］ 马可波罗所记元代节日和刑制

　　马可波罗在中国住了十七个年头（1275～1291 年）。他虽然遍游中国各地,但在北方居留的时间却比较长久,这从他书中对北方特别是对大都（今北京市）和元世祖以及蒙古人的生活情况细致的叙说可以看出。兹就他关于元代节日习俗及刑罚制度的叙述简介如下。

　　马可波罗举出了两个重要的节日。一个是忽必烈的生日:他说,大汗的生日是九月二十八日。据英文或法文译本,他说的九月是"the month of September, du mois de Septembre",可见是指西方历法;而二十八日则是"the 28 day of the moon, le ving-huitieme jour de la lune",无疑是指中国历法。冯承钧译《马可波罗行纪》作"大汗生于阳历九月即阴历八月二十八日"是意译,可信。只是,马可当时并不清楚这两种历法的区别,否则他会直接说八月二十八日了。据《元史·世祖纪一》,忽必烈生于乙亥年（1215年）八月乙卯日,即八月二十八日（西历 9 月 23 日）,马可所说,与《元史》完全一致,不过他用的是阴阳合历而已。这是偶然的巧合还是他亲身在大都或上都听说的？无疑是后者。因为，皇帝的诞辰历来是重要的、举国以至邻邦皆知的盛大节日，要举行隆重的庆典。马可在二都时间较长，当然知悉此事甚至躬身与会，这从他描述此节日盛况的详细与中国史籍的记载基本符合可以推知。个别地方还可以补充元代史籍的不足。如他说，在大汗诞辰，除文武百官穿同一颜色服（即只孙服）朝贺外，其他宗教教士如偶像教士（佛教）、基督教士、犹太教士及萨拉逊人（伊斯兰教士）及其他种人，都要向其崇拜的神祇燃灯焚香、歌唱祈祷，求其神主保佑皇帝健康长寿、平安幸福。这一仪式在《元史·礼乐志一·天寿节受朝仪》无记载，在《元典章·礼部一·庆贺圣节拈香》虽有较详说明，但提到的宗教参与人数只有儒生和僧道，而在元代寺庙的"圣旨碑"中，才有诸如"和尚（僧）、也里可温（基督教士）、先生（道人）答失蛮（伊斯兰教士）不拣什么差发休当者，告天祝寿者"一类的文字（蔡美彪《元代白话碑集录》中多散见）。所谓"告天祝寿"即"专与皇家告天祝寿"（见上书第 21 页）。犹太教教士当然也须参与祝寿活动，因为元代也有许多犹太人来华（称主吾、主鹘或术忽），但汉文资料中尚未发现他们祝寿的记载。《游记》的版本中也只有穆尔及伯希和的《马可波罗寰宇记》英译本（p. 222）引 P 本（Pipino，皮皮诺本）有此说法，弥足珍贵。

　　另一盛大节日是新年：马可说，他们的新年开始于 2 月（西历），这一天，全国自皇帝、臣僚及人民一律穿白衣，举行庆贺，称为白节。

　　按，中国旧历新年一般在西历 1 月下旬至 2 月中旬之间。马可波罗于至元十二年（1275 年）夏季来华，不会参与也不会知道该年的中国元旦。第二年元旦为 1 月 18 日,他来华不过半年,可能无资历或出使云南而未及参与盛会。此后十五年间,元旦在 2 月者有八个年份,在 1 月者有七个年份。其中 1 月为元旦者最早为 1 月 15 日、19 日,一般为 22 至 30 日;2 月为元旦者依次为 2 月 1、2、3、5、6、10、11、13 日。马可说都在 2 月,并不全面,可能他对在西历 2 月与他们在 1 月者不同而感到新奇值得一提吧。这也证明他说大汗生于九月是指西历 9 月,中国八月。

蒙古旧俗,以白为吉,恰如马可所说,他们认为白衣是幸运和吉祥之物,因称元旦为白节。注释家亨利·玉尔说,蒙古人迄今(指 19 世纪末)仍称正月为"白月"。《元朝秘史》第 202 节记成吉思汗做皇帝时,"建九脚白旄纛"旗;第 216 节成吉思汗封兀孙老人为别乞(巫师首领),让他"骑白马,著白衣,坐在众人上面"。可以为证。其反证是,明朝建立后,汉人新年绝不穿白衣。中亚帖木耳王朝的沙哈鲁遣使臣朝见永乐皇帝,元旦前一日即被告知,次日见皇帝时不许穿白衣白袜和戴白帽,说那是服丧时的服装(《沙哈鲁遣使中国记》何高济译本第 125 页,中华书局 1981 年版。玉尔注本已引用),怕他们仍沿袭蒙古礼节。

据《元史·礼乐志·元正受朝仪》(卷六十七),元旦这天,并无人人衣白的记载。这可能是史家认为衣白是不言而喻的事,更可能是,《朝仪》是汉人儒者于至元八年订的,他们可能不喜欢元旦衣白而有意回避此事,但从《朝仪》说"预宴之服,衣服同制,谓之质孙"(质孙或只孙,蒙语指一色服),可以推想是暗示一色白服。《朝仪》记朝贺礼有几次"拜"、"鞠躬"、"拜"、"兴"、"山呼"、"再三呼"、"跪左膝、三叩头"等礼数,以及"圣躬万福"、"溥天率土,祈天地之洪福,同上皇帝、皇后亿万岁寿"等祝辞,则和马可所记大致相同。注释家法人颇节比较马可所记与《元史》此处后,认为二者有"惊人的相似"处(ressemblance étonnante,冯承钧译为"若合符节");亨利·玉尔认为颇节此注是极有兴趣、值得注意的诠释。

马可又说,在这一天,群臣、人民以及各国都要向大汗贡献贵重礼品,而且以九倍计。《朝仪》有献礼明文,如"后妃、诸王、驸马以次献贺礼毕","文武百僚……礼部官押进奏表章、礼物……宣礼物舍人进读礼物目"等,但未提所献何物,而马可所述礼物种类则颇详细。至于礼物以九倍计,也为《朝仪》所漏载,但不乏旁证。如《元史·祭祀志六·国俗旧礼》说:"每岁,驾幸上都,以六月二十四日祭祀,谓之洒马奶子。用马一,羯羊八(共九牲——引者),彩缎练绢各九匹,以白羊毛缠若穗者九……"以祭天。成吉思汗赏赐契丹人耶律留哥之妻姚里氏"河西俘人九口,马九匹,白金九锭,币器皆以九计"(《元史》卷一四九《耶律留哥传》)。此外,在刑罚制度方面,数目字"九"也有用场。

马可讲到蒙古人的法律时说,如有人偷一件不犯死罪的小东西,则被打七棍,偷两件则被打十七下,三件及以下打二十七下,三十七,四十七……最多打到一百零七下以致被打死。如偷十五头牛或一匹马或其他(贵重)东西则被用刀斩为两段。但,假如他能赔偿,则需赔所偷物品九倍的价值。

按:以"七"为笞刑始数,这是蒙古的刑律,此前中原历代王朝皆以"十"开始,终于"一百",与蒙古的以"一百七"为尾数也不同。元世祖统一中国后,虽制定新律,仍遵行蒙古旧制。据《元史·刑法志一》(卷一〇二),《名例》中的"笞刑"(用小竹板打)自七至五十七,杖刑(用大竹板或木棍打)自六十七至一百七。据说,其用意是:"天饶他一下,地饶他一下,我饶他一下。"即"合笞五十,止笞四十七,合杖一百十,只杖一百七"(《草木子》卷之三下《杂制篇》)。用意似乎可取,但把笞刑止五十增为五十七,把杖刑止一百增为一百七,则又加重了刑罚。此点汉人臣僚已指出其不当。成宗大德间(1297～1307年),刑部尚书王约上言:"国朝之制,笞杖十减为七,今之杖一百者,宜止九十七,不当又加十也"(同上《刑法志》)。言之切中,但未被采纳。马可波罗在元世祖时期来华,他讲的刑罚数目,和《元史·刑法志》完全一样。只是他还不能理解笞与杖刑的区别,只笼统地说用棍棒而已。这也就够了。

　　至于偷一赔九刑罚,也与《刑法志》相同:"诸盗驼马牛驴骡,一赔九。盗骆驼者,初犯为首九十七,徒二年半,为从八十七,徒二年,再犯加等,三犯不分首从,一百七,出军。盗马者,初犯为首八十七,徒二年。为从七十七,徒一年半,再犯加等,罪止一百七,出军。"(以下至盗牛驴骡羊猪,依次减刑,不列举)可见不止加赔,还要受刑。这从《元典章》卷四十九《刑部·诸盗一·强窃盗·盗贼出军处所》所引武宗至大四年(1311年)七月二十五日圣旨有"偷盗骆驼、马匹、牛只的,初犯呵,追九个赔赃,打一百七下者"及同卷《偷头口达达偷头口一个赔九个·汉儿人盗头口一个也赔九个》引至元二十九年(1292年)三月中书省咨:有为首者除偷一赔九外,"合敲的敲(死刑以上重刑)",对做伴当(为从的同伙)偷来的,则打"七十七下"。这和《元史·刑法志》盗马罪所定相同。可见,马可可能认为,盗犯只要赔偿原物九倍就够了,其他的详细处罚他并不清楚。作为一个外国人，这也难怪。

　　总上所述，马可波罗对元代蒙古节日的叙述与中国记载完全一致，证明他曾亲自参与且不止一次。对刑罚的叙述与汉籍基本一致而略有不足，因为刑制是无形的上层建筑，看不见、摸不着，他也未曾触犯刑律，无从体验。能谈到这一步已是难得。这证明，他确实到过中国。怀疑、否定他到过中国的论调是没有根据的。

　　（原刊《文史知识》1998 年第 9 期，中华书局版第 112～116 页，编者改名为《马可波罗到过中国吗？ —— 从他所记元代节日和刑制谈起》）

［十四］ 百年来我国对《马可波罗游记》的介绍与研究

　　马可波罗(1254～1324年)这位中世纪大旅行家,自1275年(元世祖至元十二年)从意大利到达中国,遍游中国各地,1291年(至元二十八年)初离华。他的《游记》,不仅详细记录了元代中国的政治事件、物产、风俗,对西方世界也产生过重大的影响,因而在西方,关于《游记》的版本、译文和研究论著层出不穷。在我国,映堂居士于1874年4月(清同治十三年三月)在《中西闻见录》第21号上发表《元代西人入中国述》短文,是第一篇介绍马可波罗的文章①。此后 120 余年来,我国已有《游记》汉文译本七种,蒙文译本二种,介绍及研究性专册、论文百余种。虽然比起国外研究此书的成就还有一些差距,但也有我们的特色,为这门学科的研究添砖加瓦,作出一定贡献。

一　关于汉蒙文译本

七种汉文译本是:

(1) **魏易**:《元代客卿马哥博罗游记》,1913 年北京正蒙印书局出版。

(2) **张星烺**:《马哥孛罗游记》,1929 年北美印刷局印刷,燕京大学图书馆发行。此前,张星烺曾将英人亨利·玉尔英译本附注及法人亨利·考狄埃修订补注本《游记》导言部分译出,以《马哥孛罗游记导言》书名于 1924 年由北京地学

---

① 据《东西洋考·每月统计传》」酉年(1837 年)五月《欧罗巴列国之民寻新地论》载:"元兴初年间,意大里国有二商贾赴于北京。其人聪明,能通五艺,所以忽必烈帝厚待之,奉龙恩归国。其人细详中国之事,令西洋人仰而异之。"此虽混马可父叔与马可本人两次来华为一谈且未提波罗三人之名,却为最早介绍马可事迹的记录。此承黄时鉴教授函示并惠寄《东西洋考》一书得悉。谨此致谢! 又,李长林教授发现,1874 年 1 月 30 日《申报》第 542 号刊载求知子《询意国马君事》,早于映堂居士文两个多月。见其《国人介绍与研究〈马可波罗游记〉始于何时?》及《中国马可波罗研究中的几个问题》,分刊于《世界史研究动态》1990 年第 10 期及《世界历史》1996 年第 5 期。

会发行。至 1929 年，始将所译《游记》正文第 1 卷 30 章与《导言》合并印出。

(3)李季:《马可波罗游记》,1936 年 4 月上海亚东图书馆发行。

(4)冯承钧:《马可波罗行纪》,1936 年 11 月上海商务印书馆出版,1947 年 2 月第三版,建国后中华书局曾于 1954 年重印。全书分上、中、下三册。

(5)张星烺:《马哥孛罗游记》,1937 年 7 月上海商务印书馆出版。

(6)陈开俊等合译:《马可波罗游记》,1981 年 11 月福建科学技术出版社出版。

(7)梁生智译:《马可波罗游记》,1998 年 9 月北京中国文史出版社出版。

从 1913 年到 1998 年约八十五年间,出了七种译本,数量可谓不少。至于各译本质量,已有人撰文论及①,无需赘述。笔者的印象是,就译者所据版本而论,张星烺先生前后所译《马哥孛罗游记》较好。因为前者是英、法两国对马可波罗书深有研究的学者的英译本,其中附有丰富而有学术价值的注释,对理解马可波罗书的记载极有帮助,可惜所译正文仅 30 章,仅及全书七分之一;

---

① 　见张跃铭:《〈马可波罗游记〉在中国的翻译与研究》,《江淮论坛》1981 年第 3 期;余士雄:《评新译〈马可波罗游记〉》,《读书》1982 年第 10 期。二文俱收入 1983 年北京书目文献出版社余士雄主编的《马可·波罗介绍与研究》一书中,该书尚有评李季译《马可波罗游记》等文,可参看。

后一本是根据一种较新的《游记》版本,即称为《Z写本》的拉丁文写本,由意大利的拜内戴拖教授译为意大利文,又经人译为英文,张先生即据英译本译出。这一版本有许多记载为其他版本所无,弥足珍贵。不足之处是没有注解,因原英译本即无注解;又因"力求忠实,所有语句,类皆照译"(原书例言),使行文有欠简练流畅,但作为史料,仍极有价值。

冯承钧先生所译《马可波罗行纪》是据法国人沙海昂(后入华籍)的法译本译出的,沙氏译本则系将法人颇节(一译鲍梯)的旧法文体转为新法文体,同时又将玉尔·考狄埃本注释摘要附录,颇节本所无而见于刺木学(一译赖麦锡)本者亦为补入。据冯先生说,沙海昂译此书仅出于业余爱好,非专家之作,其个人注解不免有误,冯译则"取其所长,弃其所短",加之冯先生对元代历史颇有造诣,故所译本书较前译诸书在译文及注释方面俱有独到之处。魏、李译本皆遭指责,张译本一则不全(旧本),一则无注(新本),满足不了读者的需要。陈译虽系较近出版,理应后来居上,但其所据译本并非新版,译文虽较通顺,仍有一些错误,有些涉及专业知识的地方,错误更明显①。梁译后出,吸收了一些前人研究成果,避免了一些错误,因此,就目前而论,较(1)、(3)、(6)译本为佳,但所据版本陈旧,其学术价值反不如张、冯译本。仍以张、冯译本为佳。

现在好的英译本《游记》,当以1938年穆尔(A.C.Moule,一译牟里或慕阿德)与伯希和(P.Pelliot)合译的《可马可波罗寰宇

---

① 见余士雄:《评新译〈马可波罗游记〉》。

记》(Marco Polo：The Description of the world)为最。此书综合各种版本为一书,并于正文旁注明版本的缩写,可称为百衲本式的马可波罗书。注释本除玉尔·考狄埃本尚有价值外,则以伯希和的《马可波罗游记诠释》(Notes on Marco Polo)为精细深刻[1]。伯希和这两部书据说在国内都有人在翻译,但出版尚遥遥无期。我们希望,随着改革开放的深入和经济现代化的发展,这两部书能早日问世。

翻译马可波罗的《游记》,这是研究马可波罗的起步或基础工作,非常重要。前述七种汉文译本虽各有短长,难以尽如人意,但译书本身就是一项值得肯定的劳作,我国绝大多数学者和读者都是凭借汉译本这个阶梯才知有马可波罗其人并走上研究之路的。可是,由于《游记》中涉及的事物极其广泛,仅就他在中国所见所闻的事件,所游历的地方,要将其和中国史籍一一对照和解释,就是一件细致复杂的工作。兹举一例,略作说明。

元世祖时期,有一个大臣阿合马,由于善于理财,得到元世祖的宠信,却引起汉人臣僚的嫉视和不满,阿合马也恃权做了一些不法之事。至元十九年(公元 1282 年),以汉人益都千户王著为首的一伙人设计把阿合马杀死。此事《元史本纪》和《阿合马传》及其他有关人列传中记之颇详。马可波罗其时正在大都(今北京,元首都),也记载了这一事件,正可以印证、补充《元史》的不足。他也提

---

[1] 见江辛眉:《伯希和〈马可波罗游记诠释〉简介》本书译为《马可波罗注》,《中国史研究》1959 年第 2 期,收入《马可·波罗介绍与研究》中。

到王著的名字,但现今的汉译本都把这一为首者的名字译错了。如首译此书的魏易译为:"有契丹人名陈国者 Chen-ku,军官也,所部有六千人……欲谋举事杀阿马克。其至友中有名王国者Van-ku,亦为军官,率众万人。"(译本卷2,第16页)李季译本说:"有一契丹人名张易,系一千夫长……他满怀忿怒,遂与另一契丹人王著——此人系一万夫长(按《元史》载王著为益都千户)——密谋毁灭阿氏。"(译本第155页,括号内按语为李季原加)

冯承钧译本说:"其中有一契丹人名陈著(Tchen-tchou)者,身为千户……遂与别一契丹人身为万户称王著(Wang-tchou)者同谋杀之。"(中册第341页)

张星烺新译本说:"有一个契丹人,名叫张库(Chenue,音译)是一个千户军官……他盛怒之下,与另一个万户军官契丹人王著(Vancu)谋杀阿合马。"(译本第163页)

陈开俊等译本说:"有个契丹人,名叫张易(Chenchu),是个千户……他满怀悲愤,和另一个契丹人,万户王著(Vanchu)密谋杀害阿合马。"译者在"王著"名下附脚注说:"按《元史》,工著为益都千户。"(译本第113页)

最后,梁生智译本是:"有一个契丹人名叫张易,是千户长……他满怀仇恨,于是与另一个契丹人王著——此人是一个万户长——密谋刺杀阿合马。"(译本第136页)

按,《元史·世祖纪》和《阿合马传》,王著是益都千户,不是万户,译者也已指出;和王著同谋的人是高和尚,此人于至元十七年(1280年)二月由枢密副使张易推荐,说他"有秘术,能役鬼为兵,遥制敌人",受命与大臣和礼霍孙将兵赴北边,其后无验逃回,是否封为万户，史无明文，但其人绝非张易。张易确有其人，但并未参与杀害阿合马的现场，当时他任枢密副使，王著派遣其同党崔总管假传太子真金令旨，令其发兵，张易"莫察其伪"，即遣其部下领兵而去（《元史·阿合马传》）。至于陈国、王国、陈著、张库，只是魏、冯、张三先生就字面译音，更无其人；连他们译为王著的那个人，也并非《元史》上的王著，他们都译错了。

　　这个问题，早为中外对马可波罗学深有研究的学者所指出并解决了。约在 1943 年前后，西南联合大学的邵循正教授在一次题为《语言与历史——附论〈马可波罗游记〉的史料价值》的学术报告中就指出，马可波罗在此章中所称的 Cenchu，应译"千户"，是官号而非人名，其人即《元史》中的王著；至于 Vanchu，应译"万户"，不是王著，邵先生认为可能是阿合马的同党崔总管。总之，马可波罗所指的两个主谋人，一个是千户官，一个是万户官，原文已说得很清楚，他并不知这两个主谋人的真名，汉译者由于知道刺杀阿合马的首领是王著，遂先入为主，用威妥玛（T. Wade）译汉音法，把 Vanchu 译为王著，而另一个 Cenchu，则《元史》并无其人，只能随意而译了①。

　　外国学者解释得更早。1927 年，穆尔在题为《阿合马伯罗之被杀》一文中即指出，Cenchu 确为千户王著，Vanchu 即万户，其

---

① 见《邵循正先生蒙元史论著四篇》，元史研究会编《元史论丛》第 1 辑，中华书局 1982 年版。

人极可能是《元史》中的高和尚。其后伯希和更肯定其说①。

由上可见,翻译《马可波罗游记》,不仅是文字的转译问题,而且是一项严肃而艰难的探索和研究工作。我们不能要求汉译者毕其功于一役,把书中的一切问题都解决了,而应在他们译书的基础上,作一些校勘、补注、考证等前人未竟的工作。这些年来,我们已作了一些,以下分类述之。

顺便提一下蒙文译本。第一种是赛亚东根据李季的汉文译本转译的,由吉林人民出版社 1977 年出版。第二种是葛尔乐朝克图根据日本青木一夫所译意大利拜内戴托发现的"Z 写本"译为日文再转译为蒙文。二书虽系一再转译之作,却说明了我国对《马可波罗游记》的重视。

二 研究情况概述

马可波罗在书中记载的元代中国的事情非常繁富,他游历的地区很广,所见所闻,多笔之于书。这些记载,既可与中国史籍互相印证,也有一些晦涩不清、需要考证的地方,这就给研究者提供

---

① 见穆尔(A. C. Moule):*The murder of acmat bailo*,原刊英国亚洲皇家学会会报华北分会 1927 年上海版,收入其《行在及其它马可波罗注释》(*Quinsai with other notes on marco polo*)论集 pp. 79～88。(Bailo,邵循正先生认为即女真语的"孛极烈"、满洲语的"贝勒",见前引邵文);伯希和:《马可波罗游记注释》pp. 10～11 acmt ①条,p. 236 cenchu 条,p. 870 vanchu 条。又,最近蔡美彪教授据《元史》、元人文集及《史集》,认为 Vanchu 实为张易,刊于《中国社会科学院研究生院学报》1998 年第 5 期,颇有见地,可取。

了课题。西方学者已研究并解决了一些问题,在他们研究的基础上,补充、审正、提出新的看法,是我们责无旁贷的任务。

(一)马可波罗的身份问题

马可波罗在书中对他自己在中国担任的角色述说不清,他先说他为大汗(即忽必烈)出使各地,又说曾治理扬州三年,这在中国史志上都无迹可寻。对此,我国学者曾提出三说。

1. 枢密副使说。法国学者颇节(一译鲍梯)于 1865 年出版的《威尼斯人马可波罗游记》中,据转译之《元史·世祖纪》至元十四年(1277 年)二月"以大司农、御史大夫、宣徽使兼领侍仪司事孛罗为枢密副使,兼宣徽使,领侍仪司事"记事及同书《阿合马传》中王著等杀阿合马后,元世祖命枢密副使孛罗等"讨为乱者"等记载,认为此枢密副使即马可波罗,亨利·玉尔从之。张星烺在译亨利·玉尔英译本《游记导言》时,为之补《中国史书上之马哥孛罗》,详搜《元史》及其他资料,确证了颇节之说。束世澂见其文后,赞同其说,并著《中国史书上之马哥孛罗考》,较张文所搜孛罗资料更为完备。但也提出一点"存疑",即,《元史》上的孛罗,在任枢密副使以前,至迟在至元七年(1270 年)已任御史中丞,若其人果为马哥孛罗,则马哥之至中国,至迟亦在是年,而据《游记》,其抵华时间,当在至元十二年(1275 年)。他说:"岂枢密副使孛罗非马哥孛罗欤?然其行事与《游记》何无一不合者也?"这本是一个击中要害的问题,然而束先生因基本同意张先生的枢密副史说,最后

223

仍以波罗书记载有误的推测(此系张说)而未追究下去^①。

张氏此文,在当时颇有影响。法国人沙海昂(即将颇节本《游记》转为新法文者)读后,即译为法文,并在当年(1922 年)10 月在北京观象台为之作宣传讲演^②,表明二人看法相同。1926 年出版的李思纯《元史学》,有《补马可波罗传略》,也说马可于"1277 年,遂拜枢密副使"。但《蒙兀儿史记》作者屠寄(1856～1921 年)在其书卷一一七《马可保罗传》中则反对此说。他在该卷夹注中引证《元史·阿合马传》后说:"西人之稍读元史者,妄谓此副使孛罗即马可保罗,徒以孛罗二字与保罗音近耳,实则副枢孛罗必是蒙兀种人而非马可,故《马可游记》旧本不载其事,明嘉靖间(1522～1566 年)西人续得《马可游记足本》始知之,并谓或马可不愿当世知之,故先不传播。钱念劬《旧潜记》疑之,寄以为定是西人附会之说。"屠氏此说远在张星烺补传之前,当系针对亨利·玉尔《导言》之说,此据该文最后夹注有"英人尤氏(即玉尔——引者)云"可知。这是我国学者最早否定马可波罗为枢密副使的第一人。他译波罗为"保罗"而不用"孛罗",免与《元史》中名孛罗者相混,颇有见识。虽然他仅从种族不同而推断,未举出更多论据,但首倡之功亦不可没。

---

① 张星烺之作先发表于《地学杂志》1922 年第 1～4 期,后收入其《马哥孛罗游记导言》。束世澂文发表在《史地学报》1923 年第 2 卷 7 期。张见束文后又作《答束世澂君(中国史书上之马哥波罗质疑)》(载《史地学报》1924 年第 3 卷 3 期)一文,仍坚持《游记》本身有错误之说。

② 见上引《答束世澂君》文。

　　此后,法国东方学者伯希和在 1927 年与 1928 年合刊的《通报》(刊物名,荷兰出版)上,发表了《马可波罗行纪沙海昂译注正误》一文,批评了沙海昂沿袭颇节"枢密副使说"之误。他提出,英人巴克尔(Parker)在 1904 年曾说 1277 年的孛罗不得为马可波罗,他自己也曾引剌失德丁(Rasidu-d-Din)的《蒙古史》(即今汉译《史集》——引者)的一段,证明中国史书所志参加阿合马案件的孛罗,也不是马可波罗①。冯承钧在所译沙海昂《马可波罗行纪》上册《序》中说:"考《元史》,至元七年以御史中丞孛罗兼大司农卿;至元十二年以大司农、御史中丞孛罗为御史大夫;至元十四年以大司农、御史大夫、宣徽使兼领侍仪司事孛罗为枢密副使,记载此孛罗拜官始末甚详,则不得为至元九年(按,应为至元十二年即 1275 年——引者)初至上都之波罗,彰彰明矣。"他说:"所以我名其人曰马可波罗而不名之为马哥孛罗。"此注作于 1935 年 2 月 20 日。

　　同年 12 月,中央研究院《历史语言研究所集刊》第 5 本第 4 份刊载了岑仲勉先生的《蒙古史札记》,其第八篇为《枢密副使孛罗》一文,针对张星烺先生的论点作了详细的讨论。首先提出三点疑问:张氏将孛罗一家自威尼斯至大都时间之三年半强缩为一年余,与事实不合,疑点一;张氏缩短行程时间目的在证实马可父子于至元十年(1273 年)到中国并参加炮攻襄阳之役,但该役在至元十年正月,马可父子即令能到,行装甫卸,何能立即献炮法攻

---

①　伯希和文由冯承钧译出,先刊布于其《西域南海史地考证译丛》,1934 年版第 83～99 页;后收入其《马可波罗行纪》下册,1936 年版《附录》第 849～865 页。

城,此其二;张氏谓马可在扬州当任达鲁花赤或宣慰使,如马可曾为枢密副使,则其出任扬州官员为降职,何以获元世祖宠遇者竟左迁外秩?且其治理扬州年代亦难以确定,疑点三。岑氏更进一步就枢密副使孛罗的仕官经历与马可入华年代不合,孛罗所任职务(如宣徽使、侍仪司等)非入华不久之马可所能胜任等问题展开评述,否定了马可为枢密副使说[①]。

至于《元史》上的枢密副使孛罗,已有人对其生平经历作了详尽的考证。余大钧教授在《蒙古朵儿边氏孛罗事辑》长文中指出,孛罗是蒙古朵儿边部人,生年约在 1246 年左右,1283 年(至元二十年)夏,孛罗奉旨出使波斯伊利汗国,于 1284 年末或 1285 年初到达,从此一去不返,于 1313 年 4 月去世[②]。可见此人与马可波罗毫不相干。

扬州总管说。马可波罗讲到扬州时,说扬州"被选为十二省城之一",又说他"曾受大可汗的命令,治理这城三年之久"[③]。他在扬州任何官职,我国史书及扬州方志均无记载。映堂居士在《元代西人入中国述》中说,博罗玛格(这是按中国习惯以姓冠名前的译法)"曾为扬州总管",这是在我国提出扬州总管说的第一人。此后,屠寄在所著《蒙兀儿史记·马可保罗传》中也说:"(至元)十四年(1277 年)……时宋已平,特授扬州路总管,在职四年。"再后,在冯译《行纪》的《叙言》(第 9 页)及第 15 章(注 1,第

---

① 按,岑氏所评张氏论点,多引自张氏另一专著《马哥孛罗》,故文字上与张所著《中国史书上之马哥孛罗》略有不同。
② 见《元史论丛》第 1 辑,中华书局 1982 年版,第 179～199 页。
③ 见张译本第 288 页,冯译本中册第 542 页基本相同。

35 页)都说马可波罗曾被任为扬州总管,但在同书第 143 章《扬州城》一节的正文和附注中(见中册第 542～543 页),却未提总管二字。

扬州总管说外,尚有扬州宣慰使(张译《游记导言》第 100 页)、都督(李季译本第 226 页)、总督(张译《游记》第 288 页,陈译第 168 页)等说。这些译文都值得推敲。

笔者认为,总管、都督、总督等都是汉译者用的官名,与马可波罗实际在扬州担任的职位都不相干。

马可波罗讲到扬州城时,说扬州"被选为十二省城之一,所以大可汗的十二总督之一驻在这城里"。又说马哥孛罗"曾亲受大可汗的命令治理这城三年之久"(见张译本第 288 页)。这是把扬州作为一个行省的省会而说的,扬州确实曾有一段时间为江淮行省的治所。在元代,行省的长官称平章政事,这用欧洲文字表达不出来,只能译为 Gouverneur 或 Gouverneur général(法文),Gouvernor general(英文),颇节、沙海昂的法文本和玉尔的英文本就是这样译的。这两种外文再译成汉语,则可译为总管、总督或都督。从翻译的角度看,这本无可指责。而在元代,行省以下的路,恰好有总管一职,因此,马可波罗便由西方人理解的行省长官变为中国人理解的扬州路总管了。总之,所谓马可波罗任扬州总管一说,只是文字翻译的偶合或巧合,以致误假成真。从马可书中的记述,是得不出这个结论的①。至于总督、都督,其意与总管同,元代行

———————

①　参看笔者:《关于马可波罗在中国的几个问题》中的(二)《马可波罗是否做过扬州总管?》节,原刊《中国史研究》1982 年第 2 期,收入《元史三论》第 109～113 页。收入本书第五章第二节。

省并无其官,可不具论。

关于扬州宣慰使一说,是张星烺先生译亨利·玉尔的《马哥孛罗游记导言》中的话,似乎玉尔认为马可曾任扬州宣慰使。其实,这又是张先生的汉译问题。查玉尔的原文是:"At one time we know that he held for three years the government of the great city of Yang-chau",直译可作:"他曾治理扬州大城三年",张译则为"尝为扬州宣慰使三年",与原文相差甚远。其原因可能是,他认定《元史》上的枢密副使孛罗即马可波罗,又认为此孛罗曾任过宣慰使。在其《中国史书上之马哥孛罗》文中,他引《元史》卷七《世祖本纪》"至元七年十二月丙申朔……以御史史丞孛罗兼大司农卿"条后说:"此人后升御史大夫、宣慰使、枢密副使。"又引同书卷九:"至元十四年二月,以大司农、御史大夫、宣慰使兼领侍仪司事孛罗为枢密副使兼宣徽使、领侍仪司事",证明马可波罗曾任宣慰使,而宣慰是地方机构宣慰司的首长。这看起来没有错,可惜他引的《元史》版本错了。据百衲本洪武版《元史》及中华书局标点本《元史》,至元十四年二月此条不作"宣慰使",而作"宣徽使",这是正确的。因为此时的御史大夫孛罗是在中央任官,不可能兼地方官①。李思纯《元史学·补马可波罗传略》沿袭张说,谓"明年(1280年),出任淮东道宣慰使",盖因宣慰司系分道设置,扬州置者称淮东道(《元史·百官志》七)。

---

① 中华书局《四部备要》本《元史》及开明书店据清殿版二十五史之《元史》俱误作"宣慰使",冯译《马可波罗行纪·序》第3页亦误作"宣慰使"。

　　实际上，马可波罗是否在扬州任职，还难确定。亨利•玉尔曾指出，有一种《游记》版本说马可波罗"奉大汗命居住此城三年"，未提任职。伯希和则认为，马可波罗所任的差使多半是盐税事务，他在扬州所担任的职务，也应当是有关盐务的官员①。当然，这只是一种推测，还无从证实。马可波罗在扬州任职以及他在华17年间任职问题，还是一个悬案。近年来，已有一位学者对此提出进一步的清理工作。

　　斡脱商人说。1992年，蔡美彪教授在《中国社会科学》第2期上发表《试论马可波罗在中国》一文，在考察了马可波罗在华的"语言与观念"后，他就马可的"地位与身份"作了详细的探索和分析，推断马可波罗是"色目商人中的斡脱商人"。论据如下：

　　(1)马可波罗《游记》中有关他是否担任行政官员或使臣的记述模糊含混，难以置信。书中只说他被称为阁下(Messer或译先生)，而无任何官名和职衔。元朝出使使臣必须持有朝廷授予的牌符(牌子)，马可经行中国各地却从未提被授牌子，不可能是正式使臣。他提到出使过哈剌章(云南)和印度，俱未言及执行任何行政使命，而只记当地风俗物产、贸易情况(前地)和采珠方法及宝石(后地)。既无牌符，又无奉使记录，表明他不具备使臣的地位和身份，最多不过是随员。其扬州任职可疑，有版本说他居住此城三年，伯希和推测他是盐务官员，并无实证。可能他以商人身份参予过扬州的商务管理。

――――――――――

　　①　参看本书第五章第二节《马可波罗是否做过扬州总管?》。原刊《中国史研究》1982年第2期，收入《元史三论》第109～113页。

（2）《游记》记述中国情况涉及方面很多，但不像旅行家那样去描述名山大川景色和文物古迹，也不像一名官员那样去记述行政事务和官场纷争，而是以极大兴趣记录各地物产、贸易、集市、交通、货币、税收等与商业有关的事物，表明他具有丰富的商业知识和在中国从事商业的实际经历。书中较多涉及的珍珠、宝石、香料、盐业等等，都是元代色目商人所经营的行业，可能也是波罗一家经营过的行业。马可不懂汉语，与汉族文士和色目文人无交往，他所交往的是商人和商务官员，因而他所记述的某些历史事件，往往确有其事而不尽相合。

（3）波罗一家本是威尼斯富商，他们在华 17 年之久，并无奉使或任职记录，当是继续经商。回国时带回大批珍宝，成为"百万富翁"，表明他在中国经商致富。若只是旅行家、传教士或一般官员，不可能积累如此巨额财富。他书中记载中国麝香的出产，还带回麝鹿的一副头骨和脚骨，在威尼斯还因麝香贸易纠纷上诉，而贩运香料是元代色目商人经营的行业。

据此，作者认为，马可波罗在中国期间是一名色目商人，《游记》只讲各地见闻而很少讲其本人事迹，中国文献中不见有关他的记事，可能与此有关。作者进一步指出，波罗一家虽是色目商人，但非一般色目商人，而是色目商人中的"斡脱商人"。斡脱是突厥语 Ortog 译音，意为"伴当"、"伙计"，或直译为"商贾"。他们是官商，是"见奉圣旨、诸王令旨，随路做买卖之人"，因而与一般色目商人有所不同。《游记》中提到的"奉使"，大约就是受忽必烈的接见和委托，为皇室做生意的人而非正式的使臣。从这个意义来理解，马可的"奉使"不应全出于虚构。

笔者认为,此文摆脱了前人为解决马可波罗的任官问题而纠缠不清的困境,从《游记》本书的记载,结合元朝的社会情况,提出一个新思路、新见解,是马可波罗研究上的一个突破。不管读者赞成与否,就文章本身而论,可以说是持之有故、言之成理的。

(二)马可波罗懂不懂汉语?

马可波罗一家在中国住了 17 年,他懂不懂汉语?《游记》说,马可波罗到中国不久,"已经知道四种语言,同他们的字母,他们的写法"(张译本第 15 页)。法国学者颇节认为这四种语言是汉语(文)、维吾尔语、八思巴蒙语和阿拉伯—波斯语。但英国的亨利·玉尔和法国的亨利·考狄埃(戈耳迭)在为《游记》作注时却对其懂汉语一说持否定态度。玉尔认为马可既不懂汉语,也不识汉文。我国学者邵循正先生就马可波罗在中国的交游而论说:"他交游往还的都是西域人,蒙古人很少,汉人怕是简直没有","《游记》中从未提到一个汉人朋友的名字……以他《游记》来判断他的语言知识,我们敢说他简直不懂汉语,蒙古语也很有限,他比较有把握的就是波斯语(包括波斯语中习用的大食语字)"[①]。笔者则从元代社会情势的考察说明这一问题:元朝是蒙古贵族建立的朝代,它虽然利用了一些汉人帮助其统治,但也利用了不少色目人(或称西域人),这些人的地位远在汉人之上。成吉思汗曾借用维吾尔字母拼写蒙古语文,元世祖时又用西藏僧人八思巴造蒙古新字,

---

① 见《邵循正先生蒙元史论著四篇》,元史研究会编《元史论丛》第 1 辑。

又设蒙古国子学,令蒙古、汉人官僚子弟入学,在各官府机构中普遍设置翻译人员。因此,汉语文在当时的官场上并不必要的。现存元代政书《元典章》及元代碑文,其汉文多俚俗难解,即因是由蒙文直译或硬译而来。元世祖至元十五年(1278年)时,有人上奏:"江淮行省事至重,而省臣无一人通文墨者。"可见汉文在当时不被重视。在这种社会环境下,怎能要求马可波罗懂汉语和汉字呢?

(三)几个年代问题

1. 马可波罗的离华年代。波罗一家何年离开中国,此前中外学者认为在1292年初。笔者于五十余年前在《永乐大典》卷一九四一八"勘"字韵中所引元朝的《经世大典·站赤》中发现一段至元二十七年八月十七日(1290年9月21日)的政府公文,是份请示当年三月所派兀鲁䚟、阿必失呵、火者三人往阿鲁浑大王(即波斯伊利汗国王)处的随员应如何供应口粮事的呈文,这三个人正是《游记》中所记波罗一家随从到波斯去的那三位使臣(见冯译本第37页,张译本第18页)。笔者据此并参证其他文献,推断马可波罗一家离开中国的年代当在1291年初而不是1292年初,此说已得到中外学者的赞同①。

2. 马可波罗在扬州的时间。不管马可波罗在扬州任官与否,但他在扬州居留三年还是被承认的。这三年起迄时间,注释家

① 见《关于马可波罗离华的一段汉文记载》,收入《元史三论》第89～96页;《关于马可波罗的研究》,收入《元史三论》第97～104页;向达:《马可波罗与马可波罗游记》,原载《旅行家》1956年第4期,收入《马可波罗介绍与研究》第3～14页。收入本书第二章与第四章。

说法不一,我国学者彭海根据《游记》所述,结合元代情况,作了具体论证:第一,从《游记》所述扬州有"二十七个城市附属于它"和扬州"被选为十二省城之一"来看,可能是1282年至1284年的扬州;第二,从马可波罗说他治理扬州三年之久来看,可能是1282年元世祖颁定"内外官以三年为考"以后的事;第三,从扬州"用纸币"来看,是1280年江淮行省颁发元钞规定以后的事;第四,从马可波罗说从瓜洲"由河湖"运粮食到汗八里(大都)一事来看,应是1285年组织海运以前的漕运。作者在对以上诸条作了分析后认为"1282年至1285年(至元十九年至二十二年)期间",马可波罗"在扬州一带活动是可信的"①。

　　3.马可波罗离开威尼斯、离华抵波斯及被俘的年代日期。这三个年代日期是杭州大学黄时鉴教授在《关于马可波罗的三个年代问题》一文中提出的。一般认为,马可波罗随同其父、叔离开威尼斯的时间在1271年,这固无问题,但在这一年的什么时候,有人认为在11月,黄教授推算了具体旅程,并参考了穆尔与伯希和的考证,认为应在1271年夏季离开威尼斯,最后在这年的11月正式奉教皇格里哥利第十之命从阿迦启程东来。

　　黄文在承认笔者考订的波罗一家离华年代在1291年初的基础上,进一步推算了他们到达波斯的日期,改正了笔者推算的波罗一家于1293年7、8月间见到波斯的合赞汗说法,认为应在该年的4、5月间,并将其行程日期列举为:

　　1291年1月,离中国泉州港。

---

① 彭海:《关于马可波罗在扬州的时间》,《历史研究》1980年第2期。

1291 年 4 月,抵苏门答腊,在此停留五个月。

1291 年 9 月,离苏门答腊。

1293 年 2、3 月间,抵波斯忽里模子港。

1293 年 4、5 月间,在阿八哈耳见合赞汗。

此前,先到帖必力思附近某地见乞合都。

波罗一家 1295 年回抵威尼斯不久,遇到与西岸城邦热那亚的一场海战,马可波罗被俘,在热那亚狱中同狱友鲁思蒂谦诺合作,口述其经历,由后者笔录。长期以来,不少作者认为马可被俘在 1298 年 9 月 8 日的战斗中。但各种主要《游记》抄本仅仅提到马可波罗 1298 年在狱中完成他的书,而据玉尔所引史事,这次战斗中被俘的威尼斯人入狱的时间是 10 月 16 日的中午,如果马可在此次被俘,他在这年余下的两个多月时间里是否可能完成他的作品?黄教授根据玉尔《导言》中所述的与马可同时代人所记资料,该资料记有在 1296 年威尼斯与热那亚的一场海战中马可波罗被俘事,认为这条史料可信,而玉尔则以此次战争与 1294 年的战争都在同一地点(刺牙思),认为即是 1294 年的同一战争而不采用;穆尔和伯希和的英译《寰宇记》"导言"(p.34)已同意 1296 年说,黄文也肯定马可被俘之年为 1296 年。此外黄教授还重译了这条资料,纠正了张星烺先生在汉译《导言》(第 193 页第 7 行至 10 行)中的误译①。这对于订正年代、澄清事实,都有裨益。

4. 在中国的旅程年代。除了以上几个年代外,马可波罗在中国的 17 年间,所到地区很多,其旅程及年代也应该弄清。对

---

① 该文收入《马可波罗介绍与研究》第 287～297 页。

此,南京大学陈得芝教授在其《马可波罗在中国的旅程及其年代》一文中作了详尽考证。

(1)出使云南的年代和旅程。《游记》说,马可波罗第一次出使是从汗八里(大都)到哈剌章(云南),行程凡六月。途经京兆府(今西安市)时,马可说该地的领主是大汗之子忙哥剌;到达哈剌章后,马可说该地之王是大汗之子(一本作孙)也先帖木儿。陈教授据《元史·赵炳传》及其他元代资料,知忙哥剌死于至元十五年(1278年)十一月,似乎马可在此前已抵京兆府;但据《元史·诸王表》及《张立道传》,也先帖木儿于至元十七年(1280年)始袭封云南王,马可不会在此年前到达云南,这就与1278年到京兆府说矛盾,因为从大都到云南不过六个月的时间,何需从京兆府到云南竟用一年甚至二年之久。陈教授认为这是《元史·世祖纪》和《诸王表》误记安西王忙哥剌的死期(至元十七年)所致。据《元史·商挺传》,忙哥剌死后,其妃使商挺请命于朝,以子阿难答嗣,元世祖以阿难答年少,未习祖宗之训,让商挺代行王相府事。到至元十七年六月,罢王相府,复立陕蜀行省,史家遂误把安西王忙哥剌之死一并记在此时。陈文结论说:"总之,波罗出使云南的时间不会早于至元十七年,当他路过京兆时,虽然忙哥剌已死,但王妃和王相府还在当政,而嗣王名声又不显,所以他只知道在当地声望很高的前王之名,以为忙哥剌还在世。"根据推论,波罗经过京兆的时间大约在至元十七年六月之前不久[①]。这一考证甚为精当,

---

① 见南京大学历史系元史研究室编:《元史及北方民族史研究集刊》1986年第10期。

不仅纠正了《元史》关于忙哥剌死期之误,对沙海昂在《行纪·京兆府城》(注4)中所谓"按,忙哥剌离西安时在1277年(至元十四年),然则可以藉知马可波罗经过西安时,在此年前后"(冯译《行纪》中册第434页),也是纠误。

(2)奉使各地——任职扬州和到杭州视察岁课。据《游记》,阿合马被刺事件前后,即至元十九年(1282年)三四月间,波罗正在大都。陈教授估计,马可波罗命驾南行并在扬州任职居住三年,应在至元十九年夏以后。在叙述并考察了南行路线之后,认定马可波罗在扬州的时间上限不得早于至元十九年夏,下限大致在至元二十四年(1287年)[①]。陈教授同意伯希和所说波罗担任盐务机关官员的推断,并认为波罗所说他曾到杭州(行在)"视察"岁课,至少是检校盐课,并非虚言,时间可能在至元二十三年或二十四年。至于到镇江时间当在至元十八年(1282年)之后的几年,应是赴杭州公干途中路过其地的。

(3)出使印度和离华时间。陈文把波罗出使印度时间定在至元二十四年至二十六年(1287～1289年),根据是,《游记》说,当他出使印度归来时,恰逢伊利汗三使者,他们护送未来王妃阔阔真去波斯,而陆路不通,见波罗熟于海路,遂邀与俱行,拟由海路去波斯,得大汗准许。据《经世大典·站赤》,诏旨于至元二十七年(1290年)发下,则波罗与使者相遇必在此时之前。他从印度回航需利用西南信风,则应在至元二十六年(1289年)的夏秋之间;其去印度需利用东北信风,时间不能迟于至元二十五年(1288年)

————————

① 按,上限与彭海相同,下限较迟二年,但云"大致",则相差无几。

冬或更早,故作者定在至元二十四年至二十六年间。作者同意波罗一家离华时间为 1291 年春,他说,波罗一家与伊利汗三使臣及其随员护送阔阔真王妃,"大约是 1290 年春夏之交从大都南下,到泉州后,等候信风启航西行的"。

作者最后附有马可波罗奉使在华路线图并说明,兹录其说明如下:

(1)奉使云南(1280～1281 年)

(2)扬州任职、杭州检校岁课(1282～1287 年)

(3)奉使印度(1287～1289 年)

(4)回国(1290～1291 年)

(四)地名勘同问题

马可波罗旅程遍及中亚、中国大陆、南海诸国及印度海岸诸地,所列地名甚多,由于年代更迭、地名变迁,特别是他不懂汉语,所记中国地名除少数用蒙古语或波斯语外,对汉语地名多拼读不清,兼之各种版本拼写不尽相同,这就给识辨其汉语原名造成一定困难,也使汉译《游记》诸版本的所译汉名不尽一致。对此,我国学者在地名考证勘同问题上做了一些工作。

早在 1915 年,我国史地学者丁谦即撰有《元代客卿马哥博罗游记地理补注》,1917 至 1918 年又撰写《马哥博罗游记补注改订》长文,针对魏易汉译第一本《游记》的译文及注解的错误作了纠正,除地名外,兼及史实考订。限于时代及对外国学者研究成果的不了解,不免有些讹误,但对魏易之直译汉语地名的错误作了不少纠正,仍有贡献。他指责魏易以《元史》之枢密副使孛罗为马可波罗之误,谓《元史》之孛罗(博罗)系蒙古人,与屠寄所见相同,亦颇有见地[①]。

此外,李长傅先生在1942年撰《马哥波罗游记海南诸国新注》一文,从占婆国开始至班卒为止,先引张星烺新译之《游记》原文,后加注解,多用西方学者成说,亦便应用[②]。

关于马可波罗云南之行,方国瑜教授《马可波罗行纪笺证》就冯承钧译《行纪》逐章作了细致的考释。对《建都州》一章,认为:"建都即《元史地理志》之建蒂。建蒂本人名,用以称其所属之地,狭义称落兰部,广义称罗罗斯";"波罗所谓建都州,即包有罗罗斯全境"。此章所言"不里郁思"大河(Brius),方教授以为即《元史·速哥传》与《脱力世官传》之不鲁思河,即金沙江。不里郁思为冯承钧译音,张星烺译为白流斯。

对《哈剌章州》一章,方教授同意伯希和在《交广印度两道考》的说法,即哈剌章有作广义,指云南全省,有作狭义,指大理一区;《元史》中所见,亦有广义狭义之不同。马可所指亦同。此章之哈剌章指广义,即云南省,下章《重言哈剌章州》则为狭义之大理。

关于《阿木州》章,冯译本作Amu,沙海昂注引其他版本作Aniu、Anyn或Anin,玉尔本正文即作Anin,张星烺新译本亦作Anin,汉译"安宁"(第261页)。沙海昂以为即《元史地理志》之阿僰部,方氏认为Amu应在阿僰西南之因远部,该部附近之落恐、

---

① 两文皆刊于当时的《地学杂志》上,第二篇收入《马可波罗介绍与研究》第380～446页。

② 原刊于《真知学报》1942年第2卷4期,收入《马可波罗介绍与研究》第363～379页。

思陀、溪处之主要民族为阿泥,元初有阿(或作禾)泥路,疑 Amu
之名作 Anin 为是,但其地不应作阿宁或安宁之解释。

关于《秃落蛮州》章,方氏同意沙海昂注所释即《元史》之秃剌
蛮、秃老蛮、土老蛮、土獠,指出乌蒙(今云南昭通、会泽一带)至叙
州(今四川宜宾市)一带,元初为土獠蛮散居之地,尤以高州、筠连
州(今四川县)最多。

方文于释地名之外,并对波罗所述各地物产风俗、轶事详加
解释,甚为完备①。

法国著名汉学家伯希和在其《马可波罗注》中对《游记》中的
中国地名有许多独到的考证,但也有些值得商榷的地方。1980
年,南京大学青年教师王颋先生在《马可波罗游记中的几个地名》
一文②中,对伯希和及其他学者勘同的三个中国地名提出了不同
的看法:

(1)《游记》在 Tigiu(泰州)章中,叙及有一城名 Tingiu,谓"此
城大而富庶,产盐可供全省食用"。Tingiu 是何地,冯译沙海昂本
正文作 Tingiuy,汉译真州,"(注二)"说,此地名,颇节本作
Tingiuy,而地学会本及剌木学本均作 Cingui,应以后一写法为
是,盖指真州,即今仪征。伯希和则据《永乐大典》"从泰州至海州
是三站"与波罗说从 Tigiu 到 Tingiu 有三天之程相合,认为

①　原刊于《西南边疆》1939 年第 4 期,收入《马可波罗介绍与研究》第
　　107～126 页。
②　刊于《南京大学学报》1980 年第 3 期,收入《马可波罗介绍与研究》
　　第 357～362 页。该文所引《游记》系穆尔与伯希和本,即统称为《寰
　　宇记》本。

Tingiu 是海州，即海门。王文认为二说皆误，因真州（今仪征）在
长江边，史书上无产盐记载，长江水也不能煮盐。至于海门，元时
只是一县，从未称州，《永乐大典》中的海州当是海门之误。他认为颇
节本作 Tingiu 是对的，即"通州"之对音，至元十五年为通州路总
管府，二十一年复为州，隶扬州路，领二县：静海、海门。其地在元
代是一主要产盐区，即今江苏南通市。

　　笔者认为，王文释 Tingiu 为通州，即今南通，极为准确，玉尔
在注释中亦持此说①。张星烺《游记》新译本第 287 页原文此地作
Chinju，汉译"静州"，下有注云："此节似为静海之讹。宋元之间有
静海县，即今通州"，则是歪打正着，偶尔相合。至于伯希和注中引
《永乐大典》"泰州、如皋、通州、海[一州]"最后原文本只一字即
"海"，其下应补"门"字，因《永乐大典》卷 19422《站赤》第 9 页上
在"泰州水站、如皋水站、通州水站"下即记有"海门站"，伯氏加
"州"字是错的，认为 Tingiu 指海州即海门亦误。

　　(2)王文引穆尔本《寰宇记》第 147 章说："从 Saianfu 出发，向
东南行十五哩，到一城名 Singiu，城非特别大，但商业繁盛……它
是一个港口。"冯译本第 146 章（中册第 554 页）译 Saianfu 为襄阳
府，Singiu 为新州；沙海昂本"注二"谓 Singiu 为"荆湖"之转音
（冯译本第 555 页）。伯希和则认为此章之 Saianfu 应是 Yangiu
（扬州）之误，因而 Singiu 应是真州即现在的仪征。王文认为，Sa-
ianfu 仍应是襄阳府，而 Singiu 是荆州的对音，即今之江陵。但江

---

　　① 　见玉尔与考狄埃：《马可波罗阁下关于东方诸国奇异之书》（简称
　　　　《马可波罗游记》），1929 年第 3 版，vol. 2 p. 154 注①。

陵非港口,则马可所指,应是江陵东南的港口沙市,而文中之 Sa-ianfu"东南行十五哩"应为"东南行五日"之误。

（3）《游记》"福州国"一章（《寰宇记》第 155 章,冯译本第 154 章）中说,有一地名 Vuguen,此地盛产蔗糖,又说,"离开 Vuguen 城再前行十五哩,即到一王国的都城福州"。Vuguen 是何地？冯译《行纪》音译为"武干",其"注七"认为是福建的尤溪；菲力卜思（Geo. Phillips）认为是永春；伯希和认为是延平（今南平）,他说："延平在宋、元时叫'南剑',波罗的原稿中可能作 Namguem,Vuguen 可能讹自 Naguem"（原文为"the outcome of",无"讹自"意,似译为"出自"较妥——笔者）。但他也承认与书中所言"十五哩至福州"不合,因之认为仅系推测之说。王氏认为三说皆不妥。Vuguen 应是"侯官"的对音,侯官在元为福州两附郭县之一,离福州十五哩,其地有甘蔗洲,在今闽侯县新县城,盛产甘蔗制糖,与波罗所说正合。

王颋先生对以上三地名的考证有独到见解,可备一说。但对第二地名即"Singin 为沙市"说,却引起了怀疑和争论。前引陈得芝教授《马可波罗在中国的旅程及其年代》文中说,波罗在叙述了扬州之后忽然插叙了南京（今开封）和襄阳的情况,接着他又回到正题,讲述"从扬州东南行十五哩至一名为 Singiu 之城"。陈教授说,由于有些本子作"从 Saianfu（襄阳府）东南行……",以致 Singiu 一名应指何地引起了争论,"我以为前一个地名无疑应如地理学会本作 yangiu（扬州）,因为波罗在讲述南京和襄阳之前有一段话,明显是说他将离开主线讲一讲西面的两个大区……可见南京和襄阳显然是两段插曲……至于 Singiu 城,我无保留地支持伯希和的意见,应是真州(今仪征)"。因为"波罗所述此城商业之盛,附近江面之宽,过往船舶之多,都和真州情况相符合"。

看来,这里涉及版本问题。可注意的是,王、陈二君用的版本都是穆尔(陈译穆勒)、伯希和英译《马可波罗寰宇记》,查原书第320页147章,这里确实是 Yangiu(扬州)而非襄阳府。该页"注1"还列举了几种异名,除扬州外,还有 angiu,Saianfu(襄阳府)等,他们不采用后名,当有考虑。冯译作襄阳府(第554页),张译作扬州城(第293页),李季译(第228页)、陈开俊译(第170页)俱作襄阳府,Singui 则定为九江市,梁译(第195页)同,但"哩"误作"曰",皆不恰当,录以备考。

陈教授在该文中也提出一些与伯希和不同的看法。如波罗说他在离开京兆府后,西行三日,至多山之 Cuncun 地区,此名冯译本作"关中"(中册第435页),张译本作"汉中"(第226页),梁译同张(第158页)。陈文认为"此名颇难勘同",因京兆府亦在关中之内,何必西行三日始至其地。伯希和认为此名似可复原为Cancion,即"汉中",但非汉水上游的汉中,而是指凤翔府地,是元代陕西汉中道肃政廉访司的治所。陈文认为"此说有些勉强,不仅 Cancion 的写法不见于波罗书的各种版本,而且汉中作为地区名称只指秦岭以南汉水上游地区"。他说:"当然,波罗过京兆赴云南,必经凤翔府……所谓多山地区无疑是指秦岭。"

波罗说,从此多山地区骑行 20 里,到达蛮子国边境首府之城阿黑八里(突厥语,意为白城)。伯希和认为无疑是汉中(元属兴元路)的突厥语名。陈文不同意此说。他说:"但汉中(兴元)并不在从京兆至成都驿道上,波罗不可能不走径直的驿路而绕道至此城。

我以为阿黑八里应为利州(广元)。""蒙古攻占利州后,宪宗三年
(1253 年),令汪德臣修筑此城,屯驻重兵,且屯田,为取蜀基地
……汪氏系雍古(一称汪古)人,故此地又有一个突厥语名称。元
代从京兆至成都的驿道正是经过广元(利州),波罗所述的地理形
势也很符合"。

　　笔者认为,陈氏对阿黑八里的勘同很精当。应指出,沙海昂对
此城也有利州(广元)的说法(冯译中册第 437～438 页"注一"),
但未说明何以有此突厥名称之由。

　　从上可知,对《游记》中地名的考释工作,也非易事,有些地名
所指,还有争论和疑问。《永乐大典》中所收录元代《经世大典》中
的《站赤》一书中,载有元代全国交通的驿站系统,伯希和、陈得芝
学者曾据以考释波罗书中的一些地名,颇有所得。《游记》与《站
赤》对照研读,仍不失为解开《游记》地名之谜的终南捷径。

(五)《游记》的真实性问题

　　《游记》问世后,由于书中所记中国的富庶、文明和东方的奇
风异俗为当时西方人所少见寡闻,而被认为荒诞不经,以致他的
友人在他临终之际劝他改正并收回其书中与事实不符之处,但马
可回答说:"我还没有写下我所见到的一半。"经过许多学者多年
的研究,证明马可波罗所说与元代情况大致相合,且有可以补充
元史之处,当然也有记忆不确、传闻失实或自我吹嘘之嫌。遗憾的
是,《游记》所记中国事虽大部分在中国史志上得到印证,但关于
马可个人的活动却很难在元代史籍上找到痕迹。阿合马被刺时马
可说他正在中国,所记事实也与《元史》相符,但他不是枢密副使

孛罗(见前);他说他曾在扬州任官三年,但扬州方志上没有他的名字。这就给怀疑马可波罗曾到中国的人一个借口,他们可以说,《游记》中与元代情况相符的事物,焉知不是从旁人耳闻或从其他书上抄袭来的呢?

五十多年前,笔者在上述《永乐大典·站赤》中找到一条资料,足以证实与马可波罗有直接关联,虽然未提马可波罗之名。该资料和《游记》所说波斯王阿鲁浑(Argon)派遣三位使臣 Oulatai(兀鲁䚻)、Apousca(阿必失呵)、Coja(火者)向中国皇帝求婚,得 Cocachin(阔阔真)姑娘,三使者请波罗一家从海道伴彼等同行一章完全一样。公文主要是江淮行省平章沙不丁向中央请示三使者的随员的口粮供应问题,当然不会提到波罗一家,连阔阔真这一女主角也不提,更不论波罗这一小人物了。但波罗记这三使臣的名字与《站赤》所记完全一致,又和他们一家离开中国的机缘完全对口,无疑他们是在这一年的年末或次年初离开中国的,证以西域史料(如《史集》)亦完全相合。笔者为此写出《关于马可波罗离华的一段汉文记载》,向达师对此文的评价是:"这 发现证明两点:一、马可所记他们陪同波斯阿鲁浑汗使者是事实,元代官书可以证明。虽然《站赤》中没有提到马可诸人,但是波斯使者的名字和马可所记完全一致,这就够了。二、阿难答的奏章是1290年的阴历八月,提到本年阴历三月的事,请示圣旨。这说明马可诸人离开中国应该是1290年阴历年底或1291年阴历年初,为《马可波罗游记》中的年月问题提出了极其可靠的证据。这也就是替《马可波罗游记》的真实性提供了可靠的证据。"

但"真实性"问题并未就此解决。1966年德国学者福赫伯

(Herbert Franke)、1979 年美国学者海格尔(John W. Haeger)、1982 年英国学者克雷格·克鲁纳斯(Craig Clunas)先后发表文章,对马可是否到过中国或只到中国北方而未到南方等论点提出个人看法。他们的论据不外这几点:(1)中国史籍中找不到一件关于马可波罗的可供参证的资料;(2)书中未提到具有中国特色的事物,如茶叶、汉字、印刷术等;(3)有些记载夸大失实或错误,如冒充献炮攻襄阳,蒙古皇室谱系错误等;(4)有些地名用波斯名,可能是从波斯文的《导游手册》抄来的……对此,笔者曾一一为之辩解①。

　　以上三位外国学者可能未见到或未重视笔者在《站赤》中发现的那份资料,因而提出了第一条的诘难。但有位中国教授虽看到笔者的论文,却仍然相信外国学者、特别是发表在英国《泰晤士报》上的克鲁纳斯的那篇文章。1988 年,王育民教授在上海社会科学院历史研究所主办的《史林》第 4 期上刊出《关于〈马可波罗游记〉的真伪问题》一文,针对笔者对《站赤》那段公文的解释提出质疑,要点是:(1)《站赤》所记兀鲁䚟等三使者为大汗所遣,而《行纪》则谓为阿鲁浑大王所遣,两书所记迥异,如何解释?(2)《史集》(波斯文蒙古史——引者)记合赞汗与阔阔真成婚而对马可一家只字未提,有悖常理。(3)忽必烈大汗为阿鲁浑大王选妃是朝野尽知的盛事,马可无论在中国或波斯,都可能由传闻而得悉,"也可

---

① 　参见本书第六章、第七章。福赫伯教授已放弃其前说,承认马可波罗到过中国,见本书第九章。

能作为这次船队的一员乘客而取得同行的机遇",《站赤》所记并不能确切表明马可一家与此事有任何直接联系。杨文断言《站赤》所记"只能证明马可波罗的记载是真实的",论据不够充分。对王教授这一论点及其他看法,笔者在《再论马可波罗书的真伪问题》一文中作了申辩①。

1995 年,英国不列颠图书馆中国部主任弗朗西丝·伍德博士推出了《马可波罗到过中国吗?》一书,全面否定马可波罗到过中国的事实,集此前怀疑论者之大成。除重复前人指责马可书的一些漏载的中国事物外,对其中确有中国史书可证的事件则斥为抄自他书或说"这是尽人皆知的事实"。书中用了一些揣测臆断之词,经不起推敲。笔者《马可波罗到过中国》及本书多处论述即为此而作。

笔者发现,对马可波罗书研究有素并作出很大贡献的外国学者,如英国的亨利·玉尔和穆尔,法国的亨利·考狄埃和伯希和,意大利的奥勒斯吉(L. Olschki,曾著《马可波罗的亚洲》一书),美国的柯立夫(F. W. Cleaves)等人,都承认马可波罗到过中国,虽然也指出了书中的缺陷。在信息灵通的西方世界,为什么偏有些人置这些研究成果而不顾,独树一帜,大唱反调呢?当然,学术研究,贵在独立思考和百家争鸣,真理愈辩愈明。在相互商榷和争辩中,必将进一步推动马可波罗学的研究。

---

① 原刊《历史研究》1994 年第 2 期,收入本书第八章。

三 几本介绍与研究马可波罗的书

和研究、介绍《游记》的论文相比，介绍、研究这一课题的专著相应少些，但也有十几种，篇幅都不大。兹介绍几种较好的如下：

1. 张星烺:《马哥孛罗》，1934 年商务印书馆出版，81页，约 48600 字。

这是我国最早的一本带研究性的专书。此前，张氏已将玉尔、考狄埃本译注《游记》译出一部分，故对《游记》内容颇为熟稔。全书四章:《马哥孛罗传》(9 节);《马哥孛罗游记本书》(4 节);《游记之内容》(4 节);《书中关于中国之记载》(3 节)。前二章多采自玉尔、考狄埃本《游记·导言》，其第一章第五节《入仕中国》则沿用其枢密副使及扬州达鲁花赤或宣慰使说，已被否定。第三章介绍全书内容，清晰概括，兼抒己见。第四章虽只三节，但第一节统计《游记》所记元代名人，甚有功力和特色。其结论谓孛罗所记名人，帝王以外，几尽武人，文臣仅阿合马一人，遂"深以为马哥在元廷入仕，为武职也"。仍是为其枢密副使说找佐证。笔者认为，武人之多，当与其喜谈战争有关，因战争故事情节最能吸引听众也。第二节为《所记元代史事》，用《元史》及地方志注解书中所记九件大事，亦大致不差。第三节《所见中国文明及由马哥孛罗之记载比较当时中西文明》，就《游记》所载元代情况归纳为《国家富强》、《政治善良》、《交通便捷》、《宗教道德》、《通行钞币》、《建筑美丽》六项，皆据实直书，不尚矜夸，以见元代文明在当时欧洲人之上。他说:"吾人处今日积弱多乱之中国，常闻有自暴自弃之言，谓中国为半开化之国,人种为劣等人类,永不能与欧美人竞争也。读《马哥孛罗游记》能使吾人兴奋,不甘自暴自弃也。"其爱国情怀,跃然纸上,令人钦敬。

2. 余士雄:《中世纪大旅行家马可·波罗》,1988 年 7 月中国旅游出版社出版,171 页,156 千字。

余氏研究《马可波罗游记》多年,并于1983年编辑出版《马可·波罗介绍与研究》论文集,从百余篇文章中选出有代表性的论文 37 篇,汇萃难以搜寻、有价值的论文为一编,甚便应用,因而对此学科的研究行情知之较熟(附笔者为论集写的序言)。本书分八章:一、马可波罗赴中国的前奏(3 节),二、马可波罗旅行中国的始末(4 节),三、马可波罗所记元初中国的状况 (12 节),四、马可波罗记述的中国历史名城(9 节),五、《马可波罗游记》的外文版本(5 节),六、关于《马可波罗游记》的中文译著(4 节),七、中国的马可波罗研究(8 节),八、《马可波罗游记》对后世的影响(5节);其中并附有图片、地图、书影等多幅。网罗各家成说,参以个人新见,体系宏大,内容丰赡,用力甚勤,颇有特色。虽偶有疏失(如第 139 页已提及邵循正教授《〈马可波罗游记〉的史料价值》,而第 24 页,记阿合马事件时仍指责波罗"王著是'千户'而不是'万户';另一合谋者是高和尚,而不是张库"之误。并说:"马可波罗是外国人,不懂汉语,又难免把人名、事件搞乱。"其实,马可并未搞乱,而是汉译者把人名、事件搞乱了。但小瑕不掩大瑜,本书不失为初学者入门的向导。

3. 王苗、石宝琇等:《追踪一页历史——重走马可·孛罗进入中国的道路》,1993 年 8 月香港中国旅游出版社出版,16 开本,116 页。

这是一部图文并茂、以彩图为主的书。1991 年,香港《中国旅游》画报的记者们想要追寻马可波罗进入中国的足迹,在仔细阅读了《游记》并咨询了有关人士后,他们从帕米尔高原的红其拉甫山口出发,穿越新疆、青海、甘肃、宁夏、内蒙、河北,到达北京。沿途对照冯译《行纪》,拍摄当地山川景色,采访民族风情,将所见所闻编成此书。卷首以《马可·孛罗是否到过中国?》为题,叙述了对这一问题的争论和结果,他们把这个问题作为能否启程的关键,并附一《马可·孛罗进入中国路线示意图》,用两种颜色表示马可行程路线与此次行程路线。下分十章:一、帕米尔高原起步,二、喀什人海涌商潮,三、于阗古道载歌载舞,四、塔克拉玛干大朝圣,五、柴达木戈壁苍茫路,六、河西千里十日行,七、西夏故土纵横,八、居延古城孤立大漠中,九、鄂尔多斯大汗长眠地,十、星夜兼程进元都。每章卷首摘引冯译《行纪》与本章有关的记载,正文则述今日该地与《行纪》所述异同,而以大量篇幅描述当地见闻及风土人情、遗闻轶事,配以多幅彩照,读来如亲历其境,饶有趣味,也增加了不少知识。可谓一本别开生面的、读《游纪》的生动的辅助教材。此前,他们已将此行所获资料在其《中国旅游》杂志 1993 年 7 月号 157 期上作为"大特辑"刊出,次月,即作为专书出版,并将卷首长文重新修订,想见此书之受社会欢迎。

四 马可·波罗国际学术讨论会

当香港中国旅游画报社的同人们完成他们的追踪任务到达

终点站北京时,正值马可波罗国际学术讨论会在北京劳动人民文化宫隆重召开,时间是 1991 年 10 月 6 日到 9 日。他们躬逢其盛,欣然参加。

会议由北京中国国际文化书院、意中经济文化交流协会、北京对外文化交流协会、新疆自治区社科联联合举办。到会的有意大利、美国、德国、澳大利亚的国际友人,我国有北京、上海、天津、南京、杭州、扬州、泉州、厦门、大连、成都、新疆等地学者 50 余人。意大利学者人数最多,近 20 名,多为大学教授,其中引人注目的有马可波罗的后裔波罗·帕多莱基亚教授,长相颇似《游记》中的马可画像,还有热心中意友好事业、被称为"小马可波罗"的记者、作家威尼斯人马达罗。前者以其祖先曾亲临中国的业绩感到自豪,并表达了对中国壮丽山河、风土人情的向往,愿继承发扬其祖先所开拓的意中人民的友好情谊。后者做了一个题目很长的报告:《百万:关于人类友谊和团结的一个特殊事例如何导致一个关于普通贪婪的事例》。《百万》是《游记》的名称之一。全文大意是,马可波罗怀着友好、真诚和尊崇的心情写出了一个伟大、勤劳、文化发达、高度文明的民族,想不到在 15 世纪后却引起了殖民主义者的贪欲,他们为了寻求黄金,征服、破坏了美洲高度文明的玛雅和阿兹台克两个王国。他说:"历史是'若干事例'的奇异综合,每个事例对其他事例是独立的,但所有事例都是严格关联和相互影响的。马可波罗的事例和所有其他事例是一样的。"这一辩证的看法很有见地,虽然他并未对《游记》作任何考证和阐发。其他意大利学者的论文有《马可波罗访华后中国和东方对意大利艺术的影响》、《马可波罗与中国法律》、《马可波罗时代在华的意大利人》、

《〈马可波罗游记〉描绘的中国王宫》、《马可波罗关于中国纸的应用和当时中国造纸术状况的记述》、《马可波罗对中国伊斯兰教的看法》、《〈马可波罗游记〉对 14 至 16 世纪欧洲绘画艺术革新的影响》、《〈马可波罗游记〉在古代法国—意大利文学中的地位》、《中世纪欧洲旅行家们的世界观》以及《丝绸之路上的商人和海盗》等。他们以独特的视角对马可书的观察与评价对我国学者也颇有启迪。

中国学者各就其研究领域或所在地区的特点写出论文。如中国科学院地理研究所黄盛章研究员的《〈马可波罗游记〉中新疆行程实地考察与相关问题的研究》,首都博物馆副研究员张宁的《马可波罗游记中的大都文明》,中国社会科学院历史研究所研究员沈定平的《从马可波罗到利马窦》,中国社会科学院世界历史研究所研究员萨那的《马可波罗对哥伦布航行美洲的影响》,大连海运学院航海史研究室副教授孙光圻的《〈马可波罗游记〉中的中国古代造船与航海文明》,江苏高等商业专科学校副研究员蒋华的《〈马可波罗行纪〉与饮食文化交流》,江苏省扬州市地方志办公室副编审吴献中与扬州市社科联副主席韦培春合作的《从扬州地方志印证马可波罗在扬州的踪迹》,中国国际旅行社扬州分社李建平副编审的《〈马可波罗游记〉在扬州的历史影响和现实意义》,集美航海学院高级工程师陈延杭的《〈马可波罗游记〉中所描写刺桐的几个问题之探讨》等。此外,中国工运学院教授余士雄的《马可波罗研究中几个问题评述》和江苏高等商业专科学校研究员朱江的《从〈马可波罗行纪〉联想到的三点》则是对《游记》研究有素的专文。另有四川省社会科学院研究员陈世松的《〈马可波罗游记〉

中的桥》和中国社会科学院考古研究所副研究员马文宽的《〈马可波罗游记〉所录中国基督教初考》及四川师范大学外语系讲师龙达瑞的《〈马可波罗行纪〉与 13 世纪的印度宗教》则是过去很少触及的课题。上海教育学院讲师顾卫民的《中国的马可波罗研究》提供了这门课题的研究信息。已在国内刊物发表的有蔡美彪的《试论马可波罗在中国》(见前)、黄时鉴的《关于茶在北亚和西域的早期传播》(《历史研究》1993 年第 1 期第 141～145 页),此文的副标题是"兼说马可波罗未有记茶"。文章说,马可波罗未有记茶成了某些学者判断他未曾到过中国的主要论据之一,从研究方法而言,这样的论证不能成立。在详细考察了茶传入吐蕃、回鹘、中亚地区、契丹人和女真人的历史后,文章继续说,在蒙古兴起后的一段时期内,蒙古人也还未饮茶。元世祖在 1268、1275 年已榷买四川和江南之茶,1276 年在常湖等处设置茶园都提举司"采摘茶芽,以供内府"。但并无资料表明,在 13 世纪 60 至 70 年代,蒙古人和回回人已普遍饮茶。马可波罗来华(1275～1291 年),他若一直生活在蒙古人和回回人中间,那就可能得不到茶的信息。"所以,他未有记茶是合乎情理的"。笔者在会上提出《再论马可书的真伪问题》草稿,当在《历史研究》1994 年第 2 期刊出时,即引黄教授此文作为附注(见该刊第 76 页注②)。

在这次大会上,陈得芝教授提出的论文《马可波罗补注数则》很值得重视。他说,伯希和的遗著《马可波罗注》(*Notes on Marco Polo*)是最全面、最具权威性的一部著作,但他预定的许多条目还未完成就于 1945 年去世,还有些有待增补和订正的地方。为此,他写出四条:

（1）忽必烈遣马可出使。马可说，大汗对他派出的使臣除了向他报告所奉使命外，更喜欢听他们报告其他情况，如各地风俗习惯等，就能满足大汗的要求，博得大汗的欢心。陈教授在元人虞集《道园类稿》卷十九《司执中西游漫稿序》中，找到了一段与马可所记一致的文字："世祖皇帝……每大、小使者之出，比还奏毕，必从容问所过丰凶、险易，民情习俗，有无人才、治迹……"间接证明了马可确实奉使并观察各地民情风俗。虽然他的地位不高，但算个"小使"却有可能，蒙古贵族以色目商人为近侍者也不乏其人。

（2）涿州：寺庙与东西驿道会合点。马可说涿州城中有许多偶像教徒僧侣的寺庙，又说从此城前行有两条路，一条西行通过契丹（即北中国）之境，一条东南行通往大海方向至蛮子（指南宋辖区）之境。陈教授在元人柳贯《柳待制文集》卷九《护国寺碑》及藏文史料《汉藏史集》汉译本中发现，元世祖受帝师八思巴说教，下令在涿州修庙，奉祀大护神摩诃葛剌，并令八思巴弟子胆巴在此处修法。又在《经世大典・站赤》（《永乐大典》卷一九四二一，页十七[b]）中发现有"河间、保定"的驿站"东西会于涿州，直至京师"的公文。这两个发现，证实了马可对涿州的叙述确有根据，是亲身所见而非道听途说。

（3）京兆府：马可波罗何时至其地？此条在本章第二节之（三）"几个年代问题"中"出使云南的年代和旅程"中已引陈教授的另一文章中加一辨证，在本条中阐述更为详实。

（4）吐蕃之地。马可说他从成都骑行 5 日即进入吐蕃之地，从此前行 20 日到达建都（今四川西昌市），再骑行 10 日，渡不

鲁思大河（金沙江）后进入哈剌章（指云南省）地，离此河西行 5
日，到达首府城市鸭赤（今昆明市）。前人释此行程（如丁谦与沙海
昂）认为，马可经吐蕃之地路线是出理塘、巴塘，渡金沙江，由丽江
入云南。陈教授据路程远近、所需日期及元代驿站设置路线证明
其错误。指出，马可从成都至云南，应与古来已有的经雅州（今雅
安市）至建都的捷径，以及后于马可入云南二年所设的"黎雅站
道"，而无需经过远在成都至西昌路之西、路程遥远而艰难的理
塘。黎州，治今四川汉源县，自雅安经汉源至西昌，由北而南，近于
直线，正是马可自成都到云南的路线。

　　以上四条，除为马可书补注外，更足证明马可波罗确实出使
过云南。

　　上举会议论文，除个别论文外，已结集为《中西文化交流先驱
——马可波罗》一书，由北京商务印书馆于 1995 年 4 月出版。

　　这次会议的召开，适在马可波罗从泉州出发离开中国的 700
周年后，其意义值得重视。这是我国百年来第一次召开的马可波
罗国际学术会议，也是第一次召开的全国性的马可波罗学术会
议。他不仅促进了国际间的学术信息交流，也联络了我国和对外
国学者的感情和友谊，他又是我国学术界对马可波罗学研究的大
检阅，这是百年未有的盛举！他必将推动我国马可波罗学的研究
和进展。

附:《马可·波罗介绍与研究》序言

　　马可波罗是中国人民的好朋友。七百多年前,他怀着好奇和憧憬的心情,随同他父亲和叔父,从意大利来到中国,受到当时的皇帝元世祖的友好接待,在中国住了 17 年。1291 年又奉元世祖命,出使波斯,从那里返回故里。他回国后写的游记(确切一点应称《寰宇记》),以热情洋溢的语言介绍了中国的富庶和文明,引起了西方世界对东方的向往。他的记述虽然不无夸大失实和疏忽之处,但绝大部分是正确可靠的,为研究 13 世纪的中国和亚洲情况提供了翔实的资料。更可贵的是,他对中国和中国人民充满了友好的感情,他没有偏见和恶意,而是以尊重和称颂的口气描绘了中国。我们赞赏这位友好的使者,他为中国和意大利人民架设了友谊的桥梁。

　　早在本世纪初,我国学者就将马可波罗的书译为汉文。到全国解放前,已有五种译本。最近还在译一种新本。介绍、研究马可波罗的专题文章也写了几十篇。虽然比起国际上研究"马可波罗学"的成绩来还有若干差距,但它说明了中国学者对马可波罗的

255

重视和关注。其中也有若干篇根据中国的材料对马可的书作了注释和考证,对马可波罗学的研究多少有点贡献。这些文章散在各个报刊上,有些已经很难找到了。把它们集在一起出版,这对马可波罗的研究者,对马可波罗有兴趣的人们,对看了游记,看了电视片和电影后想进一步了解马可波罗的广大读者和观众,都是有益的。我们希望,它将成为一个里程碑,总结我国过去研究马可波罗的成就和问题,推动"马可波罗学"研究的进一步开展。

马可波罗是世界性人物。他生长在意大利,主要活动在中国,他的书对世界文明作出了贡献,为全世界的人们所欣赏和研究,是全世界人民共同的精神财富。假如这本文集的出版,除了给人们提供一些学术研究和历史知识方便之外,也能在增进世界人民的了解和友谊方面有所裨益,那就更有意义了。

　　　　　　　　　　　　　　　　　1983 年 4 月 20 日

（《马可·波罗介绍与研究》由余士雄主编,北京书目文献出版社 1983 年版）

［十五］ 结语：我写《马可波罗在中国》的原委

　　值此《马可波罗在中国》即将面世之际，我觉得有必要向同行和读者交代一下本书写出的前前后后。说来话长，我和马可波罗结识，已经有六十多年了。

　　我读马可波罗的《游记》（现应称《寰宇记》）开始于 1938 年。那年秋天，我在云南北京大学史学系毕业后，作为当时的中央研究院历史语言研究所的所外研究生，从事元史的研究工作。我以《元代回族史》为题，研读《元史》、元人文集等书，并浏览了《马可波罗游记》，因为《游记》中有许多有关回回人（书中称为撒拉逊人或摩诃末信奉者）在中国各地情况的记载。1939 年秋天，写出《元代回回考初稿》（约 25000 字），并以此稿考取了北京大学文科研究所的研究生（当时北大报考研究生时需交论文，审查合格后始准应考。这个办法很好，值得今天借鉴）。两万来字的文稿远远不能涵盖元代回回人的全貌，但这一粗糙的稿件却是我研究元史、元代回族史以及马可波罗的滥觞，我至今还保存它，有时还参考它。

　　我入研究所后，仍以《元代回族史》为中心课题，广泛搜集元

257

代回回人的资料。1941年夏,我在《永乐大典》卷一九四一八所引元修《经世大典·站赤》中,发现一段材料说:

> (至元二十七年八月)十七日,尚书阿难答、都事别不花等奏:平章沙不丁上言:"今年三月奉旨,遣兀鲁䚟、阿必失呵、火者,取道马八儿,往阿鲁浑大王位下。同行一百六十人,内九十人已支分例,余七十人,闻是诸官所赠遗及买得者,乞不给分例口粮。"奉旨:勿与之!

我注意这段材料,首先是因为其中有沙不丁,他是回回人,《元史》无专传,但在《元史·世祖本纪》中几次提到他。他在至元二十六至二十八年(1289～1291年)间任江淮行省(二十八年改称江浙)平章,是一个相当重要的回回人物。其次是,《马可波罗游记》中有两章记载,东鞑靼君主(即波斯的伊利汗国)阿鲁浑(Argon)之妻卜鲁罕(Bolgana)死去,临终遗命其后位非其同族妇女不得继承,阿鲁浑汗允其请,遂派三使臣往元廷请婚。三使者的名字依次是:Oulatai、Apusca、Coja,元世祖忽必烈赐以十七岁少女阔阔真(Cocacin),马可波罗说,他一家三人即由海道护送使者及少女至伊利汗。冯承钧先生《马可波罗行纪》译此三使臣名字为兀剌台、阿卜思哈、火者,这和《站赤》公文中的三使臣的名字基本相同。"兀鲁䚟"的"䚟"字(音歹),在元代译音与"台"、"带"通用,"鲁"与"剌"通用,至于阿鲁浑、火者,两者更是一致。还可注意的是,三使臣名单排列的次序,中、外记载完全相同,这不是偶然的巧合。因此,《站赤》这段公文,和马可波罗此处记事是一回事,只因为它是地方行政长官向中央请示出使随员的口粮供应分配问题的公文,内容简要,没有提出使的缘由(实际上朝廷对此已很清楚),后代的读者自然会不加注意而漠然视之。赖有《游记》的记载，我们才恍然大悟：原来这是有关马可波罗一家离开中国的一段汉文记载，虽然简短，但已够用了；反之，《游记》虽然对此事原委详述无遗，如无《站赤》此段，也很难证实他的一面之词。可见二书是互为印证，相得益彰。

我把这一发现告诉我的导师向达先生，他鼓励我写出来。我写成《关于马可波罗离华的一段汉文记载》，寄给在重庆主编《文史杂志》的顾颉刚先生，他在"编辑后记"中对此文给予很高评价。

《永乐大典·站赤》是讲元代驿站交通的书，在我之前早经中外学者看过和用过，我发现那段材料，似出偶然。如前所说，若不是那几年我广泛搜集有关回回人的资料，也很难看到《站赤》这本书；若不看《游记》，也不会把两件记事联系起来。我那篇小稿，只是一件副产品，不是毕业论文。没料到它对我此后的治学道路会发生相当影响，直到今天。

除将《站赤》公文与《游记》记事互证外，我还对公文的年代进行了探索。此前，西方学者如法国的颇节（或译鲍梯）、英国的亨利·玉尔都认为，马可波罗离开中国的年代在1292年，即元世祖至元二十九年。但据公文，至元二十七年八月十七日（1290年9月21日）甚至该年三月（1290年4月11日～5月9日）伊利汗三使者及波罗一家应已到达泉州，因泉州系沙不丁平章所辖城市。从八月十七日元廷批示到达泉州最多不过两个多月至三个月，而从泉州放洋出海，因须待季候风始能起程，一般在十一月至次年正月之间。姑定其为该年十二月，以公历计，为1291年初（1291年1月2日至31日）。这应是马可波罗一家离华之年。

　　为了检验、证实这一"假设",在当时的条件下,我仔细研读了亨利·玉尔的《马可波罗游记导言》第十八章的注⑥、《多桑蒙古史》第六卷第三章《乞合都传》所记 1293 年春引《史集》的一段纪事、穆尔(或译牟里)与伯希和校刊的《马可波罗寰宇记》第十八章注②的一段话以及冯承钧译《马可波罗行纪》中册第一二五章"榜葛剌大省"的正文和注①,得出了 1291 年马可波罗离华的直接证据和旁证。

　　拙文发表后,获得学术界的瞩目和好评。当时中研院史语所所长傅斯年先生很重视此文,把它推荐给中研院评议会,获得名誉奖。他还请中央大学何永佶教授译成英文,投寄美国哈佛大学《亚洲研究杂志》,但该刊发表时(1945 年 9 月 9 卷 1 期)仅摘译了《站赤》那段公文,据说傅先生对此很感失望和不满意。

　　这是五十多年前的事了。由于当时处于战争的学术环境,特别是个人的学识根底和素养还很浅薄,那篇文稿还有一些不妥当的地方,虽然基本论据不错,但应当修正之处也还有些。

　　我毕业后,由于忙于教学和一些主观和客观的原因,对马可波罗的研究竟中断了近四十年,只是在课堂上讲到元代中外关系时提一提而已。

　　1977 年 7 月,我在北京编写《中国古代史》唐元部分时,由考古研究所所长夏鼐先生指引,见到《哈佛亚洲研究杂志》1976 年刊载的柯立夫教授的《关于马可波罗离华的汉文资料及其到达波斯的波斯文资料》。论文提到我、法国的伯希和以及英国的鲍埃勒(或译波义耳)三人研究马可波罗的成果,同时阐述他个人的见解。他很重视我的发现,同意我考证的马可波罗于 1291 年初离华的说法；并指出，伯希和虽因第二次世界大战造成的隔绝局面没能看到我的发现，却从另一角度，以聪慧的方法，在马可波罗离华时间问题上得出和我同一的结论。伯希和根据的资料也是哈模的《伊儿汗史》和多桑的《蒙古史》，但他看的是哈模的原文，我看的是从亨利·玉尔的《游记》注释转引的不完整的文字，当然说不清楚。我从伯希和的精细的考证中受到教益，修正了自己那篇文稿中的粗忽疏失之处。至于鲍埃勒，柯氏介绍了他的《拉施特与法兰克人》文中引用的《史集》中合赞汗遇火者使团及阔阔真姑娘的一段原文，证明马可波罗只能在 1291 年初离开中国。

在柯立夫教授文章的启发下，1979 年，我写出《关于马可波罗的研究》一文，介绍了柯教授该文的要点，指出了自己文稿的不足，但只是在这里提出，并未将前文改写，一来保持原貌，二来为了看出自己在治学的过程中蹒跚前进的轨迹。但在个别字句上则应径予正误。如原稿说，《站赤》在《永乐大典》的"站字韵"。错了，原文是"二十二勘"即勘字韵，这是按《洪武正韵》编排的。站字不是韵部。清代的韵书（如《诗韵》）有勘韵，在"去声"的第二十八，但无"站"字，"站"则在去声的第三十"陷"部。另外，原稿一直称护送的妇女阔阔真为公主，但无论玉尔的《游记》，穆尔、伯希和的《寰宇记》以及伍德博士经常引用的罗纳德·莱瑟姆的《游记》，都用英文的 lady（姑娘）称呼阔阔真而非 Princess（公主）；冯承钧译《行纪》称她为"女"，张星烺译《游记》称她为"姑娘"，只是到达波斯与合赞汗成婚后才称她为 queen（汉译王妃或王后）。玉尔在《导言》第二十二节中称她为 princess，是对她婚后的称号，这里的 princess 与 queen 同义，应译为王妃，也不应再称公主。阔阔真出自蒙古伯岳吾氏,此族是显贵世家,但非元帝皇室或宗室,不应称公主。张星烺旧译《马哥孛罗游记导言》及《游记》俱称她为公主,我随之也如此称呼,现在看来并不妥当。此虽细节,也应注意,但因我国学者大都仍沿用"公主"二字,在本书中并未一一改正。

柯立夫教授的论文和十年"文革"的结束,激发了我对马可波罗研究的兴趣,客观环境的改善也使我在学术海洋上得以破浪扬帆。1982 年这一年,我连续发表了《关于马可波罗在中国的几个问题》、《马可波罗足迹遍中国》和《马可波罗与中国》三篇文稿(连前二文俱收入本书第二、四、五、六、七章中)。第一篇提出了三个问题:第一,"马可波罗懂不懂汉语",马可说他到中国不久即学会四种语言及其文字,但未指明是哪四种。西方研究者或说四种为汉语文和维吾尔、八思巴蒙古、阿拉伯—波斯语文,多数学者则认为马可不懂汉文,我国的邵循正先生也主张此说。他们是就马可书中的词汇极少汉语而汉语地名多不准确中看出的,我则从元朝的政治、社会情势作了进一步的阐述:元朝是蒙古贵族建立的国家,它虽然利用一些汉人帮助统治,但主要是以蒙古人为主,依靠大量的色目人(西域人)治理国家,他们的地位高于汉人。在政府各种机构中设置翻译人员,因此,汉语文在官场上并不是必要的。马可波罗是色目人,他接触的也是些西域人和蒙古人,西域人的共同语以波斯语为主,他的书中的词汇也多是波斯语的,与汉人交谈时可以通过翻译人员。汉语文难学,他也没有必要学习。第二,"马可波罗是否做过扬州总管?"马可说他曾治理扬州城三年,汉译本或译成扬州"总管",或译成"总督"。我认为,这是翻译的误会。据法文,称他为 Gouvernor-général,英文称 Governor-general,本义是全省的长官(因马可称扬州为十二行省之一),译成总管或总督从表面看似乎不错,但元代在省以下的路的最高长官是达鲁花赤(蒙语监临官),以下是总管和同知,总督不见于元代的官制,总之,和马可原意不符,只是字面上的偶然巧合造成的误会。至于马可波罗是否做过扬州行省或扬州路的长官,研究者多认为不可能。玉尔指出,有的版本作"居住(sejourneur,穆尔、伯希和本作dwelling)此城中三年";伯希和认为他可能是管盐的官,虽无中文记载可印证,但马可不会在扬州做什么大官则是无可置疑的。第三,《中堂事记》的发郎国人是否马可波罗的父亲和叔父? 是针对一篇《关于马可波罗的中文史料》短文的。该文据王恽的《中堂事记》所记中统二年(1261 年)五月"发郎国遣人来献卉服诸物"等句,断定来的两个欧洲人是马可波罗的父亲和叔父,并说"汉籍举有与波罗有关之记载,现已发现者止此"。我认为,无论就年代(其父、叔最早不过 1266 年到来)或就身份(波罗兄弟是商人,非使者)都对不上号,何况原文并未确举使臣数目。汉籍与有关波罗的记载迄今为止仍应是《永乐大典·站赤》上那段公文。

　　《马可波罗足迹遍中国》一文是对美国学者海格尔先生于1979 年发表的《马可波罗到过中国吗? 从内证中看到的问题》(刊于《宋元史研究会刊》该年 14 期)文章的商榷。该文认为,马可波罗只到过北京,他关于中国的其他各地的记载都是在北京听到的,他举出马可书中许多可疑和难解之处作为内证。我也从内证中指出,马可波罗三次出使(云南、印度、波斯),都要经过中国的南方各地,他对南方的叙述,自然是亲身的见闻。特别是,他提到镇江官员名马薛里吉思(Marsarchis),是聂思脱里派基督教徒,于 1278 年(至元十五年)到任,曾建基督教堂二所。马薛里吉思《元史》无传,不是重要人物,但在元文宗时所修《至顺镇江志》中却有记载,说他是也里可温人(元代基督教徒名称),曾建十字寺(元代称基督教堂)六所,于至元十五年到任。这和马可所记并无不同,马可说建寺两所,可能其余尚未建或他未看到,无关紧要。他们一家到福州时见到的一种信奉秘密宗教的人,现已证明是摩尼教徒;对杭州的详赡叙述,也可证明是亲莅其地。我还对海格尔先生提出的其他疑难问题阐述了自己的看法。

在该文最后,我回顾了马可波罗一书问世以后所遭遇的怀疑和非难:从临终被劝告将书中"背离事实"的叙述删掉到 1965 年福赫伯(Herbert Franke)教授的"取自波斯资料"说的过程,承认海格尔先生的说法较之此前的怀疑论者的进步处。可是,在此以后,彻底否定马可波罗到过中国的论调依然叫个不停。

1982 年 4 月 14 日,英国《泰晤士报·中国增刊》刊载英国学者克雷格·克鲁纳斯的《探险家的足迹》(The explorer's tracks)一文,由我国的杨德先生译出,改为《马可波罗到过中国没有?》刊于《编译参考》1982 年 7 月号。此文罗列了马可书中的可疑、漏载、误载及以波斯文称呼中国地名等缺陷,断定他没到中国,只到过中亚的伊斯兰国家,从那里的波斯或土耳其商人处得知中国情况;也同意福赫伯教授的取自波斯《导游手册》说。《环球》月刊编辑将译文寄我征求意见,我写了《马可波罗与中国》,刊于当年该刊第 10 期,用事实和说理反驳了该文。

1991 年 10 月,为纪念马可波罗离华 700 周年,北京中国国际文化书院等四团体召开了马可波罗国际学术讨论会。我宣读了

《再论马可波罗书的真伪问题》,针对西方的怀疑论者给予综合性的评析,并对我国王育民教授的《关于〈马可波罗游记〉的真伪问题》(刊于上海《史林》1988 年第 4 期)一一予以答复(见《历史研究》1994 年 2 期;收入《中西文化交流先驱——马可波罗》,商务印书馆 1995 年版,见本书第八章):(1)中国史籍中没有关于马可波罗的可供考证的资料,具体地说,不见马可波罗的名字,是他们怀疑的重要根据。其实,在马可波罗前后的西方人来华者不下十人,他们都留有行纪,但在中国史籍中却不见其名与事迹,因此,这不是鉴定某一人物及其著述的唯一标准。何况《永乐大典·站赤》中那段公文已足以为可供考证的资料。(2)对书中漏载(如茶叶、汉字、印刷术等)作了说明,认为不能苛求,其他来华的西方人也有同样情况,何况马可所述事物多为其他记载所无且能在汉籍中得到印证。(3)马可书中确有夸大失实或错误,如冒充献新炮法攻破襄阳,这是他在狱中聊以自慰的心态使然,但用新炮法攻襄阳城却是事实,可能是在襄阳听到的。(4)所谓抄袭波斯《导游手册》,是揣测之词。他们都未见过《导游手册》,如有,也应该与马可所记两相对照,作出鉴定,这才是科学的态度。

王育民教授是我国学者同意克鲁纳斯的论断"不无道理"、"有合理之处"的人,他是看过我那篇《关于马可波罗离华的一段汉文记载》及评论克鲁纳斯的文字后提出他的看法的。他说:(1)《站赤》所记兀鲁䚟等三使为大汗所遣,而《行纪》则谓为阿鲁浑大王所遣,两书所述迥异,如何解释?(2)《史集》中对为护送阔阔真公主的马可一家只字不提,有悖常理;(3)忽必烈为阿鲁浑选妃,是一件朝野尽知的大事,马可波罗无论在中国或波斯,都可能由传闻而得悉,也可能作为这次船队的一员乘客而取得同行的机遇,《站赤》除能证明《行纪》所述此事确实存在外,并不能表明马可一家与此事有任何直接联系。杨文由此断言"只能证明马可波罗的记载是真实的",其论据是不够充分的。

这几条都不难解释,限于篇幅,不再赘述。只是,他第 3 条说的"也可能作为这次船队的一员乘客而取得同行的机遇"这句话很值得注意。果如所言,王先生是否也认为马可波罗一家也到过中国呢?这是我此时想到的,宣读的论文中没有。可见我当时的疏忽,也悟出"温故而知新"的真谛。

王先生还指出,《行纪》记马可等在苏门答腊时因天气欠佳,不见有北极星及金牛宫星,稽留达五月之久。他说,元代指南针已普遍应用于航海,这里却全赖天文导航而不言及罗盘,"使人难以理解"。这是误解。冯译原文是:"马可波罗阁下曾因风浪不能前行,留居此国五月,在此亦不见有北极星及金牛宫星。"可见只是因风浪不能成行,与天文导航无关。

1991 年会议以后,我投入了元代回族史的研究。这是我一生研治不完的课题,过去虽然写了几篇文稿,但在系统完整方面还差得多。我想在过去的基础上深入一步,遂以论文的形式在宁夏出版的《回族研究》季刊上发表了 4 个题目 10 篇文章共约 16 万多字的稿子。正当我开始写文化部分时,伍德博士著作的出版迫使我中断了回族史的写作。

伍德博士的书很有特点。此前,怀疑或否定马可波罗书的真实性的学者(如本文所举)只是写些短文或在文章中附带提及,这次却是以 182 页专著的形式出现,所引参考书 97 种,除《导言》和

《结语》外，正文竟有 15 章（据中文译书共有 17 万字）。真是洋洋大观，集怀疑和否定论者之大成。但细看内容，一般叙述的多，击中要害的地方相对薄弱；猜测的多，实证较缺，虽用力甚勤，文笔生动，学术勇气可嘉，但细读之下，值得商榷的地方也不少。为此我写出《马可波罗到过中国》一稿作为回答（刊于《历史研究》1997年第 3 期，收入本书第九章），就五个题目与之论辩。

一曰"旧话重提"。伍德博士根据并同意克鲁纳斯所引福赫伯教授指摘马可波罗未提及的一些中国事物而怀疑其未到中国。其实，这些指摘早在多年前已经英国的马可波罗研究专家亨利・玉尔在其名著《马可波罗游记・导言》中一一指出，玉尔并未为此而怀疑其到过中国，还为其漏载作了些解释。如果以没有记载他应能记载的事物为标准，那就可以否定任何一部作者的记载；反之，如以马可所记而其他人未记的事物为准则，是否可以否定其他人的记载呢？当然不然。应该说明，这并不是伍德博士唯一的依据，否则她也不必写这部专著了。

二曰"否认确据"。如前所说，我从《永乐大典・站赤》中发现的那段公文，足以证明波罗一家确实到过中国。伍德博士看过该文后却不以为然，认为马可讲的他们伴送阔阔真回波斯的故事可能是从其他资料借来的（汉译本作抄来的，应是作者原意，borrow 亦有剽窃义），因为拉施特的波斯文《史集》和汉文记载里都未提到有欧洲或意大利人伴随该姑娘之事；又说，即令承认确有蒙古姑娘之行，也只能说明这又是马可波罗重述的一个尽人皆知的事。这一质疑并不难解释：《站赤》所记是地方官向中央请示出使者的随从人员口粮分配问题，那三位使臣是主要负责人，非提不可,阔阔真虽出身显贵,但与配给口粮无关,无需提及,马可一家更不在话下;阔阔真出嫁之事,《元史》、元人文集及其他元代文献都无记载,并不是尽人皆知,若无《游记》印证,我们将无从理解《站赤》那段公文的所指;同样,若无《站赤》,也无从验证马可波罗一家是否来过中国,我对伍德博士的专著也许会另眼相看。

马可波罗说,他在大都(今北京)时,有个汉人军官名 cenchu 者,因其女眷受权相阿合马的污辱,与另一军官名 vanchu 者合谋杀之。汉译本或译 Cenchu 为陈著、张库、陈国、张易,Vanchu 则译为王著。王著在《元史·阿合马传》、《元世祖本纪》等书中确记为杀阿合马的主谋,他是千户官,其眷属受到强暴,但马可说 vanchu 是万户官,其家属并未受到侵凌,也不是主谋者。至于 Cenchu 的前三个汉译名都不见《元史》,张易虽有其人,但并未直接参与此事,而马可说他是千户官。这令注释者困惑不解。多年前,穆尔和伯希和先后认为 Cenchu 是千户译音,即王著官衔。Vanchu 是万户译音,其人即同谋者高和尚,才解开此谜。伍德博士虽看过伯希和的注释,却仍坚持 Vanchu 就是王著(她用汉语拼音为 Wang Zhu,并附括号 Vanchu),说 Wang Zhu(王著)是千户而不是万户,判定马可此所处记有误而混乱不清,是取自阿拉伯或波斯史料而非其本人所见。我们承认马可波罗未在出事现场,但事后听人传说则是事实,因为其时他正在中国。转告他的人应是西域人或蒙古人,这些人也许不知谋杀者的真名,只知一个是千户官,一个是万户官,也许虽知其真名而马可记不清,这同他不懂汉语有关。总之,这足以说明马可波罗确实到过中国,伍德博士想以此否定他到过中国,除证明其对 Vanchu 的译音和含义混淆不清外,并不能说明什么问题。

三曰"版本问题"。马可的书有许多版本，据 30 年代末统计已有 143 种（不包括一些转译的后期版本），而他的原稿却尚未发现，这就给伍德博士以借口。她认为有些稿本不是笔录者鲁思蒂谦诺的原稿，而是后人层层增添的，已非本来面貌。这有一定道理。但她的目的在于否定马可波罗书的真实性。相反，此前的穆尔和伯希和在统计了 100 多种稿本后，虽承认原稿已失，却认为现存稿本没有一本是完整和正确的，由于抄写者和译稿者的个人观点、意图的不同，他们对原稿予以省略、摘录、意译，造成不少错误和错译，使他们检查过的 120 部稿本中，竟无两部相同。可见，他们虽都认为原稿已佚、现稿有误，但结论则异：前者认为现存稿本为后人增添，后者认为现存稿本有遗漏和错误。前者写书否定其真实性，后者则综合各种稿本之长，编了一部百衲本式的《马可波罗寰宇记》，现已成为最有权威性的版本。我并以阿合马被杀事件为例，说明此记载虽仅见于后出的版本，但确系马可波罗在大都时所亲闻。用版本不同来否定马可书的真实性并没有什么说服力。

四曰"漏载释疑"。马可书中有许多应记而未记的中国事物，早经前人指出，伍德博士仍然搬出来作为武器。她用两章揭出了马可漏载的瓷器、印刷、汉字、茶叶、缠足和长城。对此我逐条作了解释，文长不录，只提一点：在 1995 年的英文稿中，她断言："茶叶、瓷器、妇女缠足三者都被遗漏而令人困惑不解。"把瓷器作为漏载之一显然是错误的，在 1997 年 1 月出版的汉译本中，瓷器已改为"汉字"作为三大不解问题之一（第 99 页）。汉译者注㊱说，"这是根据作者文传通知的改动改译的"（第 102 页）。这值得赞

269

扬。作者还加了"我还忘了提到筷子,这个东西好像也没有引起他的注意"。其实,岂只筷子,还有鞋子、袜子和袍子等等未提到的东西哩,马可能一一列举吗?在1996年美国重印的伍德此书中已把瓷器改为筷子(第75页)。

　　五曰"结语评析"。伍德博士在其结束语中,对马可波罗的《寰宇记》作了结论,也是对她这部专著的总结。她说,马可这本书不是旅行志或简单的游记而更像一部地理或历史著作,一部旅行指南。她指出,这本书的行程路线迂回曲折,令步其足迹旅行者难以跟踪,有些地方甚至连为之注释的亨利·玉尔也感到困难。其实,玉尔提到的只是从永昌到缅甸国都及缅甸与老挝一段,在中国的行程玉尔都能绘出路线图,陈得芝教授的《马可波罗在中国的旅程及其年代》一文及所附的路线图更为清楚。至于书名叫什么本无关重要,它有各种名称,学术界现多称《寰宇记》,通俗的叫法则称《游记》或《行纪》,伍德博士的用意则是借以否定马可波罗曾亲到中国而已。

　　伍德博士断言,马可波罗的父亲和叔父第一次东行还可相信,虽然见到的不一定是忽必烈大汗,但马可波罗和他父、叔二人的第二次东行则是传说和地理、历史的混合物而非马可本人所亲见目睹。她认为,这些资料来源有二,一是来自家庭,即他父、叔东行的资料和他们在克里米亚和君士坦丁堡的营业寓所(贸易站)所收藏的波斯文旅行和商业指南、地图及历史资料;二是来自书籍,如拉施特的《史集》和《伊本·伯图泰游记》等。她也知道这两本书的写作都晚于马可的书,但辩解说,由于马可所记与后二书有某些相似之处,他们之间一定根据一种共同的资料,也许是根据一种波斯或阿拉伯的关于中国的指南书写出的。这种武断的和揣测臆断的说法,令人难以苟同。胡适先生有句名言说,作学问要"大胆假设,小心求证",伍德博士前半句做到了,后半句则颇有距离,这从她结语中多次出现"可能"、"或许"、"假定"等词汇可知。当然,马可书中确有一些夸张失实、自我吹嘘、模棱含混、以讹传讹之处,但其主流却是可取的。在阅读和答复伍德博士的过程中,我不断翻阅马可的书,发现其中可以证实他确实到过中国的资料为数不少,为此又写了几篇文稿,深感在和不同观点的切磋商榷中,获得的相反相成、互相促进、共同提高的欣慰。这也是一种文化交流。就此而论,应该感谢伍德博士。

最后我应说明,我虽然较早地接触马可的书并有所发现,但较我后起的几位同行们的成就却令我敬佩并获得教益。如蔡美彪研究员的《试论马可波罗在中国》,从各方面论证马可波罗是一个斡脱商人,颇有诱惑力和说服力,这是近年来马可波罗学研究的一个突破。陈得芝教授的《马可波罗在中国的旅程及其年代》(见前)、《马可波罗补注数则》对忽必烈遣马可出使,涿州寺庙与东西驿道会合点,马可波罗何时至京兆府,吐蕃之地四个问题的阐释,见解精确独到,也是前人忽略的重要问题。黄时鉴教授的《关于马可波罗的三个年代问题》,对马可波罗离开威尼斯的年代日期,离华抵波斯的年代日期以及他被俘的年代日期,都作了精密的考证。他的《关于茶在北亚和西域的早期传播——兼说马可波罗未有记茶》,对茶在中原地区以外的传播史作了扼要明确的叙述,解释了马可波罗未提茶的原因,有力地补充论证了笔者就此问题回答怀疑论者的责难。特别是对怀疑论者以马可波罗未提到的中国事物为把柄作为他未到中国的论据之一予以反驳，认为这缺乏逻辑的说服力，如以此为标尺来要求一部游记，那就几乎可以否定西方来华者的全部游记。对《导游手册》说，认为这只是一种假设，既然谁也没有发现这种手册，这一假设便没有根据，不能用假设一个不存在的东西来否定存 在的东西。这一原则性的提法对我很有启发并为我所借用。他的《马可波罗与万里长城——兼评〈马可波罗到过中国吗?〉》，更是对伍德博士的有力批驳。

此外，余士雄教授主编的《马可波罗介绍与研究》，辛勤收集了自 1874 年至 1982 年间我国有关马可波罗的介绍与研究重要论文资料，他的《中世纪大旅行家马可波罗》一书，综合了马可波罗来华的背景，对中国各地的记载，马可书的中外版本，中国对马可波罗的研究等等，其中有不少是他本人的研究成果。这都有助于马可波罗学的研究。其他国内研究者也有些值得称道的地方，限于体例和篇幅，恕不一一列举。

本书就是在上列诸论文的基础上，并依据论文的性质编排了次序，改正了某些错误和增删了应予补充或删节的内容而完成的。为醒目和连贯计，标题绝大部分都重新拟定，在本章中则保留其原来题目，以便读者查对。在论文写作时，我得到北京成幼殊女士寄来的伍德博士的英文原著，才写出了《马可波罗到过中国》及此后的几篇论稿。此前我们并不相识，她知识面广，出于对学术事业的关注，把该书寄我，令我感激。南开大学图书馆办公室主任范郁林女士为我借了不少有关马可波罗的中外书籍，使我得以顺利完成写作任务。一些中外报刊记者的采访，督促我全力从事写作。南开大学出版社编审焦静宜女士及张格、丁福元等先生在审读稿件中提出不少的中肯建议，使我避免和改正了一些不应出的错误。我的同道学者陈得芝、黄时鉴、蔡美彪、余士雄诸教授的有关论文，使我受益匪浅。蔡美彪同志最近还送我一篇他写的《马可波罗所记阿合马事件中的 Cenchu Vanchu》和《拉施特〈史集〉所记阿合马案释疑》，破译了马可与拉施特书中作案者的真实汉名，解决了多年来人们对这些人名的猜测，见解独到，令人耳目一新。由于本书即将付梓，只好在文中的注中附带介绍。对以上女士、先生们的帮助，在此致以衷心的感谢！

还应说明的是，本书各章虽各有重点，但有些篇章为了说得更清楚一些，在引用资料或观点时，不得不重复再次应用。一方面因为那是过去发表过的文章原样，更重要的是，认为这样才使全章完整和有说服力。特别是引用《站赤》那段公文次数更多，因为那是证实马可波罗来华的关键性资料。请读者鉴谅我的絮叨！

学海无涯，学无止境，学然后知不足。本书中肯定还有一些不妥或错误之处，恳请读者和同行们的指正！

附言：在本书定稿和即将付梓之际，有幸接到澳大利亚大学著名的蒙元史学者罗依果教授的大作《马可波罗到过中国》（*Marco Polo went to China*），获益颇多，有些已在本书中引用，特致衷心的感谢！

1999 年 4 月 23 日

1999 年 9 月 19 日重订
1999 年 9 月 28 日三校
1999 年 10 月 3 日再校

图书在版编目（ＣＩＰ）数据

马可波罗在中国/杨志玖著. －天津:南开大学出版社,1999

ISBN 7-310-01276-3

Ⅰ.马… Ⅱ.杨… Ⅲ.马可波罗（1254～1324）-生平事迹 Ⅳ.K835.468.3

中国版本图书馆 CIP 数据核字（1999）第 23491 号

出版发行 南开大学出版社

　　　　　地址:天津市南开区卫津路 94 号

　　　　　邮编:300071　电话:(022)23508542

出版人　张世甲

承　印　南开大学印刷厂印刷

经　销　全国各地新华书店

版　次　1999 年 12 月第 1 版

印　次　1999 年 12 月第 1 次印刷

开　本　850mm×1168mm　1/32

印　张　8.5

插　页　6

字　数　174 千字

印　数　1 － 1500

定　价　19.00 元